This is a Simplified-Chinese translation edition of the following title published by Cambridge University Press:

Social Capital: a theory of social structure and action, ISBN 978-0-521-52167-3.
© Cambridge University Press 2001
This publication is in copyright. Subject to statutory exceptionand to the provisions of relevant collective licensing agreements, no reproduction of any part may take place without the written permission of Cambridge University Press.

This Simplified-Chinese translation edition for the People's Republic of China (excluding Hong Kong, Macau and Taiwan) is published by arrangement with the Press Syndicate of the University of Cambridge, Cambridge, United Kingdom.

© Social Sciences Academic Press (China), 2020

This Simplified-Chinese translation edition is authorized for sale in the People's Republic of China (excluding Hong Kong, Macau and Taiwan) only. Unauthorised export of this Simplified-Chinese translation edition is a violation of the Copyright Act. No part of this publication may be reproduced or distributed by any means, or stored in a database or retrieval system, without the prior written permission of Cambridge University Press and Social Sciences Academic Press (China).

Copies of this book sold without a Cambridge University Press sticker on the cover are unauthorized and illegal.

本书封面贴有 Cambridge University Press 防伪标签，无标签者不得销售。

社会资本

SOCIAL CAPITAL

关于社会结构
与
行动的理论

Nan Lin

〔美〕林 南-著
张 磊-译
张闫龙-校

A Theory of
Social Structure
and Action

社会科学文献出版社
SOCIAL SCIENCES ACADEMIC PRESS (CHINA)

对社会资本一书的评价

"在'社会资本'已经成为社会科学中最有影响力的概念之一时,我们有幸看到林南已经将社会资本的思想整理成了专著。林南是最早研究个体如何从他们的社会网络中获益的学者之一,现在这个主题已经具有了强大的生命力。《社会资本》一书探讨了与社会资本有关的重要知识问题,并且非常清楚、确切地设计了研究日程,已经成为社会资本研究的'使用手册'。"

——保罗·迪马乔,普林斯顿大学

"社会资本是分析社会网络如何增进个人成就与社会接纳的有效工具。林南告诉我们,那些只关注市场交易的学者有忽视社会关系的危险,而社会关系也是形塑市场交易的力量。读了这本书的人,会通过增加社会资本的方式来增加他们的人力资本。"

——巴里·韦尔曼,多伦多大学

"林南是社会资本理论的创始人之一,他的这本耗时颇长、内容详尽丰富的著作,将结构社会学领域的重要理论挑战和已经取得的成就又向前推进了一步。林南的这本书可读性极强,而且与今天最有趣的经济生活中的社会学问题相关,成功地开辟了研究社会资本的理论性影响与实际性影响的新途径。"

——Brian Uzzi,西北大学

"在《社会资本》中,林南完成了他期待已久的任务,将新近的网络理论同社会分层与流动理论融为了一体——这两种理论都来自经验研究。林南很好地向我们展示了'弱模型化的好处':通过避免过多的技术性描述,不仅便于数学基础薄弱的人阅读,而且可以使讨论的主题涉及不同的学科背景与立场。"

——哈里森·怀特，哥伦比亚大学

"《社会资本》一书综合了林南 20 多年来在社会资源与工具性行动中的研究成果。林南在《社会资本》中仔细地区分了社会网络资本与经济资本、人力资本和文化资本之间的差别。根据在美国和东亚所进行的独创性研究，林南提供了具有说服力的经验证据，提出行动者在获取和动员社会资本上的差异塑造了社会不平等。林南还对社会资本理论进行了发人深思的扩展，论述了社会资本在网络与声望形成中所扮演的角色，指出信息技术的发展已经导致了社会资本的显著上升。"

——彼得·V. 马斯顿，哈佛大学

新版序言
社会资本理论发展中的主要问题

在这本中文版专著出版之际,我很高兴有机会和大家分享一些关于社会资本理论的最新研究成果,同时也和大家探讨一下社会资本理论及其相关研究在发展过程中遇到的关键性问题。具体来说,我主要讨论以下问题:(1)如何对社会资本进行定义和理论化;(2)在研究中如何对社会资本这一概念进行测量;(3)如何在微观和宏观层面对社会资本进行研究;(4)如何对社会资本的激活进行研究;(5)为什么比较研究很重要,以及中国在该领域内越来越多的相关工作在社会资本理论和研究的发展中产生了何种影响。

一 厘清定义和理论

社会资本首先是一个概念,它被定义为嵌入在社会关系网中的资源。它同时也是一种理论:对社会关系网的更多投入能带来更好的社会资源,而这种资源又会反过来给投入者带来更多回报(第二章)。在社会科学中经常能看到一个术语同时具备概念和理论的双重角色。在有关"资本"的领域,这样的用法很常见。例如,对马克思而言,"资本"这个术语既是一个概念——在再生产资源的过程中为资本家所得的剩余价值,又是一种理论——存在于资本家和劳动者之间的剥削关系。"人力资本"这个术语被经济学家和其他人使用时,意为个人占有的资本。它也代表理论——个人占有的资本能产生经济收益。类似地,"文化资本"这个术语将传统习俗看作一种有价值的资源,但它同时也表示一种理论——特权阶层和精英为了保持和积累他们的相对优势而不断创造和复制这种资源。

一个新的概念被提出，需要在两方面区别于其他概念。它要么辨识了某些尚未被其他概念所刻画的概念性问题，要么以某种有意义的方式收集和代表了一些可观察到的现象。在学术界，一个概念没有既定的命运。它是否被接受取决于学者们为厘清和展示它在概念和实证方面的潜力而做出多少努力。也就是说，对一个概念的认可是一种智力创造和社会过程。

另一方面，一种理论必须经过实证检验。这种证伪的过程是从开发理论中关键概念的测量工具开始的——在概念和测量之间建立在认知上相互呼应的结构——并由研究证据的积累所推进。这个过程也许没有终点。通过对理论进行经验研究，证实或证伪的证据不断被积累，理论可能会被证实、被修正，或者被抛弃。在此过程中也可能会产生与原理论相互竞争的新理论。

因此，概念可能会被人们出于好意而初步接受，但理论不会。当我们检验一份同时包含一个概念和一种理论的研究提议时，我们必须在分析中对两者进行区分。例如，我们也许会接受布迪厄对文化资本的定义，但不接受他关于文化资本的理论。人们也许会提出，文化资本也可以被非精英阶级所创造和复制。非精英阶级也可以组成团体和关系网来创造和复制某种实践和习俗，以保证他们自身的长期存续。换句话说，我们可以接受对某个概念的定义，但要接受某种被提出的理论，必须经过实证检验。

我本人也曾使用过"社会资本"（作为概念和理论）的双重角色。它被定义为嵌入在社会关系网中的有价值的资源。我也提出过理论，认为社会资本能加强工具性的和情感性的收益。我提出了一些假定来描述社会资本是如何为人们带来这些收益的。在我的论述中，概念和理论这两个角色对社会资本作为一项科学事业的发展都很重要。我对社会资本的定义，把它与其他看上去相似但实质上不同的概念做了区分。例如，社会关系网本身并不是社会资本。相反，它是社会资本的重要外生条件。社会关系网的特征（例如，密集型或松散型关系网、强连带或弱连带、桥接型连带或结合型连带）是影响人们从中所获资源优劣的重要条件，但它们本身并不是社会资本（Lin, 2006）。这些特征部分地决定了一个人的关系网中所嵌资源的同质性和异质性（第三章）。

当我们对某个理论进行分析时，概念和理论这样的区分显得非常重要。例如，关系网的种种特征的相对重要性，以及所嵌入的资源关系到人们预期获得的不同类型的收益。如果人们预期获得的收益是工具性的（例如，在市场中的地位），那么根据理论，开放型的关系网要优于密集型的或是封闭型的关系网，因为它允许人们从中通过"桥梁"获得更为多样的资源。如果人们预期获得的收益是情感性的（例如，情感支持），那么理论认为密集型的或是封闭型的关系网要优于开放型的关系网，因为它能让人从中找到可以和自己共享资源并且关注自己所遇到的难题的人，也即结合效果（Lin, 2005）。由于没有把社会关系网的特征和社会资本区分开，或没有讨论社会关系网的特征和社会资本是如何与不同类型的预期收益相联系的，目前关于社会资本的研究文献中还有许多混乱不明之处。

对社会资本的定义也能帮助我们把它和其他术语区分开，比如信任，以及志愿性组织的参与。社会资本刻画了嵌套在社会关系网中的资源，因此它在本质上绝对是社会性的。信任，或信任的不同形式，例如泛化信任或人际信任，究其内生源头则是模糊的——不能确定它是社会性的、心理性的，还是文化性的。精确地设定一种内生源头明确的信任并探索它和社会资本之间的关系是有可能的，但在完成此种设定之前，对我们来说明智的做法是把信任和社会资本视为两个独立的概念。

参与志愿组织被认为是社会资本，或社会网络，或规范化的价值观，或信任的一种延伸或表征。由于对它的这种不确切的定义，"参与自发性组织"同样也应被视为与"社会资本"不同的概念，然而在实证上我们有可能假设它和社会资本是有联系的。

这是使用既是概念又是理论的术语的危险。作为理论家和研究者，我们在定义一个概念并使用这个概念做因变量或自变量进行研究的过程中必须非常谨慎。一个概念和它在经验研究中的对应物之间的关系（认识论关系）很大程度上依靠着有效而可靠的测量工具。如果在缺乏谨慎的理论和实证支持的情况下允许一个概念被操作化为很多不同的测量，而这些测量之间又缺乏已知的或预期的相互关系，那么不可避免地，对这个概念和这个理论的证实或证伪将会受到混淆变量和模糊不明之处的干扰，最终它可能会受到质疑。当我使用社会资本这个术语作为一个概念或一个理论时，我非常清楚地意识到上述这种科学研究中的危险，并且花费许多精力去开发社会资本的测量工具。我非常关注社会资本的获取以及社会资本的使用。社会资本的获取指的是嵌套在个体的社会关系网中的资源池——个体能够从社会关系网的连结中获得的资源。另一方面，社会资本的使用指的是在特定行动中实际上对特定连结及其所包含的资源的调动或利用（例如，找工作或调解某个困境）。社会资本的获取至关重要，因为它代表着在无特定行动的情况下一个总体的资源池。它的数量和质量的不同，对个体的社会经济地位差异有一定解释力。第七章展示了一些测量工具的发展，也展示了一些探索（社会资本）与收入不平等之间关系的初步研究结果。这个测量工具现在被称为地位生成器。过去十年，我们在测量工具的发展和探索它的效用方面取得了很大的进展（Lin and Erickson, 2008; Son, 2013; Lin, Fu and Chen, 2014）。这里我会对地位生成器做一个简要介绍。

二 一个基于理论的测量工具：地位生成器

尽管人们有一个总体的共识，认为社会资本代表着嵌套在社会关系网中的资源（见 Lin, 1982; Bourdieu, 1983/1986），对它更松散的定义和测量常常导致种种混乱不明。科尔曼（Coleman, 1990）关注结构特征，而普特南（Putnam, 2000）强调社会关系网、互惠规范、信任以及（人们）在自愿性组织中的参与。测量必须严格地对应于概念的定义：它必须指示嵌套在个人关系网中的资源。一个标准化的、在认识论上站得住脚的测量能为来自不同社会文化背景的不同学者进行系统化的调查研究提供保证，并以此来证实或证伪一个概念或理论。地位生成器这一方法（Lin and Dumin，1986；详见第七章）为人们提供的正是这样一种测量。如果社会资本被定义为嵌套在关系网中的资源，那么它的测量工具必须包含两个核心内容：它必须测量关系网中的一个完备的、有代表性的样本；它必须反映其中所嵌套的资源。由于有价值的资源是至关重要的，对关系网的测量必须反映这样一种位置——它刻画了在社会层级中的有价值的资源，而非个人。地位生成器正是这样一种工具。它包含了一个关键问题（例如，你是否认识做这个工作的人？"认识"的意思是你们知道彼此怎么称呼），其后是一个包含许多位置的样本（在大多数社会中，职业代表了人们在非家庭环境中的有意义的社会地位。它们反映了社会经济地位：声望、财富和权威。在不同社会中有不同的社会经济地位指标，包括宗教、亲缘关系、资产、阶级、种姓等。然而，衡量这些指标需要有大量复杂的测量，而这在大多数大型社区和社会调查中是不现实的）。职业是系统化地从一个完整的社会主要职业列表中抽取的，按照地位或声望从高到低排序。大多数社会有这样一个地位或声望量表，工业化社会也有标准化的国际指数和量表。典型情况下，会有15到20个职业被抽取（第七章表7-2为中国社会的测量工具）。被调查者会被要求指出他认识哪些从事这些职业的人。用这样的方法，该测量工具在从社会层级结构中抽取位置的同时，也了解了被调查者和从事这些职业的人的关系。由于这些位置包含了在社会中不同的资源（声望、财富和权威），与这些位置的联系意味着被调查者在多大程度上能够获取在这个社会关系网中所嵌套的资源。注意，这个网络指的是由社会层级中的社会地位构成的网络，而非由个人构成的网络。其他典型的测量工具（例如，姓名生成器）反映的则是个人的关系网，而非被调查者在社会层级中的关系网的范围和可获得性。一个人也许认识许多朋友，但如果其中的大多数具有相同或近似的社会地位，那么他所能获取的资源在范围和可得性上都很有限。

地位生成器被世界范围内的学者广泛使用。Lin 和 Erickson 的下一本著作展示了来自加拿大、美国、日本、中国大陆、中国香港、中国台湾、蒙古、荷兰、匈牙利的研究，并且证实了地位生成器是一种对社会资本可靠而有效的测量工具（Lin and Erickson, 2008）。使用一种标准化的测量也使得（我们能通过）一些研究（来）探索其他测量工具的信度和效度。在 2008 年的一部著作中，来自荷兰的 Bekkers, Beate, Van der Gaag 和 Flap；日本的 Miyata, Ikeda and Kobayashi；中国台湾的 Hsung 和 Lin；加拿大的 Ennis, Malinick, Matthews, Tindall 和 Cormier；美国的 Magee 所著的章节中都一致地显示地位生成器和自发性组织参与有显著的关系。但这两个测量和信任、互惠基本没有关系。有研究者用地位生成器进行了更加完备的研究（Lin, Fu and Chen, 2014），并向人们展示了在不同的社会制度下，社会资本是如何以不同的方式影响结果变量的。

三　微观-宏观视角：一个整合的方法

社会资本的一个优势在于它可以应用到个人和集体层面。然而，无论在微观还是宏观层面的研究中很重要的一点是，理论和测量的微观基础。研究者们关于地位生成器——针对个人开发的测量，与自发性组织参与——个人和集体皆适用的测量之间显著关系的一致发现表明两者之间有共同的概念联系。我曾经建议可以把社会资本在微观和宏观层面的分析中进行操作化。微观层面理论和测量的元素都可以在宏观层面的分析和发展中保留。在更为宏观的层面，比如非正式和正式的组织层面，有可能使用地位生成器的一些关键特征来衡量嵌套在组织内部（内部社会资本），以及组织与其他组织或社会单元的关系（外部社会资本）中的资源。地位生成器的方法可以被应用于测量目标组织在更为宏观层面的内部和外部社会资本（Lin, 2006）。最近一项关于自发性社会组织参与的研究初步确认了这一想法的有效性（Son and Lin，2008）。在宏观层面，嵌套在组织内部和组织之间（组织连接）的资源应该被概念化为社会资本并加以测量。

四 调动社会资本：策略性行动和收益

截至目前我们所讨论的关于社会资本的定义、理论以及测量集中在一般意义上的社会资本的获取，另一个很重要的研究领域着眼于社会资本在特定的社会事件和情景中如何被调用。在微观层面，很多研究着眼于通过探索人们如何在找工作时使用人际联系和它们所包含的资源（见第六章以及 Granovetter，1995；Marsden and Gorman，2001 的文献回顾）来衡量在劳动力市场中社会资本的调用。相关文献强烈支持一个结论，即使用优质资源的（人际）联系能让求职者得到更好的工作，例如更高的职业声望和更高的收入的工作。最近，Mouw（2003）对联系人地位的总体作用提出了挑战，他质疑这种作用实际上可能是虚假的，因为联系人地位可能反映了朋友的相似地位，因此联系人地位的作用是基于同质性而非影响力。许多已发表的研究探讨了这一问题。Ao（2007）指出，Mouw 是把联系人地位和某人现在的工作地位进行对比，而非和此人之前的工作地位进行对比。在对比方式做出调整后，联系人地位的正向作用仍然显著。McDonald（2015）发现 Mouw 的数据分析中存在编码错误、样本缺失和有限的有选择性使用样本数据等问题。一旦这些错误被改正，联系人地位对收入的作用仍然存在。陈（Chen，2014）和其同事研究了同质性的内生性问题。他们使用中国和东德的数据验证了联系人地位的作用——在控制同质性之后，这一正向作用在程度和显著性上都更强。陈总结道，"Mouw - Lin 关于联系人地位的作用之争"已经落下帷幕。

近期的相关工作包括对如下话题的研究：雇主如何使用社会资本寻找新雇员（Fernandez and Moore，2000）；联系人作为找工作者的代表，其努力程度是如何影响最终结果的（Smith，2005）；非正式的工作信息是如何在社会网络中传递并构成另一种资源的调用路径的——社会资本的看不见的手（Lin and Ao, 2008; McDonald, 2015）。未来的研究应该拓展到宏观领域：组织如何调用嵌套在社会网络中的资源以获取收益，一个组织如何能从内部和外部获取这样的资源。

五　比较分析的重要性：社会资本在中国

从概念发展和实证研究开始，社会资本已经具有国际化的特征。最初，北美和欧洲学者做出了重要贡献。然而，在过去的10到15年，我们见证了社会网络和社会资本相关研究在东亚的戏剧性增长，而其中最引人瞩目的就是中国。边燕杰和其他学者所做的研究，以及他们为培养年轻研究者所付出的努力令人赞赏。最近边燕杰和Ikeda所做的一份关于东亚社会网络研究（2013）的总结强调了东亚在社会网络和社会资本相关研究上的广泛性和多样性。中国的范例研究包括找工作（Zhang and Yi, 2007; Chen et al., 2014）、集体社会网络和社会资本（Lin et al., 2009; Zhang, 2014）、关系（Bian and Ang, 1997），以及比较中国和其他社会的相关研究（Hsung et al., 2009; Lin and Erickson, 2008; Lin, Fu and Chen, 2014）。中国学者的研究对社会资本的一个重要贡献是它阐释了制度是如何作为权变条件影响社会资本的作用的：关系是如何通过家庭连结以及类家庭连结而包含经济活动和收益的。因此，关系支持了长期的互惠承诺，并且为偶尔的非对称经济交换提供资源。中国作为一个主要的社会资本研究基地的地位在2013年6月于西安召开的国际社会网络分析会议上得到了彰显，这是INSNA会议第一次在中国召开。来自23个国家和地区的超过500名学者和学生参加了此次会议。

六　要点总结

社会资本是一个在全球有持续效力的值得探讨的重要的社会学理论，我很高兴我的工作为它的发展和成长做出了一点贡献。然而，作为一个理论以及一项科学研究事业，它的未来取决于世界各地的社会科学家为分享、讨论、研究所作出的共同努力。上文提到的三国研究（Lin, Fu and Chen, 2014）已经将数据库（www.soc.duke.edu/socialcapital）公开给所有学者和学生。一个即将完成的多社会调查（2017, the International Social Survey Programme, ISSP）将包含地位生成器的测量。这个调查将在包括中国在内的超过 40 个国家和地区进行。毫无疑问，这个将于 2019 年公布的数据库以及全球范围内不断增长的相关研究将继续拓展和推进社会资本的"理论—测量—研究"事业。

序 言

我认为社会学是研究行动者如何对社会关系进行选择的学科。社会学要探讨行动的动机，要考察哪些选择在社会关系中是有用的（感觉的还是真实的），还要研究这些选择的结果。因此，社会学的中心任务既要分析行动又要分析结构：在结构机会与限制下的选择行为。选择是在这些机会与限制下做出的，与结构机会和限制进行互动的选择也可以改变或创造结构机会与限制。这些过程必然会在宏观结构与微观结构之间摆动。如何把握这些动态，正是社会学家的工作。

本书所要阐述的是，行动者（一般的个体或者法人）如何在工具性需要或者情感性需要的驱动下与其他行动者进行互动，从而获取他们的资源和得到更好的回报。本书的核心命题是，这些嵌入在社会关系中的资源或者说社会资本，可以带来好的回报。因此，社会资本是社会性的，是有用的。社会资本植根于社会关系，社会关系会促进或者限制行动者对社会资本的获取和使用。但是在这些结构机会与限制下，行动也很重要；两个社会关系相似的行动者，其行动结果可能不同，这取决于他们的选择行为。我认为结构和关系起主要作用，但是我也想强调选择的理论意义。

为达到以上目的，我将全书分成两部分。在第一部分中，我首先回顾了资本理论（第一章）与社会资本理论（第二章）。接下来的三章从结构视角到关系与行动机制，详细地阐述了社会资本理论。第三章描述了资源如何嵌入在结构与网络中，第四章描述了动机与互动如何推动着行动者做出选择。第五章系统地总结了社会资本的组成要素与相关命题。剩下的两章显示了社会资本理论的研究功用。第六章概括了社会资本与地位获得的研究传统,第七章提出了社会资本的不平等的重要研究日程。

在第二部分,我对社会资本理论进行了扩展,从选择行动的机制(dynamics)到制度与结构情境的机制都进行了论述。我首先阐述了选择行动的微观"机制"和中观"机制"。其中第八章探讨的是选择行动导致社会结构产生的理论可能性,第九章扩展了第八章的观点,说明了社会交换如何维持自己的理性——与经济交换相对照。第十章在限制性更强的等级制组织的背景下继续讨论选择的问题。第十一章谈到了社会变迁的话题——无论是在现行制度的背景下,还是通过社会网络运作与另类制度创造新资本的情况下,社会资本理论都有助于解释社会转型。第十二章考察了电子网络——电子空间中的社会关系——的扩张,讨论了电子网络的兴起对于重新评价过早地宣布社会资本正在下降或衰亡观点的意义,再次强调了关系与网络中的行动和选择如何在全球化、技术化的发达社会里保持活力。

由于篇幅有限,我不得不对全书的内容作一些调整。我将关注社会资本的工具性,而只对情感性进行简单的讨论,当然并不是我忽视后者(Lin, 1979; Lin, Dean, and Ensel, 1986; Lin and Ensel, 1989; Lin and Lai, 1995; Lin and Peek, 1999; Lin, Ye, and Ensel, 2000)。我在第四章和第五章中讨论社会资本理论的构想时,已经清楚地说明了情感性行动在社会资本理论中的意义。在社会资本理论的扩展部分(第八章至第十一章),我也提到了情感性行动如何发挥作用。但是要"公平地对待"社会资本的情感性,可能需要再写一本同样规模的专著。我关注社会资本的工具性行动,是为了与人力资本和文化资本理论进行对话与比较。人力资本理论与经济学家的偏好相一致,都关注劳动力市场中的回报,特别是经济回报。布迪厄的文化资本理论关注的是统治阶级的再生产。在这两个理论中,资本的工具性含义是很突出的。在最后的总结中,我将情感性行动纳入社会资本分析的饱和模型之中——虽然只是一个很简单的讨论。

我也缩短了对社会资本的集体性的论述,因为我认为一本专著的理论与研究价值在于它的整体架构,而不是看它的某一部分(参见第二章、第八章和第十二章)。

本书的写作渊源可以追溯到20世纪60年代晚期和70年代早期,那时我开始研究美国、中美洲和海地的社会网络。我一直得益于这些比较研究经验,它们现在正被扩展到东亚。这本书的写作也得益于我的很多合作者,他们是:Ronald Burt, John Vaughn, Clifford Melick, Walter Ensel, Ron Simeone, Mark Tausig, Mary Dumin, Mary Woelfel, Gina Lai, 边燕杰(Yanjie Bian), Kristen Peek, Yushu Chen, 陈齐照(Chih-jou Chen), 熊瑞梅(Ray-May Hsung), Yang-Chih Fu, Xiaolan Ye 和 Marc Magee。我的学术网络还包括下列学者:Mark Granovetter, James Coleman, Henk Flap, Bonnie Erickson, Ron Breiger, Judith Blau, Robert Merton, Peter Marsden, Peter Blau, Jeanne Hurlbert, Harrison White, Barry Wellman, Edward Tiryakian, John Wilson, Lulin Cheng。此外,还要感谢纽约州立大学奥尔巴尼分校社会学系和杜克大学社会学系的同事们,我从与他们的交流和友谊中获得了很多东西。上述学者已经成为我的重要社会资本。

我的研究工作横跨几大洲,持续三十年的时间。在研究过程中,我得到了下列基金会与机构的大力支持:国家科学基金会(National Science Foundation)(社会学计划与国际计划[Sociology Program and the International Program])、国家心理健康研究院(National Institute of Mental Health)、美国劳工部(U. S. Department of Labor)、纽约健康部(New York Department of Health)、路斯基金会(Luce Foundation)、蒋经国基金会(Chiang Ching-Kuo Foundation)、美国学术团体理事会(American Council of Learned Societies)、纽约州立大学研究基金会(Research Foundation of SUNY)、杜克大学研究委员会(Research Council of Duke University)。没有这些资助,本书中的很多研究是无法开展的。

我还要感谢三家出版社允许我转载下列内容：

Cambridge University Press: 1990. Lin, Nan. "Social Resources and Social Mobility: A Structural Theory of Status Attainment", in Ronald Breiger (ed.), *Social Mobility and Social Structure*, Cambridge University Press, pp. 247 – 271 (Chapter 10).

JAI Press: 1994. Lin, Nan, "Action, Social Resources and the Emergence of Social Structure", in *Advances in Group Processes*, Volume 11, edited by Barry Markovsky, Jodi O'Brien, and Karen Heimer (Chapter 8).

Annual Reviews: 1999. Lin, Nan. "Social Networks and Status Attainment", *Annual Review of Sociology* 25: 467 – 488 (Chapter 6).

目 录

第一部分 理论和研究

第一章　关于资本的理论：历史基础 …………………… 003
第二章　社会资本：通过社会关系获得的资本 ………… 019
第三章　资源、等级制、网络与同质交往：结构基础 …… 030
第四章　资源、动机与互动：行动基础 ………………… 042
第五章　理论与理论命题 ………………………………… 056
第六章　社会资本与地位获得：一个研究传统 ………… 078
第七章　社会资本的不平等：一个研究日程 …………… 100

第二部分 概念的扩展

第八章　社会资本与社会结构的生成：一个理性选择理论 … 133
第九章　声望与社会资本：社会交换的理性基础 ……… 150
第十章　等级制结构中的社会资本 ……………………… 173
第十一章　制度、网络与资本建构：社会转型 ………… 192
第十二章　电子网络与地球村：社会资本的兴起 ……… 211

第三部分　总结

第十三章　理论的未来 …………………………………… 235
参考文献 …………………………………………………… 242
译名对照表 ………………………………………………… 268
译者谢辞 …………………………………………………… 285
新版译者谢辞 ……………………………………………… 286

第一部分
理论和研究

第一章 关于资本的理论：历史基础

资本概念是当代社会学和经济学中影响深远的解释图式之一。什么是资本？我将之定义为**期望在市场中获得回报的资源投资**。资本是在以追求利润为目标的行动中被投入和动员的资源。因而，资本是经过两次处理的资源。在第一个过程中，资源作为投资得以生产或改变；在第二个过程中，将生产或改变的资源投放市场从而实现利润。一方面，资本是生产过程的结果（对资源进行生产或追加价值）。另一方面，它又是生产的因子（为了获取利润而进行资源交换）。投资和动员都需要时间和精力，因此它们都是资本形成的过程。在过去20年里，社会资本作为资本的最显著的类型之一，以不同的形式和背景出现。令人倍感兴奋之余，那些纷繁多样的观点、视角和期待也产生了一个重要的问题：这只是一时的狂热，还是具有持久的性质，预示着一项新的知识事业的来临？

本书的写作目的是向大家介绍社会资本理论。社会资本理论引出了资本的中心主题：资本是在社会关系中获得的，资本的获得引出了结构的限制与机会问题，以及行动者的行动与选择问题。以一般的资本理论为基础，我希望社会资本理论有助于理解明确地涉及等级制结构、社会网络和行动者的资本化过程。社会资本理论及其研究事业表明，通过考察嵌入社会网络中的资源的获得机制和过程，可以很好地理解社会资本。正是这些机制和过程，有助于弥合在理解结构与个体之间的宏观—微观连接的时候出现的概念鸿沟。

这一章将考察资本的本质和各种关于资本的理论，为下一章提出和分析社会资本理论提供一个基本的背景。

古典理论：马克思的资本观

为了理解社会资本，我们必须首先澄清资本的概念。资本的概念可以追溯到马克思（Marx, 1849, 1865/1933/1935, 1867/1995; Brewer, 1984）。马克思分析了资本在商品生产和消费过程中，如何从资产阶级（资本家）和劳动者的社会关系中生成。资本是能够产生利润的那部分剩余价值——通过商品的生产和交换过程产生（Marx, 1867/1995, vol. 1, chap. 4, and vol. 2, chap. 1）。商品生产需要劳动力、土地、租金和物质资料（包括设备、技术和运输工具）。每一种因素都为生产商产生使用（或生产）价值。然而，虽然劳动者得到了固定的周工资或月工资，但是劳动者的付出超过了生产商品的必要劳动时间（社会必要劳动）。因此，对生产商而言，生产的商品所含的劳动成本要低一些。也即，生产的使用价值超过了维持劳动者生存的交换价值。这样，剩余价值（或者利润）就产生了。继而，生产商（或者说资本家）参与交换过程，将生产的商品与其他商品（在现代世界通常是商品的媒介，如货币）相交换。交换的范围可以直接处在生产商和消费者之间，或者通过交换媒介——交易人和商人。商品在交换中实现了市场价值。如果市场价值超过了使用价值或生产成本，剩余价值或者说资本就在交换中实现了。图 1-1 是我对马克思关于资本如何在商品生产和消费过程中，从资本家与劳动者的社会关系中生成的观点的解释。

整个过程开始于被授予资源（资本）——如土地所有权、贵族世袭权的资本家，他们通过与劳动者建立交换关系而进行商品生产。劳动者在生产过程中付出自己的劳动，而资本家根据劳动者生产的商品的价值相应地支付报酬（大家所熟悉的**交换价值**）——通常是货币。如图 1-1 所示，这个关系可以表示为资本家和劳动者在生产商品 1 时的生产交换。商品 1 是生产的结果，商品 3 是劳动者付出的劳动。货币 1 表示资本家对劳动者生产商品 1

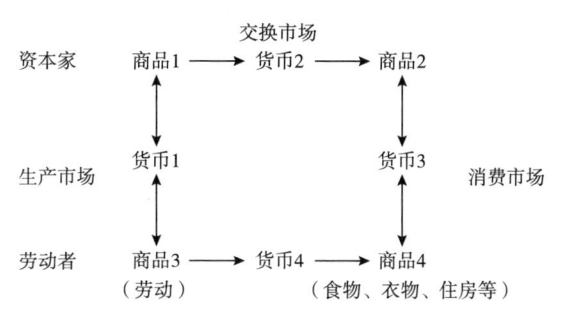

```
                          交换市场
    资本家    商品1 ─────→ 货币2 ─────→ 商品2
               ↕                        ↕
    生产市场   货币1                    货币3        消费市场
               ↕                        ↕
    劳动者    商品3 ─────→ 货币4 ─────→ 商品4
             （劳动）                （食物、衣物、住房等）
```

图 1-1　对马克思关于生产与消费关系理论的解释

的劳动（商品3）支付。交换价值指生产的"社会必要价值"，或者视为对劳动者的劳动支付（商品3）。

然后，生产的商品（商品1）流经交换市场（从商品1到商品2）进入消费市场（从商品2到商品4；原文是从商品2到商品3，这样讲不通，似乎应该是从商品2到商品4。——中译注）。其中最简单的过程，是生产商直接向消费者提供商品1（以商品2的形式）。在很大程度上，消费者就是用在生产过程中获得的工资（货币1）来购买生活必需品（商品4）的劳动者。他们通过支付一定的货币（货币3）来获得这些商品。马克思提出了下列观点。

1. 货币1在价值上基本与货币4相等。也即，劳动者的劳动报酬与他们用来购买生存必需品的花费是等值的。交换价值没有增加也没有减少。

2. 货币2要大于货币1，或者说货币3要大于货币1，即商品在交换市场和消费市场的销售价值要大于它的生产价值。

生产和交换/消费两个过程对劳动者和资本家产生了两个重要而分离的结果。劳动者用获得的劳动力价值（商品3）来换取生活的必需品（商品4），他们在这个过程中（货币1=货币4）没有获得剩余价值。而资本家获得了剩余价值（货币3－货币1），其中部分成为资本[①]的一方面，商品流通仅能维持劳动者的生存，使他

[①] 剩余价值由两部分组成：收入（部分用来重复生产过程，部分用来维持资本家的奢侈—休闲或生活支出）和资本（有价值资源的增加物）。

们能够继续提供生产过程中所必需的商品（劳动力）。另一方面，资本家从商品流通中获得剩余价值，其中相当一部分成为资本。当然，整个过程要比这复杂得多。例如，资本家可以通过内部或者与其他资本家交换生产的商品，从商品1到商品2，来获得剩余价值（货币2＞货币1）。其他资本家（交易者、商人）通过商品在消费市场的流通来获得自己的剩余价值（货币3＞货币2）。因此，在流通领域中存在着不直接从事生产的资本家（他们要么存在于商品流通过程的起点，要么存在于商品—货币—商品和货币—商品—货币流通过程的某一环节，如交易人、商人等）。资本家就是那些获得资本（通常以货币形式存在）的人。

要维系商品流通以及资本家与劳动者之间的社会关系体系，需要下列条件：(1) 货币1保持在最小值（社会必要价值），并与货币4大体相等；(2) 货币3总是大于货币1（或者货币2＞货币1并且货币3＞货币2），这样剩余价值（资本）才能产生。要使这个系统得以维持，我们必须假设不存在从劳动者到资本家的流动。因为，首先资本家控制着生产资料（将物质资料、劳动工具和劳动力聚集起来）；其次，劳动者从来不进行资本积累，而资本家会不断地积累资本。这样，资本就是在市场中投资生产有用商品的回报（剩余价值的回报）。以货币的形式出现的资本可以控制生产资料，并且/或者进一步投资生产有用的商品。当关注剩余价值的生产过程时，**可以将资本定义为期望在市场中获得回报的投资**。

总之，在马克思的分析中，资本是资本家或者资产阶级获得的剩余价值的一部分，资本家控制着生产与消费过程之间商品与货币流通中的生产资料。在资本主义社会体系中，资本代表着两种相互关联但又相互区别的因素。一方面，资本是生产出来的、被资本家（与他们的同伙，比如说交易人和销售商）据为己有的**剩余价值**的一部分。另一方面，它又是资本家的**投资**（在商品的生产和流通中），被期望着从市场中得到回报。资本作为剩余价值的一部分是一个过程的结果；资本也是生产和获得剩余价值的投资过程。投资及其生产的剩余价值，也可以理解为投资过程的回报和更多的剩余价值的再生产。正是因为统治阶级进行投资并获得剩余价值，因此，马克思的理论建立在两个阶级的剥削的社会关系基础之上。

马克思理论的核心是关于资本的几个重要概念。第一，资本是与商品的生产和交换紧密相连的。马克思理论中的商品主要是指在生产与交换过程中有价格的物质产品。劳动、劳动力和劳动价值是价格标签的一部分，也是商品生产中的"社会必需"。但是只有通过商品的生产与交换才能产生资本。劳动是商品生产过程中的一个必要因素，但它从属于商品本身。

第二，尽管资本可能是最终结果，但它不仅仅涉及商品和价值过程。资本代表着资本家的投资过程。作为生产，它需要聚集和组织劳动力、土地/租金、设备、工具和其他要素。这就需要原始资本的投资、精力、协调和说服性的社会活动。为了实现利润，加工的商品又需要经过市场交换的过程。

第三，这些过程的结果使资本增加了价值（剩余价值或者利润）。资本的存在意味着商品的市场价值超过了它的生产价值或者产品成本。如果市场价值等于或者低于成本，资本就不会从商品中产生，事实上会产生亏损或者债务。

第四，资本在本质上是一个社会概念。资本的产生离不开社会活动的过程。前面提及的生产过程就涉及社会活动。例如，马克思明确地指出，使用价值依赖于"社会必要劳动"，因为根本不存在计算劳动价值或成本的客观价值尺度。从定义来看，交换过程也具有社会性。

第五，资本家或者生产商通过商品生产、交换和资本积累的循环，从商品的流通中获得资本。根据定义，资本是控制生产资料的资本家控制的过程和最终结果。生产资料以资本的形式创造和积累。资本反过来巩固了资本家对生产资料的控制（例如商品流通和资本流通；参见 Marx, 1867/1995, vol. 1, chaps. 3 – 5）。在马克思的论述中，劳动者仅获得满足生存需要的工资。换言之，资本是资本家的生产投资所产生的，并被资本家所占有的剩余价值。

我把马克思所描述的资本概念及特征称为**古典资本理论**。资本作为产生利润的资源投资,这一基本思想将在以后的资本理论中继续沿用。然而,在马克思的体系中,投资和利润都属于资本家,生产过程中的劳动并没有为劳动者生产和积累资本。古典资本理论将论点建立在以下基础之上:阶级分化是资本主义社会的基础,剥削阶级控制着生产资料并占有被剥削阶级劳动所创造的全部剩余价值。在过去40年里,资本理论已经发展为**新资本理论**,新资本理论基本上修改或者排除了,作为古典理论方向中所必不可少的阶级解释。这些对资本的替代性解释中,主要包括人力资本、文化资本和社会资本理论。

新资本理论:人力资本

以资本存在于个体劳动者中为假设的人力资本理论,最早可以追溯到亚当·斯密。斯密将一个国家人口中所有可以获得的、有用的能力都归结为资本的一部分(Smith, 1937)。在19世纪晚期、20世纪早期,这个概念偶尔出现在经济学的文献中(Von Thunen, 1875;Fisher, 1906)。当代对人力资本的理解来自约翰逊、舒尔茨和贝克尔的著作(Johnson, 1960;Schultz, 1961;Becker, 1964/1993)。约翰逊认为劳动者已经变成了资本家,这不是由于像资本家的公共关系部门所宣称的公司的股权已经分散,而是因为劳动者获得的知识和技能具有经济价值。也即,拥有知识和技能的劳动者,可以要求资本家付给他们超过劳动力交换价值的报酬。当然,他们的知识和技能,要使他们的日劳动价值超过那些不具备这样的知识和技能的劳动者。

在1960年美国经济学会的会议上,舒尔茨(Theodore W. Schultz)在其就职演说中,第一次系统地提出了人力资本的观点。在《关于人力资本投资》这篇原创性的论文中,他有力地批评道:"不能明确地将人力资源视为一种资本形式、一种产品的生产手段和一种投资产品。仍然固守关于劳动力的古典概念，（只是）将之视为几乎不需要任何知识和技能的体力劳动能力，（所有的）劳动者都是同样地拥有这种能力。"（p.3）此外，贝克尔（Becker, 1964）详细地阐述了人力资本，其中在教育方面最有说服力，后来也涉及许多其他因素的分析。①

舒尔茨的挑战和提议形成了人力资本理论的基础，其他经济学家对其进行了详细的阐述，贝克尔是主要代表。与物质资本不同，人力资本是劳动者由于获得知识、技能和其他在生产和交换过程中对雇主或公司有用的品质，而增加的价值。物质资本与人力资本之间的重要区别是，人力资本是嵌入劳动者本身的追加价值。人力资本通常操作化为所受的教育、培训和经验。对劳动者的人力资本投资不仅对公司/生产商有益，而且对劳动者本身有益。人力资本增加了劳动的价值，其中的一部分可以以超出维持最低生存需要的工资和津贴的形式让渡给劳动者。

可以将人力资本视为，对在商品生产过程中会产生增加价值（货币1）的劳动者的所有投资。根据舒尔茨的分析，增加的价值分为三种类型的支出：1. 消费；2. 投资（人力资本）；3. 既消费又投资。因为很难将第三种支出与前两种分开（例如，将货币4分解为这三种支出），舒尔茨指出，人力资本的绩效应该根据它的收益而不是成本来估算："收入的增加是投资的结果。"（p.8）在本质上，人力资本理论对资本的定义相对于马克思的概念并没有实质性的变化。它仍将之定义为期望在市场中得到回报的投资。从马克思的观点看，这个增加值（知识、技术）使资本家（雇主或者公司）提高了劳动能力（如劳动力；Marx, 1867/1895, vol. 1, chap. 6）。因此，商品或者生产的市场价值提高了（质量或数量，或者两者）。只要因生产能力增加而造成的工资提升幅度，

---

① 例如，舒尔茨也提出不仅技能和知识的获得，而且健康和迁移也会产生追加的经济价值。贝克尔增加了许多其他因素，但是存在将一切维持或改善生活本身的因素都归结为人力资本的危险。我倾向于关注它原来的含义。

低于生产能力所产生的使用价值的增长幅度，利润就会提高，资本家的资本就会增加。因而，人力资本理论与马克思的理论分析视角是一致的：在商品的生产和交换中，从资本家、生产商、雇主和公司的视角来考察资本。

但是，古典资本理论受到了一个主要挑战：资本家与劳动者之间的阶级区分的固定性已不存在。如果劳动者通过获得技术、知识和其他资本的方式来提高单位劳动价值，就会发生两种情况。

1. 货币1可能不再只是劳动者的交换价值。技术劳动的价值会超过无技术劳动的社会必要价值。如果不是生产线上的可替代商品，某一些劳动者可以为他们的劳动索求更高的价值，因为他们在相同的劳动单位（时间）内可以完成更多的生产。这样，货币1包含的使用价值对劳动者和资本家来说是相同的。

2. 货币1不再等于货币4——维持生活的必需收入。相反，货币1要大于货币4。拥有资本的劳动者也有了劳动的剩余价值。也即，除了生存必需品的支出（商品4）以外，还存在可以使用的剩余价值：（1）收入，在资本生产活动中进行投资或者维持休闲和生活需要；（2）资本（如货币和其他有价值资源的积累）。

可见，虽然人力资本理论没有实质性地偏离古典（马克思）理论对资本的定义，但是，它在谁能够或者不能够获得资本上对古典理论提出挑战。社会结构的视角被改变了。人人都可以投资获得资本。在远非同质性的社会里，存在不同的获得或者不获得人力资本的机会和动机，因此作为商品的劳动价值因人而异。社会结构被视为由不同等级的资本家组成的等级制，它具有广泛的跨阶级流动的可能性，而不是一个严格的两极体系。

这个替代性的观点挑战了古典资本理论的基本立场：在资本主义国家中，资本家是生产资源的控制者，他们从技术水平低、可以替换的劳动者中榨取资本。舒尔茨和约翰逊认为，劳动者本身可以通过采用节约生产的技术和知识投资来积累资本，从而成为潜在的资本家，这就推翻了马克思阶级分化和阶级冲突的理论前提。但是这个挑战并没有违背资本作为生产剩余价值中的资源投资的基本概念。相反，它将技能和知识作为一种资源，并要求有技能、有知识的劳动者本身拥有资本。

总之，人力资本理论在以下几个方面大大地偏离了古典马克思理论。第一，马克思的理论关注商品的生产与交换，人力资本理论关注与**劳动者**相联系的过程。这个关注点的转变具有重要意义。在古典理论中，价值要根据劳动力成本而不是劳动者来估算，因为在大量可以获得的、竞争激烈的工人后备军中，劳动者被视为可替代因素，他们只是在生产中提供社会所需要的最小的相同技术的劳动。资本产生于对生产的相对成本与商品的交换价格的成功计算。对人力资本理论而言，劳动者本身而不是他们从事的劳动在资本的计算中起中心作用。资本被作为劳动者，而不是劳动或者商品增加的价值来看待和计算。换言之，人力资本理论的方向已经改变。劳动不是被当作资本家与劳动者之间剥削关系的促成因素，而是作为劳动者本身的资本生产。资本家与劳动者之间的社会关系被修改了。劳动者不再被视为可替代的商品；不同的劳动者有不同的价值和报酬，这依赖于他们的自身资本——人力资本——对生产的影响。劳动者从哪里获得人力资本？通过接受教育、职业培训或者积累的工作经验；通过保持身体健康和强壮；通过移居到需求更高的地方；诸如此类。这个立场完全推翻了古典理论的核心方向，古典理论将资本与资本家完全控制生产资料联系在一起。

第二，与第一点相关，劳动者可以被看作**投资者**，或者至少是投资活动的一方。在马克思最初的分析中，劳动者付出劳动是为了交换维持生存需要的工资。人力资本理论明确地指出，如果利润被定义为只是为了维持生活花费的剩余价值，劳动者也处于获取利润的位置。奢侈品和生活方式的诱惑以及再投资的可能性，被马克思视为资本家独有的特权，现在也在劳动者的努力和欲求范围之列。换句话说，当资本被生产与交换的时候，其对资本家和参与生产过程的劳动者都是有意义、有获取可能性的。

人力资本概念对马克思资本概念的第三个偏离是，由于存在着提高工资和其他利润形式的报酬的可能性,劳动者获取技能和知识的**动机被激发**了。马克思认识到劳动是有目的的行动(Marx, 1867/1995, vol.1, chap.7),但是他认为,在资本主义体系中这个目的是被资本家提供和强加的。这样,劳动者的行动目的被生产目的所剥夺。劳动者的行动不再代表或表述他们的自由意志。从人力资本理论的视角,劳动者在获得技能和知识方面的投资动机是基于成本—收益的计算。这种计算驱使他们投资以获取技能和知识。这是理性选择的反映,劳动者的行动是与自身利益相一致的有目的的行动。

最后,在古典理论中,资本与生产和交换的过程相联系。资本最后发展成为与投资和成本相关的剩余价值或利润——生产与交换过程的结果。在这个表述中,劳动力投资是成本计算的一部分。但是在人力资本理论中并没有明确地描述生产与交换过程,劳动力也不仅仅计为成本(花费),而是被视为精力或者投资。事实上,人力资本理论的分析策略是将人力资本确定为劳动者**回报或生产**的函数,也即"收入的增加是投资的结果"(Schultz, 1961, p.8)。获得技能和知识的人力资本的发展产生了经济价值,使劳动者可以成为资本家(Johnson, 1960; Schultz, 1961, p.3)。

将分析的注意力转移到对劳动者的技能和知识生产投资的微观结构上,并不必然地否定古典理论对资本家剩余价值生产的宏观结构过程的论述。拥有较多人力资本的劳动者可以在劳动力市场上获得,因此资本家和经理可以通过雇用这些劳动者来获得这些人力资本。不过,获得的劳动力已不再是马克思所认为的、在生产过程中可以很容易地被替代的因素。由于人力资本在劳动者中有不同的分布,生产商和资本家必须计算嵌入到每个雇佣劳动者中的人力资本的增加值与相应的成本(工资和津贴)。假定资本家支付给劳动者的工资和津贴多于劳动者维持生存的需要,只要这种人力资本的增加是值得的,那么没有其他更为廉价的选择时,资本家也是会愿意的。有吸引力的工资和津贴留住了拥有较多的人力资本的劳动者,并促使他们定量、定质地实现其所生产商品的市场价值。大量的津贴也使劳动者得以休闲娱乐,或者进一步投资生产自己的资本(更多的教育和培训)。

推翻古典理论的重大意义表现在人力资本研究的两个认识论的含义上。首先,当劳动者享有他们劳动的剩余价值时,劳动者可以成为资本家。这样,两个阶级的界线就模糊了。既然劳动者可以通过获得人力资本成为资本家,至少可以认为资本家与劳动者在生产和交换时可以共同拥有资本(虽然不相等);那么劳动者获得人力资本就符合资本家和劳动者的共同利益。阶级之间的对抗和斗争变成了合作的事业——"对公司有益处的,对劳动者也有益处,反之亦然"。

现在研究关注劳动者对人力资本的获得与投资问题。生产过程以及生产过程对资本家的效用(被操纵)退到了幕后。既然人力资本需要符合劳动者的自我利益、有目的的行动,那么简单的投资—回报计算也适应于劳动者本身,而独立于商品生产与交换的内容。因而,劳动者—资本家关系中唯一有意义的内容是劳动力市场——嵌入到劳动者中的人力资本的供给与需求的交换场所。现在研究不是关注资本家为了利润而剥削劳动者,而是考察人力资本供需的平衡。劳动者而不是经理或者资本家被给予或者剥夺劳动力的价格和价值。如果劳动力价值很低,那是因为人力资本的缺乏,而不是资本家剥削剩余价值或者资本的情况导致的。

其次,教育与工资之间的关系研究构成了人力资本分析的核心领域。因为教育成就是技能和知识投资的一个主要指标,是个人在劳动力市场的主要资本,可以使劳动者进入好的公司并获得高薪。注意,这里没有任何其他种类的资本剥削成为影响因素。马克思在劳动剥削和占有理论中使用的批判的分析工具——资本家对生产资料的控制——现在由于劳动者本身的自由意志和自我利益,而成为分析生产的工具。

人力资本理论对生产和消费市场中的**社会关系**的解释,与古典资本理论中的基本结构的看法有很大的不同,因此我将之称为新资本理论。

文化资本：一个争论

并不是所有的新资本理论家，都同意将人力资本解释为工人自由意志或自我利益的产品。对人力资本的一个替代性的理论说明是文化资本理论。布迪厄（Bourdieu, 1990; Bourdieu and Passeron, 1977）将文化定义为一个符号和意义系统（Jenkins 1992, p.4）。他认为，社会的统治阶级通过控制教学行动的方式——使下一代内化主流的符号和意义，将自身的文化价值强加在其他阶级身上，从而再生产了统治阶级的文化特征。布迪厄（Bourdieu, 1972/1977, 1983/1986）的文化资本概念，来自他关于社会实践以及符号和意义的社会再生产的思想。为了讨论的需要，我们先关注他对社会再生产的论述，因为社会再生产与实践的思想和过程是内在相关的。

对布迪厄（Bourdieu and Passeron, 1977）而言，社会再生产是统治阶级对被统治阶级施加的"符号暴力"（symbolic violence）。符号暴力就发生在教学行动中，统治阶级通过教学行动，将自身的文化和价值合法化为社会的"客观"文化和价值。因此，尽管主流的文化和价值在支持和维护统治阶级的利益，人们却觉察不到。换言之，由于教学行动，统治阶级的文化和价值被"误识"（misrecognize）为整个社会的文化和价值。这些教学行动发生在家庭、非正式群体与非正式场合中，最重要的是通过教育，特别是学校教育（制度化的教育）的途径进行。在教育系统中，不仅代理人（教师和行政管理人员）自己接受了统治阶级的文化和价值，并将之误识为普遍的和客观的文化与价值，而且代理人还通过奖赏那些在下一代中进行统治阶级的文化和价值再生产的学生的方式，来传播"知识"。[1]

---

[1] 布迪厄反复强调他不是结构主义者或马克思主义者。大家可以阅读布迪厄的著作，自己判断一下这里的解释是否符合他的原意。正如布迪厄所主张的，如果要做出准确的判断，我们需要看学者的实践（这里就是指他的著作），而不是他自己的宣称。

这样的结果是一场内化的和持久的训练——文化再生产中的**惯习（habitus）**的培养。符号暴力通过误识和社会再生产的过程，扩大到劳动力市场（社会场域），从而强化了教学的奖赏（Bourdieu，1990）。获得文化和价值并将之误识为己有的学生，到统治阶级所控制的组织中工作，从而在劳动力市场中获得报酬。这样，误识在教育系统中被强化，以致其他学生继续对获得被传播的文化和价值的需要和益处进行误识。

符号暴力最重要的特征存在于教学过程中，统治阶级利用教学过程，使社会成员在没有任何抵抗，甚至是在自觉意识的情况下接受主流文化和价值，并将之内化为自己的一部分。行动者获得与误识的主流文化与价值（合法化的知识）被称为文化资本。这就是社会再生产的魔法——统治阶级价值的再生产。

对布迪厄而言，被一些人视为人力资本的教育甚或是所有训练，都可以被另一些人视为文化资本。这些不同的观点不仅仅是对相同的经验现象（如教育）的不同感觉；它们代表了理论解释中的基本分歧。布迪厄的符号暴力和社会再生产概念是与马克思的理论立场相一致的。它们反映了一个阶级（资本家或统治群体）对另一个阶级（劳动者或被统治群体）的价值强加；这套价值体系将前者对后者的劳动剥削合法化。此外，布迪厄也将利润（资本）视为社会或社会场域中得失攸关的永久的斗争（Wacquant，1989）。实际上，他将广义的资本，如经济资本、社会资本（与重要他人的关系）、文化资本和符号资本（声望和荣誉），都视为得失攸关的（Bourdieu，1980，1983/1986）。布迪厄认为这些形式的资本主要在统治阶级的控制之中，因为它占据了社会的最高位置。

我们可以将资本的这种解释追溯到马克思。马克思所描述的社会关系也可以这样看：资本家阶级控制着生产资料——教学行动的过程或者教育制度（在家庭、学校等地方）。在生产（学校教育）过程中，劳动者（学生或儿童）在教育过程中进行投资，并将统治阶级的文化内化。劳动者获得文化后就可以进入劳动力市场，赚取报酬和维持生活消费。资本家或统治阶级，通过文化资本来补充经济资本，并在商品（受教育的大众）流通和生产资料（教育机构）的控制中积累这两种资本。

同时，布迪厄对文化资本的论述与舒尔茨和贝克尔对人力资本的论述有共同的特征。不像马克思，布迪厄关注劳动者以及获得的资本与市场之间的关系。他明确地指出了外在的社会结构（也即一个阶级与它的文化和价值的统治）对符号暴力和社会再生产过程的重要性，以及对代理者和劳动者施加误识的教学行动的重要性。但是对布迪厄而言，统治群体只是作为潜在的力量隐藏在背后，而不是处在分析的中心。也即，文化资本的分析涉及微观和中观结构而不是宏观结构。

布迪厄（Bourdieu，1972/1977）似乎并没有排除目的行动或行为的选择因素。在社会行为与互动（实践）的分析中，他明显地在机会与限制、想拥有的（主观的期待）与可能的（客观的可能性）之间寻找权衡（Bourdieu，1990）。布迪厄也没有严格地划分剥削阶级与被剥削阶级，而是将社会（场和场域）视为一个位置网络，人们都争夺好的位置（Wacquant，1989）。被统治阶级中的一些成员误识和接受了主流价值后，也会去竞争和占有这些位置。这些特征反映了文化资本理论的新资本观立场，而不同于马克思的古典资本理论。

不同于马克思的另一个地方是，布迪厄并不认为经济资本和文化资本之间存在完全对应的关系。一些经济资本家并不拥有文化资本，同时一些文化资本家在经济上并不富有。这种不完全对应关系似乎为一些劳动者开辟了一条道路，他们可以利用文化惯习，在统治阶级中获得一个立足点。他们可以凭借文化资本，成为教育制度的一部分，从劳动力市场中获得回报。布迪厄没有分析到这一步，但他似乎为社会流动过程和行动的可能性留出了一块空间。

与图1-1的描述相对应，我们可以这样理解布迪厄的观点：误识和再生产的符号和意义组成了必要劳动，也即商品3，它们在生产市场中被用于交换，其中文化精英或者资本家控制着生产市场,他们在文化和统治的再生产中使用劳动,这些劳动构成了他们的剩余价值和资本。同时,劳动者因向精英提供文化再生产的劳动而获得补偿;这也可能产生剩余价值和资本,因为劳动者可以进行再投资,继续积累文化符号和意义,进一步发展与精英的关系,从而提高他们在社会中的相对地位。根据刚才的解释,我们可以将布迪厄的文化资本理论视为带有古典理论色彩的新古典资本理论。

新资本理论的解释：结构性限制下的行动

我们现在可以简要地总结一下这些新资本理论共同包含的两个重要因素。第一,存在一个明显的、从古典马克思主义理论所使用的宏观分析层次,到新资本理论的微观分析层次的解释转向。新资本理论不是把资本视为社会中阶级剥削过程的一部分,而是偏向于微观层次,解释作为行动者的个体劳动者,为了在市场中获得劳动的剩余价值如何进行投资。

这个向微观层次转向的解释,没有排除更大的宏观层次或结构在资本化的过程中的影响。新资本理论明确地强调在资本化过程背后的统治阶级的"看不见的手"的作用。但是,我认为新资本理论分析的焦点是行动者个体——劳动者或潜在的劳动者。

第二,行动或选择已经作为新资本理论的一个重要因素出现。在古典理论中,行动只属于资本家;而劳动者只是在生产的格局中为资本家生产剩余价值的无助的、可替代因素,劳动者本身没有选择,只是为了换取维持生存所需而在生产过程中提供廉价的劳动。在新资本理论中,劳动者能够获得和保持自己劳动的一些剩余价值。在某种程度上,为了获得有用的技能和知识——劳动者在生产过程中可以将之"卖"给生产商以获得更多的剩余价值,是否需要以及需要付出多少精力或投资,完全由劳动者个人决定。这个选择行动,是在人力资本理论中使用的主要的、有时是唯一的解释力量。

不同个体的选择的有效性和范围的确存在不同的限制。无论身体健康和心理健康来源于什么，它们在个体中的情况是非常不同的，并且解释了资本化的选择差异。人力资本理论家甚至考虑到家庭和其他个体特征（性别、种族等）。文化资本理论实际上强调阶级结构在社会中所扮演的角色，以及文化资本对个体行动的作用。结构或阶级位置不仅定义了市场位置中拥有差异价值的资本类型，而且更重要的是，它们支配着社会经济地位低下者获得这些有价值的技能和知识的行动。

简而言之，新资本理论强调个人行动与结构位置在资本化过程中的互动。虽然它们有的强调前者有的强调后者，但是每个理论都承认，在结构限制下的互动或选择行动解释了资本化的过程。

然而，这个互动在很大程度上存在于人力资本和文化资本理论的幕后。人力资本理论主要关注资本化中的选择行为。文化资本理论强调统治阶级在这类资本中的既得利益以及如何通过文化灌输将之合法化。但是，这个解释只是一个假设，而没有被证明。虽然在所有社会中都可以察觉到一些垄断性的价值和文化，但是这些价值和文化是如何被统治阶级所垄断，又如何通过灌输的方式（如教育）被"误识"为一般化的价值和文化，毕竟都是文化资本理论的假设，并没有被证明。

结构与行动之间的互动的更详尽的阐述，由另一个新古典资本理论——社会资本理论来完成。社会资本理论是本书分析的重点，下一章将考察它的发展过程。

第二章　社会资本：
通过社会关系获得的资本

　　社会资本概念背后的前提是相当简单明了的：**期望在市场中得到回报的社会关系投资**。这个一般的定义与所有对这个讨论有贡献的学者的不同解释是一致的（Bourdieu，1980，1983/1986；Lin，1982，1995a；Coleman，1988，1990；Flap，1991，1994；Burt，1992；Putnam，1993，1995a；Erickson，1995，1996；Portes，1998）。作为分析对象的市场可以是经济的、政治的、劳动的或社区的。个体参与互动和网络运作（Networking）是为了创造利润。这代表了一般的资本理论和新资本理论的重要延伸与扩展。迄今为止所讨论的新资本理论——人力资本和文化资本——都将资本看作能够产生利润的个人资源投资；尽管它们分析的生产（技能和知识 vs 价值和规范）和利润（个人经济回报 vs 主流文化的再生产）的性质是不同的，但是它们都将资本视为个体行动者的资源投资与所有。无论是像人力资本理论那样，将资本视为随机分布在社会中的独立的原子化的要素，还是像文化资本那样，将资本视为灌输到个体中的已被接受的主流价值，资本都被看作个体行动者的投资或生产。

　　社会资本概念扩展了这种个体化的视角。社会资本理论是新资本理论中一个主要发展。社会资本是通过社会关系获得的资本；是一种社会财产（asset），它借助于行动者所在网络或所在群体中的联系和资源而起作用。

社会资本为什么能运作？

　　为什么嵌入在社会网中的资源增强了行动的效果？一般有四

种解释：第一，它促进了**信息**的流动。在通常的市场不完善的情况下，处于某种战略位置（location）和/或等级位置（hierarchical position）①（这样可以更好地获悉市场需求情况）中的社会关系，能够为个人提供以其他方式不易获得的关于机会和选择的有用信息。同样地，这些关系（或者关系的关系）可以使组织（不管是在生产市场还是消费市场）及其代理人，甚至社区，注意到一个未被发掘的人的可用性和兴趣。这种信息可以降低交易成本，使组织招聘到较好的（不管在技能、技术还是文化知识上）个人，使个人找到可以使用其资本和提供合适报酬的较好的组织。第二，这些社会关系可以对代理人（如组织的招聘者或管理者）——他们在涉及行动者的决定（如雇用或晋升）中扮演着关键角色——施加影响。一些社会关系，由于它们处于战略性位置（如结构洞）和地位（如权威或管理地位）上，拥有更多的有价值资源并可以对组织代理人的决策施加更大的影响。"说一句话"在组织决定是否吸收一个人的过程中具有特定的分量。第三，社会关系可以被组织或代理人确定为个人的**社会信用**（social credentials）的证明，部分社会信用反映了个人通过社会网络与社会关系（他或她的社会资本）获取资源的能力。一些人的"后台"使组织（和它的代理人）相信这些人能够提供超越个人自身资本的额外资源，其中部分或许对组织有用。第四，社会关系可以增强认同和认可。确

---

① 读者应该特别注意，position 和 location 都是本书的核心概念，它们都有位置的意思，但是 position 指结构中的位置，这个位置一般是制度设置的，有等级性和地位的含义；而 location 指网络关系中的位置，是个体行动者通过自己的行动营造的，反映了行动者的自主性。读者可在后续章节中自己体会出二者的差别。本来译者准备将 position 译为地位，而 location 译为位置，以区分二者；但反复权衡，窃以为 position 译为位置更妥当；另外，又找不出更好的可区分二者的译法，因此除了将 strength-of-position proposition 译为地位强度命题，以与位置强度命题相区分，将 positional effect 译为地位效应，以与位置效应相区分，在其他地方，将二者均译为位置。读者只要记住，与结构性质有关的位置指 position，与网络性质有关的位置指 location，这样便可分辨清楚。除了在论述位置—地位交叉命题等必要的地方，译者在翻译后面注明原词以澄清混乱之外，文中不特别注明英文，请读者自己细心分辨。——译者注

信和认识到自己是一个有价值的个体，是一个共享相似利益和资源的社会群体的成员，不仅为个人提供了情感支持，而且为个人对某些资源权利的要求提供了公共承认。这些**强化**（reinforcement）对精神健康和资源的权利的维持都是基本的。这四类要素——**信息、影响、社会信用和强化**——可以解释为什么社会资本在工具性和情感性行动中发挥作用，而各种形式的个人资本（如经济资本或人力资本）却不能如此。①

不同的视角和趋同的概念

近来，社会资本在理论和研究上有了相当大的发展。尽管早期学者（Loury，1977，1987；Ben-Porath，1980）曾指出社会关系的资源或资本性质，甚至使用了**社会资本**一词，但是直到1980年代，当布迪厄、科尔曼和林南几个社会学家，独立而详细地探究这个概念时，它才引起了学术界的关注。

对应于所考虑的回报或利润所处的层次——利润是为群体还是为个人积累，存在两个视角。第一个视角关注个人对社会资本的使用：为了在工具性行动（如找好的工作）中获得回报或在情感性行动中保持所得，个人如何获取和使用嵌入在社会网中的资源。在这个层次上，社会资本类似于人力资本，因为个人进行这些投资是为了其自身的回报（一些利益或利润）。个人回报的聚集也有益于集体。在这个视角中，分析的焦点是：（1）个人如何在社会关系中投资；（2）为了产生回报，个人如何获得嵌入在关系中的资源。

林南（Lin，1982）认为个人有两种类型的资源可以获取和使用：个人资源和社会资源。个人资源是个体所拥有的资源，可以

---

① 另一个要素——控制——对社会资本的功用也被提到。我认为"控制"既反映了网点又反映了等级地位，处于社会资本本身定义的中心地位。因而，信息、影响、社会信用和强化都是社会资本为什么起作用的原因或者控制的原因。

包括物质和符号物品（如文凭和学位）的所有权。社会资源是个人通过社会联系所获取的资源。由于社会联系的延伸性和多样性，个人有不同的社会资源。

而且，为了获益，这些资源可以"借"。从朋友那里借一辆车搬家，为了获得一份工作而让老同学的父亲帮着"说一句话"，都是使用社会资源的例子。本书后面将会澄清，对个人的潜在功用而言，社会资源无论在量上还是质上都要超过个人资源。

对弗拉普（Flap, 1988, 1991, 1994）而言，社会资本也包括动员的社会资源。弗拉普把社会资本具体化为三类要素：在个人的社会网中，（1）"当要求帮忙时，准备或者有义务帮助你"的人的数量；（2）表示愿意帮忙的关系强度；（3）这些人的资源。弗拉普认为，社会资本是与自我有强关系的他人提供的资源。因此，社会资本是可利用的社会资源的产物和他人提供这些资源帮助的倾向。

伯特（Burt）的著作也反映了这个视角。网络位置（location）代表并创造了竞争优势。将结点（nodes）和节点上的占据者与信息和其他资源（否则这些信息和资源是不可能获取的）连接起来的位置，对处在这些"结构洞"（structural hole）位置的占据者，以及接近它们的其他位置（location）和其他占据者，都构成了有价值的资本。

另一个视角关注群体层次的社会资本，这些讨论集中在：（1）某些群体如何发展和或多或少地维持作为集体财产的社会资本；（2）集体财产如何提高群体成员的生活机会。布迪厄（Bourdieu, 1980, 1983/1986）和科尔曼（Coleman, 1988, 1990）从这个视角进行了广泛的讨论；普特南的著作（Putnam, 1993, 1995a）是经验研究的典范。这个视角虽然承认个体互动和网络运作在扩展社会资本的报偿中的重要性，但它的主要兴趣是探究集体财产的生产与维持的要素和过程。

布迪厄（Bourdieu, 1983/1986）认为资本伪装成三种形式：经济资本、文化资本和社会资本。社会资本"由社会义务或联系组

第二章　社会资本：通过社会关系获得的资本

成"。"它是实际的或潜在的资源的集合，这些资源与一个相互熟识和认可的、具有制度化关系的持久网络的拥有——换言之，一个群体的成员身份——联系在一起。"（p. 248）群体为其成员提供集体共有的资本，成员可以将这些资本用于信贷。这种形式的资本可以表示为网络的规模和资本（经济的、文化的或符号的）的容量，那些与他人有联系者拥有这些资本。换言之，布迪厄认为，社会资本取决于个人联系的规模和这些联系中所含有的资本的容量或数量。然而，社会资本是一个确定群体的成员所共享的集体财产，这个群体有清楚的边界、互相交换的义务和相互的认可。

布迪厄进而将社会资本视为群体成员的生产。社会资本要进行重复的交换，要强化相互的认可和边界，以确认和再确认资本的总体以及每一个成员对那些资本的要求。最后，布迪厄指出，社会资本只是经济资本的伪装。"经济资本是所有类型资本的根基"，包括社会资本；"每一种资本在最后的分析中都可化约为经济资本"（pp. 252 - 253）。总之，布迪厄将社会资本视为社会网或群体的成员所拥有的资本形式。通过成员之间的联系，成员可以将资本作为信贷使用。在这个意义上，社会资本是赋予成员信贷的集体财产，当成员在关系中继续投资时，它的功用也得到维持和强化。

科尔曼认为社会资本由两类要素组成：它是社会结构的一个方面；在结构内它便利了个体的某些行动（Coleman, 1990, p. 302）。是否结构的任何一个方面都是资本，取决于它是否对参与某种活动的某些个体发挥功能。出于这个原因，社会资本是个人或活动所无法代替的。社会资本是从关系中获得的现实的或潜在的资源。在科尔曼的社会行动体系中，他刻画了行动者如何对他们感兴趣的资源进行控制，以及他们如何对至少部分地被其他行动者控制的事件（或事件的结果）感兴趣。为了从一个事件的结果中获得利益，行动者参与资源的交换和转移。这些社会关系在便利个体的行动中发挥重要的功能，形成了社会资本的基础。

科尔曼（Coleman, 1990）举例说明了这一点。韩国学生中的秘密群体（p. 302）或俄国革命前共产主义运动中的工人组织，不仅为个人参与提供了社会资本，而且它们本身组成了革命运动的社会资本。父母—教师协会（PTAs）和其他社会组织允许父母和学生实现他们的个人目标，但它们也向学校和所有与学校有联系的行政管理者、教师、学生和父母提供资源。科尔曼又举了个体行动者如何适应集体（社区）中可利用的社会资本的例子：一位母亲为了让她的孩子安全地步行到操场或学校，从底特律迁到了耶路撒冷。因此，对科尔曼和布迪厄而言，紧密或者封闭的网络是维持集体资本和实现群体再生产的手段。

普特南的著作——对民主社会（如美国）中的志愿组织的参与研究，就反映了这样的视角。他认为，这些社会性社团和参与程度反映了一个社会中的社会资本范围，它们也促进和增强了集体的规范与信任，这对集体福利的生产和维持是至关重要的（Putnam，1993，1995a）。

虽然两个视角所描述的社会资本在功用或结果评估的层次上有差异，但是所有的学者都坚持认为，互动中的成员维持和再生产了这种可能的社会财产。这种共识牢牢地将社会资本置于新资本理论的阵营。[①]这样，布迪厄、科尔曼、林南、弗拉普、伯特、

[①] 两种不同的理论立场将集体财产阵营的学者区分开来。对布迪厄而言，社会资本代表了统治阶级中的个体，通过相互认可和承认来强化和再生产拥有不同资本（经济的、文化的和符号的）形式的特权群体的过程。这些群体及其成员以贵族身份和头衔为特征。这样，社会资本是维持和再生产统治阶级的另一种方式。这个理论立场将社会资本视为阶级（特权）物品。将社会资本作为集体财产的另一个理论立场，以科尔曼和普特南的著作为代表。科尔曼虽然将社会资本定义为对个人的具体行动有用的任何社会结构特征或资源，但是他强调社会资本是公共物品。不管在社会群体还是社区中，也不管是哪些成员在实际地增进、维持或贡献这些资源，这些集体财产和特征对群体的所有成员都是可以利用的。因为社会资本是公共物品，它依赖于个体成员付出努力而不搭便车的良善的意愿。这样，规范、信任、准许、权威和其他结构特征在维持社会资本中变得非常重要。如果一定要追溯这两个解释体系的理论渊源，那么可以认为：特权物品的观点主要是对马克思资本理论中社会关系的扩展和具体阐述；而公共物品的观点则主要是对社会关系整体的或涂尔干式的观点的扩展和具体阐述。

第二章 社会资本：通过社会关系获得的资本

埃里克森（Erickson）、波茨（Portes）和其他学者都认为，社会资本由嵌入在社会关系和社会结构中的资源组成，当行动者希望提高工具性行动成功的可能性时，他们可以动员社会资本。与人力资本一样，社会资本是行动者提高工具性行动成功可能性的投资。不像人力资本——人力资本代表着在培训和其他获得技能、知识和证书的活动计划中的投资，社会资本是在社会关系中的投资，通过社会关系可以使用和借取其他行动者的资源。这个概念被运用到大范围的行动中（如为了孩子更安全而迁到一个不同的社区，在一个社会运动中动员参与者；参见 Coleman，1990），以及宏观层次（如在自发性组织、社区组织和社会群集中，参与者的数量和自发参加的范围；参见 Putnam，1993，1995a）和微观层次（如求职和晋升；参见 Lin，Ensel，and Vaughn 1981；Burt，1997）的研究中。同时逐渐产生了一个共识（波茨，伯特，林南）：社会资本作为一个在理论中产生的概念，应该在社会网络背景中考虑——作为通过占据战略网络位置（location）和/或重要组织位置（position）的社会关系而获取的资源（林南）。在本书中我将使用这个概念。

在这个概念中，社会资本可以操作化地定义为**行动者在行动中获取和使用的嵌入在社会网中的资源**。这个概念有两个重要的组成部分：（1）它代表着嵌入在社会关系中而不是个人中的资源；（2）这些资源的获取和使用取决于行动者。第一个特征——社会的嵌入性资源，容许在社会资本和其他资本形式之间进行相对应的分析。例如，人力资本被经济学家（舒尔茨，贝克）视为，个人为获得在某种市场中（如劳动力市场）有用的某种技能和证书的投资。社会资本也可以被视为个人在市场中对有用的人际关系的投资。社会资本的第二个组成部分必须反映出，自我在认知上意识到这些资源在他的关系和网络中是存在的，并且决定唤起这些特殊的资源。可能有些关系不出现在自我的认知地图之中，它们的存在不在他的意识之中。只有当个人意识到它们的存在，意识到他们拥有或能够获取的资源（这些关系也有它们的网络），他们才能将这些关系和资源资本化。下一章将对社会资本概念进行系统的陈述。

问题与澄清

在我开始陈述社会资本概念之前，一些问题需要讨论与澄清。很明显，视角的分歧已经产生了一些理论和测量上的混乱。更多的混乱是由一些讨论在各层次之间自由地摆动而引起的。例如，布迪厄提供了一个结构的视角，他将统治阶级和贵族群体的再生产作为社会资本的主要解释。社会资本可以表示为两类要素的集合：（1）群体或网络的规模；（2）成员所拥有的资本容量（Bourdieu，1983/1986，p. 248）。只有当所有成员维持强关系和互惠关系（一个完全紧密或制度化的网络），因此关系强度不进入计算时，这个表述才有意义。然而，布迪厄也描述了个体作为网络或群体的成员，如何地互动与强化相互的认可和承认。科尔曼（Coleman，1990：Chap. 12）在强调个体在行动中如何使用社会结构资源获得更好的结果的同时，又致力于社会资本的集体性质的讨论，将信任、规范、准许、权威和封闭作为这个概念的组成部分或形式。在我们开始建构一个内在一致的社会资本理论之前，对这些观点的识别、分类和理解是非常重要的。我将这些问题梳理成表 2-1。

表 2-1 关于社会资本的争论

争 论	主 张	存在的问题
集体或个人的财产（科尔曼、普特南）	社会资本是集体财产	与规范、信任相混淆
封闭或开放的网络（布迪厄、科尔曼、普特南）	群体是封闭或紧密的	阶级社会的视角，缺乏流动性
功能的（科尔曼）	社会资本表现为某种行动的效果	同义反复（原因由结果决定）
测量（科尔曼）	不能量化	启发式的，不可证伪

产生于宏观 vs 关系层次的一个主要争论是，社会资本是集体物品还是个人物品（参见 Portes，1998 的评论）。大多数学者同意社会资本既是集体物品又是个人物品；也即，拥有嵌入性资源的制度化的社会关系，对集体和集体中的个人都是有益的。在群体层次，社会资本代表着在网络中互动的成员的一些有价值资源（例如，作为社会联系中的经济的、政治的、文化的或社会的资源）的集合。当把社会资本作为集体物品甚至公共物品，和信任、规范和其他集体或公共物品一起讨论时，困难就出现了。在文献中出现的情况是，一些术语已经变成了可选择或可替代的术语或测量。社会资本背离了个体互动和网络运作的根基，变成了在促进或建构社会整合和社会团结的广泛背景下所使用或展开的另一个时髦的术语。下面我主张，社会资本作为一种关系的财产，必须与集体财产和物品（如文化、规范、信任等）分开。因果命题可以阐述（例如，集体财产，如信任，促进了关系和网络的增加，增强了嵌入性资源的功用，反之亦然；Chap. 13），但是不能认为，它们都是可替代的社会资本形式，或者可以彼此相互定义（例如信任是资本；Paxton，1999）。

另一个与社会资本的集体性有关的争论，是假定封闭性与紧密性是社会关系和社会网的必要条件（Bourdieu，1983/1986；Coleman，1990；Putnam，1993，1995a）。布迪厄从阶级视角出发，把社会资本视为统治阶级中（作为一个群体或网络）的成员的投资。他们为了维持和再生产群体团结，保持群体的统治地位，而进行相互的认可和承认。群体中的成员身份建立在排除外来者的清楚划分（如高贵的出身、头衔、家庭）的基础之上。群体的封闭性与群体内的紧密性是必须得到满足的。当然，科尔曼没有采用这样一种阶级社会的视角，但他也将网络封闭性视为社会资本的一个明显优势，因为封闭性维持和增强了信任、规范、权威、准许等。这些团结的力量可以确保网络资源被动员起来。

我认为，对社会资本的功用而言，对网络紧密性或封闭性的要求是不必要、不现实的。社会网的研究强调网络中的桥梁

（Granovetter，1973；Burt，1992）对促进信息和影响流动的重要性。将封闭性或紧密性作为社会资本的必要条件，就否认了桥梁、结构洞或弱关系的重要性。对紧密或封闭网络的偏爱是某种利益的结果（Lin，1986，1990，1992a）。为了**保持或维持资源**（如情感性的行动），密网存在相对的优势。对特权阶级而言，封闭的网络对资源的保持和再生产更有利（如 Bourdieu，1983/1986）；对一位母亲而言，为了确保孩子的安全，迁到一个内聚性的社区更有利（Coleman，1990）。另一方面，为了**寻找和获得**当前没有的**资源**（例如工具性的行动），如找工作或换一份更好的工作（Lin，Marsden，Flap，Burt），获取和扩展网络中的桥梁会更有用。在理论上更可行的是，不断言封闭的或开放的网络是必须的：(1) 将在什么结果和在什么条件下，密网或松网可能产生更好的回报概念化；(2) 为经验考察设立可推论的假设，例如，密网更可能促进资源的共享；或者，开放的网络更可能获取优势位置（position）和资源，反过来这又会提高获得额外资源的机会。

第三个要求澄清的争论是科尔曼的陈述：社会资本是对个体的某种行动产生回报的所有"社会结构资源"。他论述到："社会资本根据它的功能来定义"；"它不是一个单一的实体，而是拥有两个特征的多种不同的实体：它们都由社会结构的某一方面组成，它们便利了结构内个体的某种行动。"（Coleman，1990，p.302）这个**功能**的观点可能意味着同义反复：社会资本在起作用的时候被识别；社会资本的潜在原因解释只是通过它的结果来获得；或者说，它是不是投资取决于个体在行动中的回报。这样，原因由结果来界定。很显然，原因和结果被调入一个单一功能的理论是不可能建立起来的。这不是否认功能关系可以建立假设（例如，嵌入在社会网中的资源使获得好的工作更容易）。但是两个概念必须处理为可以独立测量的分离的实体（例如社会资本是在社会关系中的投资，好的工作可以由职业地位或管理地位来代表）。让结果变量来规定原因变量是不正确的（例如，对行动者 X，亲属关系是社会资本，因为它们为 X 获得一份好工作提供了渠道；对行动者 Y，亲属关系不是社会资本，因为它们没有为 Y 获得一份好工作提供渠道）。作为假设的因果关系可能受到其他因素的影响（例如，家庭特征可以影响建构人力资本和社会资本的不同机会），这需要在一个更精致的理论中详细说明。如果条件因素变成了主要概念的定义的一部分，这个理论将会很烦琐。事实上，人们会怀疑，对每一种情况都可以很好地预测的理论是否存在。

可能与社会资本同它的结果难以区分的观点有关——要考虑到科尔曼的观点：社会资本作为一种集体物品，可以视为有很多不同的形式，如信任、规范、准许、权威，诸如此类——科尔曼提出疑问"社会资本是否会像社会科学中的金融资本、物质资本和人力资本那样，成为一个有用的定量概念，有待于观察；它当前的价值主要在于它对社会体系的定性分析，以及对使用定性指标的定量分析的作用"（Coleman，1990，pp. 304 - 305）。而且，这种困惑可能由于社会资本概念的扩展，超出了它在社会关系和社会网络中的理论根基，对每一种个人情况进行预测难以实现其应有的理论地位。一旦这些问题得以解决，社会资本应该而且一定是可以测量的。

第三章 资源、等级制、网络与同质交往：结构基础

前面已经提出，社会资本——作为在市场中期望得到回报的社会关系投资——可以定义为**在目的性行动（purposive action）中获取和/或动员的、嵌入在社会结构中的资源**。在这个定义中，有三个重要组成部分要分析：（1）资源；（2）嵌入在社会结构中；（3）行动。我认为资源是所有资本理论，特别是社会资本理论的核心。社会资本理论应该完成三项任务：第一，应该解释资源如何呈现价值，以及有价值的资源在社会中如何分配——资源的结构性嵌入；第二，应该解释个体行动者通过互动和社会网，对这些结构的嵌入性资源——机会结构——的获取如何变得有差异；第三，应该解释，为了有所获，如何动员起来获取这些社会资源——激活的过程。这一章关注前两项任务：社会中有价值资源的嵌入和相对于这些资源的机会结构。第四章通过讨论行动部分，对理论阐述进行总结。

资源及其社会分配

这里提出的社会资本理论的基本概念是资源，可以定义为**物质或符号物品**（Lin，1982）[①]。除了维持和提高人类生活水平所需

[①] 休厄尔（Sewell，1992，p.9）区分了结构中的两类资源：非人力资源和人力资源。非人力资源与物质资源相一致，人力资源既包括体质资源（体力、熟练性），又包括符号资源（知识、情感投入）。

第三章　资源、等级制、网络与同质交往：结构基础

的基本物质资源之外，个人和群体也将其他资源赋予意义和重要性。这里提出三个关于资源如何被赋予意义和重要性的假定。

第一，在任何人类群体或社区中，为表明资源的相对重要性，**资源被共识或影响赋予不同的价值**（Lin，1982）。一种资源的价值赋予（assignment），部分地由对它的需求或预期的相对稀缺性来规定（如一个社会中的黄金或另一个社会中的贝壳），但它也由每一个群体的独特的历史、地理和集体经验来决定。

对资源的价值赋予可以通过影响的三个过程之一来实现：劝服（persuasion）、请愿（petition）或强制（coercion）（Lin，1973；参见 Kelman，1961 和 Parsons，1963 的相关讨论）。**劝服**是通过交流和互动，使同类行动者确信一种资源的价值的过程，从而导致资源的价值在行动者之中内化。成员大概能看到这种资源的内在价值。劝服是在没有外部制裁或惩罚的威胁或强迫之下，将资源赋予价值。**请愿**是一群个体行动者的请求或游说活动，代表着规范的压力。个体行动者接受一种资源的价值，是因为他们希望保持一个群体的成员身份或认同这个群体，即使他们不能理解或接受资源的内在价值，也愿意接受这个群体的价值。**强制**是同类行动者被迫认可一种资源的价值，否则会面临某种制裁或惩罚。个体行动者没有看到这种资源的内在价值，或者因为他们希望认同这个群体才不自愿地接受它的价值。而且，他们面临着要么认可权威性的价值赋予，要么遭受令人不快的后果（如身体或精神的伤害）。

一种资源被赋予的价值可能由于内部影响（内战、革命、剧变、灾难、权威的修正、发现、时尚或品味的变化等）和外部影响（贸易、战争、入侵、征服、思想的交流等）而改变。例如，女性的地位——到处都不同，在不同的社会、不同的时期有不同的体现。在清朝，女人缠足表示高地位；脚越小，地位越高。在 20 世纪中叶的欧洲和北美，女人穿高跟鞋同样显示高地位。女人可能有其他有价值的资源来吸引男性，但上述两种资源在它们各自的背景和时间内都是有价值的。虽然每一种资源的价值都是有

时间限制的，但一些资源（如金钱、族群或种族的等级、身体的穿孔部分）的价值比其他资源（如缠足、苏格兰男子的褶裥短裙、法官或高级牧师的假发套）更持久或更普遍。

第二，我们假定，**如果有机会，所有行动者都会采取行动维持和获得有价值资源，以增加他们的自我利益**。这里，**行动者**是个体或者由个体组成的群体。集体或社区通过授予拥有更多有价值资源的个体行动者以相对高的地位，来增加它的自我利益。有一个很好的原因可以说明，集体为什么会授予个体行动者这些地位或进行"授权"（Sewell，1992），因为它强化了集体关于资源价值的社会共识——一种社区感。个体行动者如果显示出对赋予价值的社会共识的信奉，就会得到报偿。地位授予有利于促进集体的统一、生存和持续，进一步强化了拥有有价值资源的个体行动者对集体的忠诚，因为它肯定和保护了资源的价值。这样，授予有价值资源的拥有者以地位，增加了社区和参与其中的个体行动者的相互利益。

社区的持续与它对拥有有价值资源的个体行动者的地位授予之间的互惠关系，是集体行动的重要结果。拥有更多有价值资源的个体行动者——因此拥有更高的地位——往往代表集体或以集体的名义做出决定，包括决定有价值资源的分配方法。这样一个机会赋予了集体中处于决策位置的个体行动者。这样的结构机会在下一部分——资源的宏观结构中会进一步讨论。无论如何，结果是，拥有有价值资源的个体行动者更有可能参与关于这些资源（如有价值的财产）权利（使用、转让、处置）的决策。[①]处于决策位置的行动者希望强化集体共识，因为存在一个维持和提高他们在集体中的地位的激励。自我利益从而被满足，因为它与集体利益相一致。这些有权利的个体行动者，可以通过获得更多有价

[①] 对所有权的讨论，参见 Alchian（1965）、Alchian and Demsetz（1973）、Gilham（1981）和 Willer（1985）。对于财产权和阶级结构之间的关系，参见 Dahrendorf（1959）、Bourdieu（1986）和 Kornai（1992）。

值的资源，或者操纵价值共识，以提升他们拥有的或能够获取的资源的价值，进一步提高他们的地位。个体在集体中的地位越高，增加自我利益的机会也就更多。

另一方面，在社区中拥有更少有价值资源和更低地位的个体行动者，会体验到更大的结构限制和更少的改变机会。个体可以采取两种类型的行动：占用更多有价值的资源或改变对各种资源所赋予的价值。对有价值资源的占用可以通过使用社区合法的和准许的手段，也即制度化的渠道，如通过教育体系，或者可以使用社区不准许的或非法的手段，也即越轨行动。默顿（Merton, 1940）在关于社会结构与失范的著作中，阐述了个体行动者如何通过违反群体的规范来实现个人目标的理论。

改变资源的价值需要超越个体的行动，需要动员有相似需求的其他行动者。这样的动员，或形成社会网络来促进对资源价值重新评估，或进行以取代社区的决策者为目标的革命（进一步的讨论，参见第十一章），不一而足。

当然，这些越轨行动冒着被社区制裁的风险。制裁的手段从降低社区中的地位（监禁或剥夺有价值的资源与高地位）到逐出社区不等。这就是结构对个体行动者行动的约束力量。然而，结构约束与机会并存的事实仍然存在（Merton, 1995）。无论对个人还是对社区而言，关键的是对有价值资源的争夺，以及通过获得和保持这些资源来增加自我利益。

在一般情况下，当行动和互动按常规进行时，行动者本身并不清楚"约束—机会"协同作用的重要性，因为决策好像是集体看不见的手为了每一个成员的福利做出的。当社区的生存受到挑战时，真实的情况变得更清楚。在遇到外来的危机时，社区会采取措施，保护那些拥有最有价值的资源的成员，而牺牲那些拥有最少价值的资源的成员。例如，在面临一个外部威胁时，集体倾向于或者说更可能，先辞退不在决策地位的成员，而批准或控制这些裁员的管理人员会留下来，除非集体已经处于崩溃的边缘。在第二次世界大战接近尾声时，日本派级别低的与年轻的飞行员去完成自杀性的使命,而保留高级的与更有经验的飞行员准备保卫本土的最后一搏。集体的保存与拥有有价值资源的个体行动者的保存是相互作用和相互支撑的。

关于有价值资源的第三个原则假定:**维持和获得有价值资源是行动的两个主要动机,前者比后者更重要**(Lin, 1994a)。无论对于社区还是对于它的个体行动者而言,首先是努力维持它们拥有的或者能够得到有价值资源。只有当有价值资源的存在得到保证时,行动者才会去寻求获得另外的有价值资源。虽然也存在次要的和不重要的行动动机;但我们假定这两个动机是主要的,它们支配着绝大部分的行动。第四章将对这个原则的重要性以及它对行动的影响进行进一步的研究。

资源的宏观结构:等级制与社会位置

在定义资源、假定它们的价值和重要性之后,我们下一步考虑资源如何嵌入集体。下面的论述集中在以下几个主题:(1)社会结构的性质;(2)社会结构中的等级制;(3)等级制结构的金字塔形状;(4)复杂的社会结构与资源交易。

社会结构

这里界定的**社会结构**由以下部分组成:(1)拥有不同数量的一种或多种有价值资源的一组社会单位(**位置**);(2)**与权威**(控制和获取资源)的等级相关;(3)在资源的使用中共享的某些**规则和程序**;(4)对按这些规则和程序行动的**占据者(代理人)**予以授权(相关讨论,参见 Sewell, 1992)。

第一个要素将资源的嵌入性与社会位置联系起来(对结构位置的观点的讨论,参见 Burt, 1992)。位置的占据者可以改变,但是资源却依附在位置上。因此,嵌入在结构中的资源不同于个体行动者所拥有的资源。只要位置拥有的嵌入性资源存在,结构就会保持稳定(Weber, 1947)。

第二个要素描述了位置之间的关系。**权威**是权力的一种形式，可以定义为对有价值资源的相对控制和获取机会（这个定义的讨论，参见 Emerson，1962；Cook and Emerson，1978；Bourdieu，1983/1986；Coleman，1990，pp. 780-782）。可以在任何一对位置之间确认相对的等级。权威意味着拥有明确的法律制裁的强制力。一个结构的等级越多，其位置之间的相对权威越不同。

第三个要素描述了共享的程序和规则，在有价值资源的使用与控制中，它们指导着位置（与代理人）应该如何行动和互动（关于结构中的规则的讨论，参见 Sewell，1992）。①规则和程序使社会位置之间的行动和互动导向一致，因此资源的价值得以维护，维持和扩展这些资源仍然是集体行动的目的。

最后一个要素是这些位置的占据者，他们被期待着按这些规则和程序行动。因此，社会结构以及它的规则和程序，代表着原则；而个体行动者是代理人，他们占有位置并被授权将规则和程序付诸实施。这是一个非常重要的原则，也是一个矛盾。一方面，规则和程序的制定对于结构的维持非常关键，因此对占据者的选择偏向于那些经过社会化和培训的、能够执行这些规则和程序的人。另一方面，因为占据者必须执行这些规则和程序，所以处在这些位置的个体行动者获得了按照自己的解释行动的机会。矛盾在于，虽然这些占据者因其技能和知识而被偏爱，并且被期待着执行支持共同体的规则和程序，但是这些代理人也被给予了按照他们的念头行动的机会——依赖于他们"合适地"解释和有效地、有创造力地行动的能力和意愿。这个代理原则（对结构中代理与代理人的讨论，参见 Sewell，1992）冒着这样的风险：占据者在他们的解释中可以考虑自己的而不是集体的利益；或者，在将规则和程序运用到实际情境中时出现错误。

---

① 规则和程序的存在超越这里所描述的社会结构。在一个更大的社会中，共享的、可以理解的和大量达成共识的"想事情和做事情的方法"或"游戏的规则"，组成了文化或制度（参见 Bourdieu，1972/1977；Meyer and Rowan，1977；North，1990；Scott and Meyers，1994；Lin，1994b。也参见第十一章）。

这四个要素——**位置、权威、规则和代理人**——共同界定了社会宏观结构：一个为集体维持和/或获得一种或多种有价值资源的协调体系。

等级制结构

社会结构与它们的资源通常可以归为一个在资源、位置、权威、规则和代理人上有不同表现的连续统。一个社会结构的形式化以这些要素的表现程度为特征，包含与排除标准可以在有价值资源、位置、权威、规则和程序以及占据者方面得到很好的理解。[①]不可能确定社会结构形式的全部范围与所有类型。通常，社会结构形式化的程度，从所谓的正式组织或等级制结构（如公司、机构）到自愿性社团和俱乐部，再到非正式的社会网络而不等。[②]我们主要关注正式的组织和等级制社会结构。我们会以正式组织和较少正式性的结构如社会网络的区分为根据进行讨论。

在等级制结构中，位置被权威控制链连接起来。在控制链中，更高和更有权力的位置占据者，不仅通过社会化和教导更少权力位置占据者如何解释规则和程序来支配他们的行为，而且按照明确的规则和程序的规定或者更高位置占据者对前者的解释，来处置这些低位置占据者，重新分配嵌入性资源。规则和程序在原则上是合法的，因为它们通常是在更大的共同体（如国家）的同意甚至强制下实施的；违反或越轨会受到惩罚。占据者根据合同关系被任命，在规则下被解职（Weber, 1946, 1947）。

一个单一的正式结构可以定义为，由一套与权威（合法的强制）关系（控制链）——对某些有价值资源进行控制和使用——相连接的位置组成的等级制结构。位置在获取有价值资源机会上

[①] "无排除和包含标准"这种特别的社会结构在理论上是可能的。这种情况——这里为了我们的需要，相当于没有形式的或硬性的标准。

[②] 在本书中，**制度**被定义为在不同社会结构中使用的一套规则和程序（参见第十一章）。

的相对等级序列,由它们在权威等级中的纵向位置决定。根据定义,等级制中的高位置占据者可以对低位置占据者行使权力。重要的是,更高的位置拥有更多的关于等级制中——特定类型与数量的资源嵌入其中——有价值资源的信息。换言之,在等级制结构中的位置越高,它提供的结构资源的信息就越好。

横向位置可以定义为:在一个单一的社会结构中,对相似数量的资源拥有权威的位置。这些位置彼此之间也可以形成关系,因为它们提供了关于位置(location)和不同位置(positions)的资源可利用性的信息交换机会。这些信息有助于更好地控制、操纵和获取一个位置(position)的资源,以保证最大可能地保持和/或获得资源。当它们被准许,或者当规则和程序并没有阻止这些交换,它们没有被解释为破坏控制链中的更高权威时,资源交易在这些横向位置中发生。当集体行动用来集中或组合结构中可利用的资源时,横向联系变得特别有意义。

等级制金字塔

关于资源的宏观结构的另一个假定是,在等级制结构的位置分布中存在一个金字塔形状的一般趋向:在控制链中的层次越高,位置与占据者的数量越少(Lin, 1982)。对大多数社会结构而言,位置的数量与他们对其他位置的控制之间存在相反的关系。然而,随着工业化和技术发展对资源价值的持续定义或再定义,以及相应地对位置与占据者的重新分配,许多演化而来的结构显示出比金字塔图要小的底层。例如,在大多数工业化社会中,农业生产在控制等级底部的位置只占很小一部分。

金字塔形状的等级制结构的一个重要后果是,权威集中在很少的位置与占据者中。在顶层只有很少的位置与占据者,它们不仅控制着最多的有价值资源,而且拥有结构中关于资源位置的最全面的信息。

复杂社会结构中的交易

任何现存的社会结构都反映了包含多种不同种类有价值资源

的多重等级制结构的复杂性。对大多数集体而言,非常有价值的资源与经济的、社会的和政治的维度联系在一起。例如,韦伯(Weber,1946)确定了一个共同体中"权力"分布的三个维度:阶级、地位群体和政党。因为其他术语也在关于资源在社会与个体行动者中分布的著作中使用,所以需要对这些术语在本书中的定义和使用进行澄清。

表 3-1 描绘结构位置与个人特征的有价值资源的维度

维 度	位置的	个人的
社会的	地 位	声 望
经济的	阶 级	财 富
政治的	权 威	权 力

有价值资源分布在三个维度(社会的、经济的和政治的)中,用这三个维度也可以描绘结构位置与个体行动者的特征。这些特征在表 3-1 中有详细说明。

例如,在社会上被认为是很高的结构位置可以用高地位"群体"来描绘。相应地,个体行动者被认为拥有更好的或更差的声望。[1]拥有有价值的经济资源的位置被认为是上层阶级,占有这些位置的个人是有财富的行动者。在等级控制结构中位置越高,权威越多,个人占据者权力越大。[2] 不管怎样,我们假定各种有价值资源的不均匀分布形成了等级制结构的基础,每一种有价值资源限定了一个特定的等级制,同时这些等级制又有朝向一致性和可转换性的趋向。也即,不同价值资源或地位维度的等级制位置上

---

[1] **声望**(prestige)在社会学著作中用来代表位置的地位(如职业声望)和个人的地位。为了避免混乱,更重要的是理论上的原因(参见第九章),我选择**声望**(reputation)作为个人社会地位的指标。

[2] 关于**权力**一词的模糊性涵义仍然存在。韦伯使用的权力是指在结构意义上对资源的一般控制。对于其他学者(如 Emerson and Cook),权力表示个体行动者相比其他行动者控制资源的可供选择的来源的程度。为了避免混乱,权力在本书中作为个体行动者或占据者的特征来使用。

的占据者趋向于一致。占据者在一种资源方面拥有相对高的位置，也倾向于在其他资源方面占据相对高的位置。例如，一个人在职业结构中拥有相对高的位置，也可能在阶级和权威维度上拥有高位置。

当这样的趋同在功能上不完全（也即一对一的关系）时，跨维度的资源交换不仅可能，而且在大多数社会中是很易见，并被期待的。例如，一个权力资源的占有者，可以与一个财富资源的占有者进行谈判和交易，前者可以通过让渡权力给后者获得财富。这些转换的计算，在一个社会结构中通常是制度化的（随着规则和程序被个体行动者所理解和实践）。

互动与同质交往：网络运行与社会资本

社会网络代表着正式性较弱的社会结构，因为它在划定位置（position）和制定规则以及给参加者分配权威时几乎不存在正式性。在社会网中，流动性是占据者、位置（position）、资源以及规则和程序的特征。通过劝服而不是权威或强制达成的相互同意，规定着行动者的参与和互动，限定着参加者的（节点）的边界和位置（location and position）。一个特定的网络可以自然地形成，也可以是对一个特定的共同关注或利益——关于一种资源（如环境保护，女性权利）——的社会性建构。但是，一个社会网络通常可以为了不同部分的多重利益而建构——在网络的不同部分有不同的利益连接节点。网络中的节点，直接和间接地提供了接近社会网中的其他节点（行动者）的机会。嵌入在这些节点中的资源变成了自我的社会资本。前面已经指出，社会资本不仅仅反映网络中那些节点的个人资源。既然个体行动者可以被嵌入到等级制结构和其他网络中，他们也可以使用嵌入在这些等级制位置中的资源。这些资源的存在已经超出了最初需要进行互动时关注的资源。例如，个体行动者可能因为在枪支控制或堕胎问题上的共同利益而进行互动，但他们也将其他个人的与位置（position）的资源带入互动情景之中,如他们的工作和权威地位、财富、与宗教机构和政党的联系,以及他们的配偶、亲戚、朋友和同事的网络与资源。

因此,互动不仅应该作为个体行动者或节点中的关系类型来分析和理解,更重要的是,应该作为与自身相联系的资源类型来分析和理解。那么关键的问题是:通过互动与网络运行,什么类型的资源联系被期待?

互动的理论基础可以在霍曼斯(Homans,1950)的小型基础群体研究中找到。他在理论上假定三类因素——互动、情感和活动之间存在着互惠关系与正关系。个体互动越多,他们越可能共享情感,越可能参加集体活动。同样地,个体共享情感越多,他们越可能互动和参加活动。对我们来说,重要的假设是情感与互动之间的正关系。也即,互动的基础是情感——爱、尊敬、同情和互相喜欢(Homans,1950,pp.37-40),反之亦然。换言之,互动主要是建立在共享情感的基础上。

对情感—互动假设的一个重要扩展是同质假设(homophily hypothesis),主要来自对友谊(Lazarsfeld and Merton,1954)和联系(Laumann,1966)的关系类型研究的一个理论归纳——**同质原则**,也就是有名的**似我(like-me)假设:社会互动易在有相似生活方式和社会经济特征的个体之间发生**。研究已经显示,互动倾向于在占有相似的或者邻近且稍微不同的社会位置的个体行动者之间发生。

如果我们假定,社会经济特征与生活方式反映了嵌入在个体以及它们的等级位置和网络位置中的资源,那么互动的同质原则意味着,拥有相似资源的个体与它们的互动数量之间存在正关系,因为社会位置的相似性大概以资源类型和数量的相似性为特征。从资源视角,这表明互动倾向于在等级制的相同或相邻社会位置的行动者中发生。

这样,霍曼斯的情感—互动假设变成了情感—互动—资源假设。也即,在情感、资源与互动之间存在三角互惠关系,不仅把

第三章　资源、等级制、网络与同质交往：结构基础

互动与共享的情感，而且与资源的相似性联系起来（参见图 3-1）。虽然情感—互动假设和同质假设并不强调这三个要素之间的因果顺序，但这些假设的一个重要推论是，那些在社会结构中处于彼此接近位置的个体更可能发生互动。

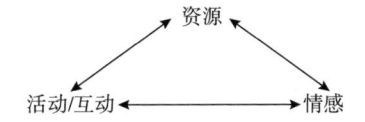

```
           资源
          ↗    ↖
         ↙      ↘
    活动/互动 ←——→ 情感
```

图 3-1　同质原则（根据 Homans，1950 和 Lazarsfeld and Merton，1954 修改而来）

我们可以将同质原则进一步扩展到多重资源结构（如权威、地位或阶级）中的相似位置的占据者中，因为，根据资源的一致性与可转换性原则，只要资源的价值是等量的，互动可以吸引拥有不同种类资源的搭档参加。例如，银行家和参议员可能拥有不同的资源，但是他们都在各自的资源结构中居于很高的位置，因此他们之间比银行家与当地快餐店的经理之间更可能互动。

结束语

这一章概述了社会资本的结构基础，社会资本被视为：**在目的性行动中获取和/或动员的、嵌入在社会结构中的资源**。本章界定了资源的含义，解释了资源在社会中如何获得价值，这些有价值资源如何嵌入到等级制结构和网络结构中——这些结构要根据位置、权威、规则和代理人形式化的程度来区分。有差异的机会结构出现，因为社会关系网中的个体行动者，获取这些社会结构中的嵌入性资源的机会是不同的，而且因为同质原则，是规范所期待的。社会资本显示出重要的结构特征——嵌入在等级制和网络中的资源，其获得至少部分地依规范的互动原则或者说同质原则所提供的机会结构而定。在下一章，社会资本的这个结构基础，将会被完善和补充进行动与选择因素，以使其概念更加完整。

第四章 资源、动机与互动：行动基础

正如前一章所定义的，社会资本植根于社会网络与社会关系，是在目的性行动中被获取和/或动员的嵌入在社会结构中的资源。可以认为，社会资本包含结构和行动相互交叉的三个组成部分：结构（嵌入性）、机会（通过社会网络的可获取性）和行动（使用）。前一章阐述了社会资本的结构与机会方面，这一章将会论及行动要素，以完成社会资本的理论基础。

"你认识谁比你知道什么更重要"：资源的微观结构

谚语"你认识谁比你知道什么更重要"表明，社会资本应该给为了某个目的而行动的个体提供好处。在这种情况下，互动是实现行动目标的手段。这里的任务是理解行动如何与互动联系在一起，在目的性行动中能动作用如何在社会资本的动员过程中变得突出。我从嵌入在行动者中的资源开始讨论。

像群体和组织一样，个体获得和维持有价值的资源是为了增进他们的福利。在获得额外资源的目的性行动中，他们可以动员和使用这些资源（参见第一章中对新古典资本理论的讨论）。拥有或者获取资源，对于保护和改善个体在社会结构中的地位非常重要。社会认可赋予行动者认同和声望，为被认可的个体提供了更多的资源与结构内的价值和安全感。个体行动者通常有两类资源：个人资源和社会资源。

作为人力资本的个人资源

个人资源为个体行动者所拥有,个体可以使用、转移和处置它们,而不需要得到授权或对其他行动者和社会位置负责。① 获得个人资源有很多途经,其中主要是继承或先赋(ascription)。即个体行动者可以通过父母、亲属或其他行动者的转让而获得资源。按照共同体的制度规则,资源从一个个体行动者向另一个转移。另一种途径是通过自己的资源和努力的投资来获取。例如,教育已经被视为通过父母或个人资源和个人努力的投资而获得的资源。可能教育投资也导致其他有价值资源的获得(如权力、财富和声望)(参见第一章作为人力和文化资本的教育)。

获得个人资源的第三种途径是交换。通过直接支付(金钱),或者资源交换(物物交换),资源从一个个体行动者手中向另一个手中转移。可能会出现支付或交换的延迟现象;在这种情况下,个人的信用或债务就会在双方身上发生,并伴随着信用票据(credit slip)(将来支付的承诺)将被承兑的期待。然而,在纯粹的交换中没有超越还债的义务被期待,也没有进一步交换的期待。个人财产、商品、金钱和劳动都是典型的交换资源。

一些个人资源在某种意义上被个体行动者完全拥有(如教育、财富),个体行动者可以自由地使用和处置它们。② 但资源通常只被社会契约所"拥有",社会契约规定了个体行动者成为特定资源的使用者,譬如较典型的财产权规定(参见 Alchian,1965 和 Alchian and Demsetz,1973 对财产权的定义)。只要契约有效,个体行动者就可以行使权利,控制和使用资源。例如,在

---

① 然而,一个更大的或外部共同体(如国家)的认可对这些使用和利用是必要的。参见第三章脚注 2 的引文,特别是 Willer(1985)关于财产权的法律约束的论述。

② 一些资源比另一些更难处置。例如,教育在被获得和拿到证书之后似乎是永久的,即使被怀疑或取消(否认有效),在某些条件下仍然可用、合法。

等级制结构中某一位置的占据者，有权控制和使用与位置有关的资源。当个体行动者与位置相分离的时候，这些权利也就消失了。因此，有必要把位置资源和更充分地为个人所拥有的资源区分开来。

虽然位置资源不甚长久，但只要想到它们还控制着其他资源，就会觉得它们更有用。作为拥有权威和联系（linkage）的等级制结构的一部分，它们为行动者—占据者（actor - occupants）提供了接近其他行动者—占据者的机会，以借取和交换资源。换言之，等级制结构中的位置通过结构联系，获取和使用的资源超出了这些位置自身所分配的。因此，我们需要超越个人资源，去考察通过社会联系所获取的资源，也即社会资本。

作为社会资本的社会资源

前面已经说明，并不是所有个体行动者可以利用的资源（包括契约性的）都属于他们个人所有。实际上，对大部分个体行动者而言，个人资源是非常有限的。更可能的是，个体行动者通过社会关系来获取资源。我们将**社会资源**，或者**社会资本**，定义为通过社会关系获取的资源。社会资本包含其他个体行动者的资源（如财富、权力、声望和社会网络），个体行动者可以通过直接或间接的社会关系获取他们。社会资本是嵌入在关系网中的资源。像个人资源一样，社会资源包括物质财富（如土地、房屋、汽车和金钱），和象征财富（如教育、俱乐部成员资格、受人尊敬的学位、贵族或组织头衔、姓氏、声望和名声）。[1]

---

[1] 区分两类社会资源——社会资本和文化资本——非常重要。社会资本是通过社会网络和社会联系获得的资源，而文化资本是通过社会认同和相互认可获得的资源。可以想到，一些社会资源对某些行动者来说，既通过认同（是少数族群的成员）又通过社会联系（和其他少数族群成员的关系）获得，而其他行动者的其他社会资源，或者通过认同或者通过社会网络获得。对这两类资本的分化和整合的进一步阐述，超出了本书的范围。这里关注的是通过社会关系获得的资源：社会资本。

第四章　资源、动机与互动：行动基础

行动者通过她或他的社会网络①连接的资源代表了自我资源的全集。即使自我不能使用或动员这些资源，它们也有很大的符号效用。让别人知道自己的社会资本，可以很好地改善自己的社会地位。符号效用的产生是因为这些信息通过联系可以表现自我的潜力。因为存在所谓潜力——自我在必要时可以激活社会联系并利用那些资源，所以散布关于自己有很多朋友的信息，可以增强自我在其社会圈子中的社会认可。

符号效用的发生也是因为这样的联系反映了自我的社会或文化地位。关于认识一个电影明星的信息可能不会产生任何行动的权力，但它可以提高自我的社会认可，因为它意味着自我通过与电影明星的互动，能够分享和享受自己的社会圈子很令人羡慕的生活方式。提到一个关系（"某某是我的朋友"，"昨天我跟某某说话了"）足以提高自己的社会地位。当然，社会资本可以提供超出符号权力的效用。社会资本的实际用处是在目的性行动中的动员里，这个主题将在第五章讨论。

社会资本的两个重要特征值得进一步澄清：（1）可以通过直接和间接关系获取资源；（2）这些资源可以被他人拥有（他们的个人资源），也可以在其社会位置中（他们的位置资源）。首先，社会资本包括通过间接关系获取的资源。他人的资源（直接关系）代表着自我的社会资本的一个相对较小的部分。社会资本经常激活多个行动者的链条。为了某种资源（比如关于工作的信息），自我可以去找并不拥有这个信息但知道谁有的人。在这种情况下，最初联系的社会网络成为自我的资源。这样，社会资本不只是通

---

① 个体行动者自己知道的嵌入在他们关系中的资源，可能只是他们的社会资本的实际的类型和数量的子集。这里有两个原因：个体行动者不知道他们所有的他人的（all their alters'）（直接关系的）资源和/或他们的他人的网络关系和资源。因此，个体行动者的社会资本可以分成两部分：（a）所知部分；（b）未知部分。行动者的自我报告不可避免地会对他们的社会资本的潜在的全集产生一个不完全的和保守的估计。自我报告法会产生不同于社会测量法的估计。当然真实的估计是不存在的，因为，如果社会资本不在个体行动者的认知地图之内，那么它对行动者而言是不可获取、没有用处的。

过直接联系或简单的二人关系。通过直接和间接的联系都能获取资源。通过他人的直接和间接关系，行动者的社会资本尽可能远地扩展他们的社会网络。也即，社会资本取决于嵌入在直接和间接关系中的，以及可以通过这些关系获取的资源。

第二，通过社会关系获取的资源既包括他人的或多或少的永久性资源，又包括他们通过等级制结构中的位置控制的资源，比如说一个组织就是他们的位置资源。社会关系的位置资源通常比自我的个人资源要有用得多，因为位置资源唤起的不仅是嵌入在组织中的位置上的资源，而且包括组织自身的权力、财富和声望。两个实力相当的教授分别在常春藤大学和州立大学，或者两个实力相当的专业程序员，一个为微软工作，另一个为一个小的地方软件公司工作，他们将会拥有不相等的位置资源，即使他们的个人资源，包括知识和收入，是相等的，因为他们各自同事的位置资源和个人资源可能在质上是非常不同的。通过这些他人，自我获取的不仅是他们自己的资源——永久的与位置的，而且包括通过他们在组织中的联系和组织自身的权力、财富和地位所获取的潜在资源。

而且，因为每一个组织都处在组织网中，所以自我的社会资本的扩展超越了组织的限制。通过组织与组织的直接的和间接联系，通过与其他组织的位置占据者的关系的联系，自我的社会资本可以扩展到嵌入在这些其他组织中的资源。

获取资源的动机：目的性行动

一旦个体行动者拥有和获取的有价值资源清楚了，那么理解行动者的行动动机和不同类型的行动后果就不困难。如第二章所讨论的，无论集体还是个体行动者的行动都有两个主要动机：保护既有的有价值资源和获得额外的资源。也即，我们可以假定行动就是理性，而行动的动机是为了生存和延续，而维持或取得有价值的资源。为维持已拥有价值资源来行动。第二个动机促进了争取为未拥有价值的资源行动。

假定维持有价值资源的动机促进了**情感性行动**的发生。维持资源需要他人对要求获得这些资源的财产权以及与他人分享自己的情感的合法性的认可。当然,行动可以被视为工具性的,因为自我在行动中有一个目标——要求得到情感与支持。然而,期待的回应主要是情感性的:承认自己的财产权或分享自己的情感。不存在需要超越这种公共认可与他人的承认的行动。包括下列例子:一位母亲与另一位母亲谈她对孩子的爱;一位妇女与母亲谈她的丈夫整天看电视足球转播;一个男人与他的朋友分享他对恋人爱慕的感情;一位丈夫向妻子抱怨自己的老板。在这些情况下,沟通行动既是目标又是手段;他人被期待着对自己同情和移情,欣赏与交换自己的情感,从而认识到、同意甚至分享自我对他们的资源的要求。

进一步假定,寻找和获得额外有价值资源的动机主要唤起的是**工具性行动**,它将引起他人的一系列行动与反应,分配给自我更多的资源。因此,行动被视为实现目标的手段:产生利润(增加资源)。同样,工具性行动包括情感因素,因为他人对你有感情才能采取行动帮助你。然而,行动需要他人的同意,最终结果被期待着自己有所得。这样的例子包括:找工作、晋升、涨工资或奖金、获得贷款、找保姆或为儿子找工作。

应该注意,两种类型的行动都代表着目的或能动因素,因为动机提供了行动的驱动力。这两种行动动机中——维持或获得资源,假定维持和保护既有资源的动机是更重要的驱动力。丧失已经拥有的资源比获得额外资源对自我的生存会产生更大的精神和身体威胁。因此,情感性行动——寻找情感和支持的行动——被认为比工具性行动更重要(参见第三章)。

这些行动动机产生了两个行为结果:行动者可以参加别人主导的活动,以产生更好的保护或获得资源,或者他们可以共同参与,使用彼此的资源。在这里,后面一种情况对社会资本理论有意义。目的性行动必须通过互动才能被理解——为了各自的目的才允许行动者获取和使用彼此的资源。我们下面探讨两类互动——同质互动（homphilous）与异质互动（heterophilous），并评价它们在目的性行动中的效用。

同质性互动与异质性互动

正如前一章所阐述的，社会互动需要行动者参与，并相互交换嵌入在行动者的结构位置和社会网络中的资源。相互交叉的资源在质量、类型和数量上相似或相异的程度，可以考虑作为从相同到完全不同而变化的变量。为简单起见，我们已经将互动区分和界定为两类：同质交往与异质互惠。前者以拥有相似资源（可以包括财富、声望、权力和生活方式）的两个行动者之间的关系为特征，后者描述的是拥有不同资源的两个行动者之间的关系。如第三章所阐述的，同质性互动居于主要地位，因为在行动者的相互关系中，同质原则连接着情感、互动与资源的相似性。

关于同质性互动的研究与讨论已经非常多了，但是人们很少关注异质性互动。结果，异质性互动只是作为连续统中同质性互动的另一极。既然互动中已经存在同质交往的一般趋势，根据逻辑演绎自然是异质性互动很少发生。考虑到情感与互动之间的关系假设，推出的结论是，异质性互动不能促进情感分享或者情感不能导致异质性互动。

而且，异质性互动要求付出努力，因为互动参与者意识到，行动者对资源运用的控制是不相等的、存在差异的，需要评估每人参与交换的意愿。资源贫乏的参与者需要考虑他人从自己身上抽取资源的意图与能力。资源丰富的参与者则需要考虑，他人是否能够给本来已经很丰富的资源库以有意义的资源回报。因此，在异质性互动中，参与双方都要比在同质性互动中付出更多的努力。所以异质性互动相对比较少地发生。

如果这个分析是正确的，我们也可以预测到，由于资源差异与共享情感缺乏的缘故，异质性互动需要行动者付出更多的努力，可能是很大的代价。如果同质性互动是规范的、普通的互动,那么异质性互动代表着非规范的、特别的互动。那什么驱使异质性互动发生?

行动如何引导互动

我们可以用前面已经提到的一个理论来解释异质性互动动机:在某种程度上,个体更喜欢与高社会地位的人交往。**声望假设**(prestige hypothesis; Laumann, 1966)表明,受欢迎的互动参与者是那些占据稍高社会地位的人。这样的行为被经验地描述为**声望效应**(prestige effect)。处于不利地位的行动者可以借此来提高自己的声望。虽然声望假设指出了光环效应:高地位个体的声望会影响到被他或她的光环所笼罩的行动者,但是"提高"仍然不是很清楚。这样的光环效应(如因为知道一个电影明星或诺贝尔奖获得者而被羡慕)本身并不代表一个永久的获得,因为互动的终结可以导致光环的消失。那么我们需要考虑的是,拥有更多资源的互动参与者代表着什么。

到现在已经很清楚,我们可以这样解释:**为了增进目的性行动的效果,行动者通过互动获取社会资本**。这样,在互动中获取的嵌入性资源的性质,变成了分析目的性行动和互动模式的关键。通过行动与互动的类型学方式来阐述这个假设更清楚(如表4-1所示)。

表4-1　目的性行动与互动所付出的努力与得到的
回报的初步预测(不考虑结构的限制)

行动动机	互动参与者的资源	
	相似性	非相似性
	(同质交往)	(异质互惠)
维持资源(情感性)	低努力/高回报	高努力/低回报
获得资源(工具性)	低努力/低回报	高努力/高回报

在这个分类体系中，行动动机有两种：维持资源或获得资源。在两栏中相对于资源的两类互动是同质性互动（参与者共享相似的资源）与异质性互动（参与者共享不相似资源）很明显，这是一个简单化的分类，是为了讨论的需要，现实中可能存在更多的类别。每一个单元代表着一种特定的目的性行动与一类特定的互动的搭配。两个变量可以用来描述每一个单元：互动中要求付出多少努力和相对于目的性行动会产生多少回报或报偿。

从社会互动的视角看，同质原则表明了情感、互动与共享资源间的三角关系。它提供了最易互动（least-effort interaction）的一个结构解释；互动常常增进情感和共享资源，反之亦然。可以想到，同质性互动是更受欢迎、更经常的互动类型；最易的同质性互动应该是期望观察到的普遍互动类型。

情感性行动的目的是与这类互动相一致的。这类行动可能导致自我寻找与其有相似资源，在维持和保护资源中有相似利益的其他行动者。参与者的资源越相似，他们越可能共享维持或保护这些资源的理解与关心。移情与共同的关心促进了互动。而且，互动参与者在资源方面越同质，他们越会出现社会平等。因此，他们很少关心他人有什么意图或者从自我抽取资源的能力。防护与保护资源的成本降低了。相对于行动动机的回报也有望更好。

保护自己的资源，需要在相同的社会群体中或在相似的等级制结构位置上（如阶级）的人的情感与支持。换言之，保护和维持资源的行动与规范型的互动是一致的。在极端情况下，规范型互动支持个体中的资源维持，而不需要强调行动因素。

另一方面，获得资源意味着一种不同类型的互动。如果行动者参与异质性互动——寻找非相似资源的行动者，获得资源的行动被认为是为了更好的回报。第三章已经指出，宏观结构中的社会位置以控制和操纵资源为特征。互动代表的不仅是两个行动者的加入，而且更重要的是代表着行动者所占据的两个社会位置的加入。与控制更多资源的行动者互动，意味着与一个拥有更多资源的社会位置互动。等级制结构中社会位置越高，不仅意味着控

第四章　资源、动机与互动：行动基础

制和操纵着更多的资源，而且对结构中的其他位置拥有更大的控制和更好的视野。接近这样的位置会带来借取控制或视野的可能性。如果行动者想获得的资源位于社会结构中（如在占据着结构中的位置者的掌握之中），那么与占据着等级制中更高位置者的互动，可能有利于找到位置（通过他人更好的结构视野），或有利于动员他人的控制力量，使自我与那个位置相联系，甚至占据它。

进而，这个好处可以超越掌握着优势位置的他人所处的等级制结构。根据不同等级制结构的兼容性与转移性规则，他人也可以施加影响，这可以通过提供关于其他结构位置的信息，或者通过帮助自我与结构中的另一行动者建立联系，这第三个行动者处于其所在结构中的优势位置，他可以利用其权威帮助自我找到资源或占据一个"吃香"的位置。

尽管异质性互动可以提供有用的社会资本，使从事工具性行动的行动者实现其目标，但是付出的代价很大。也即，获得额外的或更好的资源要求直接或间接地与其他（和更好的）位置的行动者互动，从而可以获得更多、更好的信息或权威/影响。这意味着要搜寻超越自我拥有的不同社会位置的行动者。两个因素使这样的努力更困难。首先，同质原则意味着规范性的倾向是拥有相似资源的行动者互相吸引。寻找和吸引那些不拥有相似资源的人意味着要求付出更大努力的特殊互动。

其次，到现在应该更清楚，这里描述的异质性互动超出了简单的同质性互动的反面含义。从一个行动者的视角看，报偿可能来自与另一个行动者的互动，他不仅拥有不同的、而且是更好的资源。既然行动者占据社会中的等级制位置，自我需要与不仅拥有更有价值的资源，而且更重要的是占据更高的等级制位置的行动者互动。下一章会更明确地阐述，如果参与者占据一个相对于自我更高的等级制位置，异质性互动会产生更好的回报。在这样的不对称性的互动中，虽然寻找更多资源的行动者可能获得很多，但是互动中的另一个参与者（他人）的报偿产生了一个严重的问题：自我回报他人什么恩惠，谁有更好的资源？或者为什么他人

要向自我提供作为社会资本的资源来回应？如异质性互动所暗示的，不对称交换需要进一步的阐述，我将在第九章处理这个主题。这里能够充分说明的是异质性互动代价高、不寻常。

尽管异质性互动需要付出更多的努力以超越自己的社会圈子，需要高代价的互惠承诺和提供搭桥人以资源，但是它发生了。简言之，工具性行动需要更大程度的主动性来克服规范型的同质性互动。

结构限制与资本化中的机会

如表4-1所给出的预测只是建立在行动与互动的基础之上，我们还要考虑行动者所占据的结构位置与网络位置。更明确地说，不重视等级制结构及其限制，异质性互动本身对工具性回报只具有很差的预测力。不妨考虑一位银行的董事长，他在地方以及更高级社区中占据着高层位置（position），如同质原则预测的那样，他会与其他高位置的行动者社交。正合情感性行动的意图，与拥有相似资源的行动者的互动加强了他或她在等级制中的地位。但是，当银行董事长进行工具性行动时，他或她会像异质原则所预测的那样，需要拥有不相似资源的行动者加入互动吗？如果有价值资源是可以转移的（参见第三章在复杂结构中的交易），那么我们预测银行董事长可能会与拥有不同类型的资源（如权力而不是财富），但是仍然在社区的复杂等级制结构中占据相似位置的行动者互动——同质性互动。

同样，占据最低层位置的行动者，不期望从异质性互动中获得与高层行动者同样多的回报。由于金字塔结构中的位置和占据者分布的约束，他们更可能进行同质性互动（例如，在结构中存在更多像他们一样的行动者，因此同质性互动的机会更大），他们也发现与更高位置的行动者进行互动更困难（例如，他们能提供很少的东西来回报那些更高位置的行动者的恩惠）。异质性互动在工具性行动中不太可能产生更大的回报，这是与表4-1的预测所不同的。

因此，融入这个等级制/结构维度很重要。表4-1所提供的预测可能在通常情况下是适用的，但对于那些占据结构中的精英位置的行动者可能不适用。对他们而言，如果含有不同类型的有价值资源的多个等级制被同时考虑，异质性互动并不提供比同质性互动更大的回报。结构确实给一些人提供了机会，给另一些人制造了限制。

结束语

这一章通过详细说明行动的动机以及这些目的性行动在不同类型的互动中的付出与回报，通过将行动方面与结构方面放在一起，已经为下一章正式阐述社会资本理论打下了基础。这里我们澄清了社会资本化过程中行动 VS 结构的争论：结构资源转变为社会资本的过程。也即社会资本化代表着行动者的目的性行动或者它简单地反映了行动者面前的结构机会？

经典资本理论和文化资本理论（Bourdieu, 1972, 1977；Bourdieu and Passeron, 1977）都将结构限制或机会视为决定性的。行动被那些处在优势位置的行动者所期待。对于布迪厄，结构的强制反映了统治阶级用他们的价值和规范对社会的其他成员进行社会化（如通过教育），以使他们误识为这就是他们自己的价值和规范。个体的确使用行动策略接受与获得这些价值和规范，但这些适应与行动只是强化了有利于当前统治者的体系的结构再生产。

对于大部分人力资本理论家和一些社会资本理论家，行动者实施的目的性行动似乎是作为资本的资源投资和资源动员后面的驱动力。行动者的目的性行动可能被他们的结构位置和网络位置所限制，但是在这个意义上，即使是优势位置（position/location）的占据者也不能从他们的位置（position/location）上获益，除非他们发起行动促成向往的结果。

对于科尔曼，社会资本是根据它对一个特定的目的和一个特定的行动者所实现的功能来定义的（Coleman，1990，Chap. 12.）。如果嵌入在结构中的某物有助于个体的某种行动，那么它就是社会资本。相同的事物在另一个行动中、对于另一个行动者不必然是社会资本，因为它可能没有发挥功能。这个思想已经被普特南（Putnam，1993，1995a，1995b）和其他学者拓展到自治组织、社会俱乐部和社会群体中的参与上，因为它反映了社会制度的信任（Hardin，1998），也可能与社会福利相联系。

格兰诺维特（Granovetter，1974）指出了通过弱关系和桥梁获得信息优势的过程。他没有特别强调行动者对这个优势的觉知，或者他们努力地使用弱关系或桥梁。然而，因为规范上更经常的互动倾向于发生在自己的社会圈子内部（在强关系的人之间），这内含的暗示是弱关系或桥梁的使用代表着特别的努力——也就是目的性行动。

伯特（Burt，1992）的结构洞理论没有谈到行动。然而，如结构机会所意味的，结构洞的核心效用在于行动者的利润计算，这是投资与"回报率"的共同功能（增值）。伯特分析了有关结构洞与结构自主的结构机会，他认为那些有结构机会的行动者会采取行动（投资），利用这些资源和资本获利。因此，伯特假定行动者在积极地控制资源。实际上，他喜欢用竞技者（player）代替行动者（actor），以强调这一点。

虽然这些理论家暗示着行动方面，但这只是隐含在他们的理论中，而不是理论的关注点或关键因素。本书的社会资本理论对行动的阐述更明晰与详尽（Lin，1982）。从资源视角看，行动很重要，相对于结构具有同等的意义。有动机的行动指导着互动。工具性行动在可以获取资源的关系与联系中驱动着投资——搜寻与动员。要详述格兰诺维特和伯特所暗示的目的性行动的含意，社会资本理论首先关注获取和动员好的社会资源的行动。然而，投资和动员的努力，被资源在社会结构中——行动者在这里寻找资源——的可获取性和异质性的程度所限制。行动者进一步被等级制结构和网络中的特定位置（position/location）所限制。考虑到现存的社会结构，这个限制显得很突出。因此，在任何经验研究中，结构效应决不能被忽视或低估。然而，在因果分析上不可能理出行动和结构对于获取社会资本重要性的顺序。第八章将会提出理论尝试：行动通过动员社会资源或资本而导致社会结构的生成。

需要解决的一个困惑是，个体行动者如何能够为了自己的而不是社会结构的利益而使用社会结构中的资源。前面已经提到，行动者作为社会结构的代理人，被期待着采取行动来维持和增进结构资源。然而，为什么行动者/占据者实际上为了自己的利益抽取这些位置资源？

通常，社会结构与个体行动者是互相强化的：结构回报给支持与承认它的资源价值的个体行动者，个体行动者为了获得结构中的地位或更好的位置，尽力地承认与增进结构的资源。然而，被授予权力解释规则和程序、动员资源的行动者/代理人，能够而且将会引起结构变迁（Sewell，1992）。对规则的认识和理解，以及对资源的可利用性和需要的估计差异，在代理人中由于社会化或专业化的经验的不同而不同。这些差异可以导致社会结构内部的变迁，还可以导致现行结构的规则和程序发生转型，使新的结构得以产生（Sewell，1992）。

而且，社会结构及其代理人所认为有价值的资源并不完全相同。当集体和作为代理人的行动者都尽力增进自己的利益时，当集体授权给代理人解释规则和程序、动员资源时，个体行动者有机会实现他们自己的利益。实现自我利益的一个途径是动员和控制行动者占据的位置所委托的资源。第二个途径是利用与其他位置及其代理人的联系，也动员和控制他们的资源。这些直接涉及社会变迁的问题将在十一章解决。

这些位置与嵌入性资源之中的结构性的授权关系，为行动者/占据者（代理人）提供了机会，使他们可以为了自己的利益而利用结构资源。也即这些结构机会成为行动者/占据者的社会资本。

第五章 理论与理论命题

在前三章里,对社会资本的结构、互动与行动方面的讨论,已经为具体阐述指导研究的假设奠定了基础。这一章将总结到目前为止所提出的主要原则,然后提出理论的主要命题。

社会资本理论

社会资本理论关注嵌入在个体的社会网中的资源,以及如何获取和使用这些资源使个体的行动受益。资源被定义为社会中有价值的物品,然而由双方共同决定,资源的拥有维持和促进了个体生存和延续的自身利益。价值是施加在这些物品上的规范性判断。对于大部分社会,它们是与财富、声望和权力相一致的。社会资本理论关注的是,个体为了维持或获得有价值资源而采取的那些行动。

资源可以是先赋的,也可以是自致的。**先赋资源**是与生俱来的,如性别和种族;其他资源是被继承限定的,如等级和宗教,还可以包括父母的资源。资源也可以自致,如教育、有声望或有权威的工作。当资源在市场中被投资以产生期待的回报时,它们就变成了社会资本。

资本可以分为两类:(1)个人或人力资本;(2)社会资本①。人力资本由个人所拥有的资源组成,个人可以自由地、不需要补

---

① 如第四章脚注2所注明的,社会资本也可以包括文化资本。

偿地使用和处置它们。社会资本由嵌入在个人的网络和联系中的资源组成。我们这里关注的是社会资本,不是个体所拥有的物品,而是通过直接和间接的关系获取的资源。获取和使用这些资源,在行动者并不拥有它们的意义上,是临时的和借取的。一位朋友的自行车是一个人的社会资本。一个人可以使用它来实现某一个目标,但是一定要把它归还给朋友。使用社会资本的一个含意是,假定互惠或补偿的义务存在。

假　定

　　社会资本理论由一组关于社会的宏观、中观和微观假定构成。对于宏观结构,有三个假定。首先,假定社会结构由一系列位置组成,它们根据某些规范认可的价值资源如阶级、权威和地位来确定等级次序。进而假定结构在这些资源的可获取性和控制方面具有金字塔形状。位置越高,占据者越少,占据者具有的结构视野越好(特别是对下面看得清楚)。在占据者的数量和位置的可获取性(accessibility)方面,金字塔结构意味着靠近上部的位置具有优势。

　　靠近结构上部的位置对有价值资源具有更大的获取机会和控制,这不仅因为更多的有价值资源内在地与位置相联系,而且因为这些位置可以更多地接近其他等级(更低等级)的位置。因此,一个占据更高位置的个体,因为它可以接近更多的位置,因此对社会资本就有更大的控制。

　　有了对社会结构这么一个"形象"和对嵌入性资源的理解,就很容易看出,等级制结构的位置层级,与为了工具性的目的(获得额外资源)而对其他(更低的)位置施加影响的数量,以及它拥有的关于结构中有资源的位置的信息数量之间有直接的关系。影响因素来自高位置比低位置以更高的速率积累资源的能力。高位置的个体提供的任何恩惠都可以期待着在将来有一个更大的报偿,因为高位置有更多的资源可以提供给低位置,而不是相反。

信息因素与跨越位置层级的不对称的网络关系相联系。高位置往往比低位置拥有更多的信息或更好的结构视野,因此更能够对嵌入在结构中的具体资源进行定位。

第二,社会资本理论假定,虽然各种有价值资源形成了等级制结构的基础,每一种资源界定了一个特定的等级制,但这些等级制往往是一致的,具有可转换性。也即在跨越资源维度的等级制位置之间存在一致性。在一个资源维度上具有相对高地位的位置占据者,往往也在另一个资源维度上占据相对高的位置。例如,在职业结构中拥有相对高地位的人,也可能拥有很多的财富和权力。当这样的趋同功能不完全的时候(不是同构的),跨越维度的资源交换不仅是可能的,而且在大部分社会是明确的、被期待的。例如,一个权力资源的占据者,可以与财富资源的占据者谈判与交易,通过"借出"权力以获得后者的一些财富。

第三,社会资本理论假定,这个等级制结构往往是金字塔状的,上层的占据者比下层少。经验的结构看起来可能不是金字塔状的,因为每一个结构都在朝着需要重新解释的一套层级发展与变动。例如,随着工业化的进步(定义为发展制造机器工具的技术的过程和假定在每一个现代社会中都是可以观察到的),随着占据者从农业向非农部门的转移,职业结构偏离了金字塔结构。当农业人口的规模下降,以及低层次的非农部门的规模扩大时,职业结构在不同层级的占据者的数量方面往往是瓶状的(vase-shaped)。类似地,随着社会中教育层次的提高,总是存在着最低层的、落在后面的一小撮,代表着由教育水平最差的个体组成的"剩余"群体。

对于中观与微观结构,社会资本理论有关于互动与行动的两个假定。首先,假定社会互动更可发生在相似的与临近的等级制层级的个体之中——同质性互动原则。按照资源的一致性与转换性的结构假定,被期待的或公平的交换,涉及的是能够提供和接受资源的参与者。因此,社会位置越靠近或者更相似,占据者彼此互动的可能性越大。理论假定**两个主要的驱动力**可以解释大部分个体的互动：维持有价值的资源与获得有价值的资源。第一个意味着从事维护和保护有价值资源的行动已经在个体的支配之中，而第二个促进了增加有价值资源的行动，但还没有处在个体的支配之中。我们可以分别把它们描述为情感性行动与工具性行动。

情感性行动可能会导致与同质性互动原则相一致的互动。对资源的相似性的认可与对相互关心和相互保护的需要的认可，成为互动的基础。这个猜想与观察是一致的：在拥有相似的社会经济地位特征、生活方式和态度的参加者之间的互动，不仅经常发生，而且更令人满意（Homans, 1950; Lazarsfeld and Merton, 1954）。这些相似性反映了等级制结构中社会位置的接近。在有价值的资源被分配到所有层级（也即在体系中的每个个体都得到一定数量的资源）的社会体系中，同质性互动在所有层级中都是普遍性的。在最经验层次的社会体系中，这个模式也是正确的。

相反，工具性行动可能不会导致与同质原则和结构期待相一致的互动模式。为了获得额外的或新的资源，根据定义，需要接近其他社会位置（特别是那些拥有更多、更好资源的位置）。也即为了获得额外的资源，更**有效**的行动往往指向拥有非相似（可能是更好的）资源的人，这与异质性互动原则相一致。① 因此，连接个体与结构的理论必须先区分两类行动：工具性行动与情感性行动。工具性行动是那些为了实现某些目标的人采取的行动。这类行动的明显特征是手段与目标是分离的、不同的。一个典型的例子是找工作或找人。采取情感性行动是为了其自身的目的：行动既是手段又是目的，二者是一体的、不可分割的。吐露自己的感情是典型的例子。社会资本理论的命题对于工具性行动和情感性行动是不同的。

---

① 工具性行动也可以被高位置的占据者发起，指向更低位置的占据者，因为后者提供了很多必需的服务。因为高位置比低位置控制和接近更多的资源，低位置的占据者希望得到报答，通常不得不回应高层级的占据者发起的行动。这一章关注寻找更好的资源的个体。我会在第九章进一步地详细阐述非对称交换的理论解释。

第二，理论必须考虑行动与互动之间的一致性或张力。为了分享和倾诉，以至可以获得期望的回报与同情的和有价值的理解和建议，情感性行动驱动着个体去寻找相似特征和生活方式的人。既然同质性互动是规范型的互动，那么情感性行动引起的是规范性的互动（同质性互动）。也即在努力与回报之间存在一个规范的搭配。另一方面，为了获取实现更多和/或更好的资源回报的信息和影响，工具性行动驱使一个人去寻找具有非相似（希望更好）特征和生活方式的人。因此异质性互动代表着目的性（工具性）行动中，特别的或"异常的"努力与期望的回报之间可能的不匹配。

因为工具性行动与规范互动类型之间的不匹配，社会资本理论应该特别注意工具性行动通过社会资本取得成功的过程。

理论命题：结构的嵌入性资源与目的性行动

这里所阐述的理论也只是适用于使其他行动者作为中间人的一类行动。在某些情况下，行动可以不通过中间人而完成。例如，在完备劳动力市场体系中，所有的工作空职与它们要求的技能为所有的找工作者所知，对填补空职的求职者的招聘完全依赖于工作所要求的技能与每一候选人的技能的匹配，这样就很少需要使用关系；直接申请应该可以实现所有目标。同样地，如果搜寻者知道社会体系中的每一人，也不需要通过关系去查找他们。只有当搜寻者不能直接了解要找的人时，才需要关系。因此，社会资本理论适用于关于目标的信息传播不完善的不完备市场。我估计，这种情况如果不是反映所有真实的市场情况也能覆盖大部分。

对于连接社会资本与行动的理论，有七个命题要详细说明。

1. 社会资本的回报（命题1：社会资本命题）
2. 社会资本的获取
3. 结构位置的优势（命题2："地位强度"［strength-of-posi-

tion］命题①）

4. 社会关系的优势（命题3："强关系强度"［strength-of-strong-tie］命题，及命题4："弱关系强度"［strength-of-weak-tie］命题）

5. 网络位置的优势（命题5："位置强度"［strength-of-location］命题）

6. 网络位置与结构位置之间的互动（命题6：位置-地位交叉［location-by-position］命题）

7. 结构位置（position）与关系/位置（location）互动（命题7：结构相依［the structural contingency］命题）②

第一个命题是表述社会资本的预期回报的关键命题，它假设获取和使用好的社会资本往往导致一个更成功的结果。其他五个命题，假设的是导致更好地获取和使用社会资本的因素。地位强度命题表明，初始社会位置（position）对好的社会资本的获取和使用有正向的影响。关系强度命题，假定弱社会关系的使用（更多的是异质性互动）对获取和使用社会资本有正向的影响。地位强度命题反映了工具性行动的结构效应，而关系强度命题可能反映了行动效应。也可以假设，位置（position）、关系与位置（location）之间存在互动效应。通常认为结构效应比行动效应更大。结构对于行动的相对强度，在靠近等级制结构的顶端或底部处更明显。下面的部分将会具体阐述这些命题。

社会资本的回报

命题1 社会资本命题：行动的成功与社会资本正相关。理论的主要命题是，获取和使用好的社会资本导致更成功的行动。实现目的性行动的一个简单策略是，接近自身拥有或能够获取更高

---

① 请参见第二章的译注注脚——译者注
② 这个理论的最早版本和一部分命题出现在林南（Lin, 1982），随后的版本和修正出现在其他几个刊物中（Lin, 1986, 1990, 1992a, 1995a, 1999a）。

价值资源的行动者。如第二章所表明的，这样的接近对于利用社会资本有几个重要的优势。首先，它利用中间人的影响，中间人可以代表自我施加影响。中间人的位置（position）越好，嵌入和控制的资源越好，有益于自我的影响越多。第二，中间人有优势的结构视野，可以给自我提供更好的信息。第三，一个处在好位置（position）的中间人，拥有嵌入性和控制性资源，呈现好的社会信用，因此如果他愿意作为中间人，会确保或提高自我的社会信用。最后，接触到一个好位置的中间人的能力，本身提高了自我在下一步的互动与行动（如参加工作面试）中的信心和自尊，这可能是实现行动目标所必需的。因此，理论最重要的命题是：**行动的成功与社会资本有正向关联**。可以认为，关系对情感性与工具性行动都是有效的。

这个命题用图描绘出来就是图 5-1。社会结构的等级制性质用金字塔来表示，拥有不同等级的有价值资源的位置层级用纵轴标出。两个有大致相同结构位置的自我（在图中用 E1 与 E2 区分）命题假设，当 E1 利用社会关系 A1，E2 利用社会关系 A2，且 A1 比 A2 的位置相对要高时，那么 E1 比 E2 具有竞争优势。

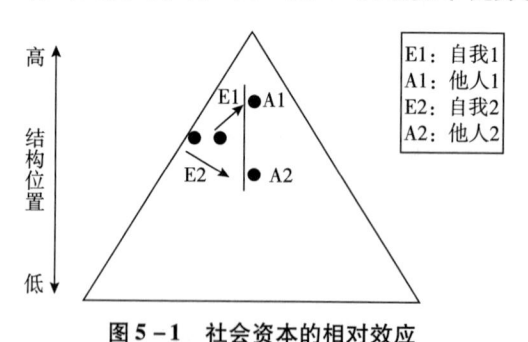

图 5-1　社会资本的相对效应

个体行动者通过直接和间接关系获得不同的资源；什么可以作为社会资本的测量指标？按照韦伯的观点，我们可以提出行动者使用的社会关系资源的三种类型作为社会资本的内容：（1）财富：经济财产；（2）权力：政治财产；（3）声望：社会财产。我们可以提出每一种资本都具有的三个共同的特征：（1）达高性：通过社会关系获取的最好资源;(2)异质性:位置(position)——通过社会关系,其资源是可以触及的——幅度(range);(3)广泛性(extensity):可触及的位置的数量。这些标准和测量可以用图 5-2 来描绘。

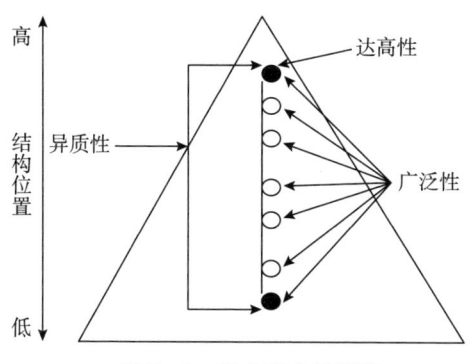

图 5-2 社会资本的测量

第一个达高性的标准看上去很直白:自我通过社会关系可以在等级制结构中触及的最顶端位置的资源。如图 5-2,自我与结构中的其他位置相联系;自我能够触及的最高位置代表着自我最上可触及的社会资源。位置以其所拥有的有价值资源为特征,通常反映了结构中和社区中的相对地位、阶级或权威。

第二个资源异质性标准反映了自我通过跨越结构等级制位置的社会关系可触及的资源的纵向幅度。如图 5-2,这代表着通过自我关系最高和最低可触及的资源幅度。资源异质性标准不是那么明显,但它很重要。例如,不知道如何提高计算机的内存来运行一个应用程序的个体,可能不需要联系一个高地位的程序员,请一个友好的能很快帮忙的人就足够了。在紧要关头需要一位保姆时,也不需要请拥有很多资源的邻居帮忙。在办公室中倒纸篓或拖地,更依赖于与保洁员的友好关系,而不是求助于自己的上级。拥有全是高地位的社会关系,可能并不能满足很多生活需要。因此,通过社会关系所提供的资源的类型、层级和数量的异质性,组成了好的获取社会资本的一个重要标准。第三个标准——广泛性,只是反映了自我通过社会关系触及的位置(position)及其嵌入性资源的多样性。

这些经济、政治和社会地位的实际测量因每一社会，甚或每一社区而不同。因此，确定一个给定社会的有地方意义的社会资本的测量方法，是一个经验任务。只要这些有地方意义的测量可以确定和检验，提出的命题可以作为假设。

我猜想，社会资本的不同测量之间会高度相关，但也可能因社会和社区而变化。确定所研究的每一社会之间的一致性，对反映这些测量中的趋同或趋异程度运用适当的方法控制，也是一个经验任务。而且，社会资本测量的相对功用可能依赖于行动的目的或动机。前面已经说明，情感性的（维持资源）或工具性（获得资源）的原因都可能导致行动。社会资本测量中的相对优势不管是否因行动的不同类型而不同，也都可能随着社会或社区而变化。在一些社会中，在社会资本的三个测量大部分重叠或一致性很高的地方，它们对于两类行动的功用可能也趋同。在其他社会中，当这些财产的分割性或独立性更强的时候，考察它们对两种类型的行动的相对效果变得很重要。

社会资本命题是理论的主要命题，因为除非它被研究所证实，否则所有其他的命题都变得无意义。另一方面，如果这个命题被证实了，就为下面的命题和论述奠定了基础。在这一章的剩余部分，我们将关注关于社会资本的原因说明或原因的其他几个命题——决定得到好的社会资本的可能性因素。

获取社会资本

那么谁更可能获取好的社会资本？我们提出三个可能的因素：(1) 自我在等级制结构中的位置；(2) 自我与其他行动者之间关系的性质；(3) 网络中关系的位置。这三个因素导致了关于获取社会资本的四个理论命题：(1) 自我的结构位置的强度；(2) 关系的强度；(3) 关系的位置的强度；(4) 传播位置（position）、关系与网络位置（location）的共同（互动）效应。

结构优势。同质原则已经被用来描述规范的与情感性的互动类型。这个原则表明，人们为了情感性的原因往往与类似他们的人互动。当这个原则被应用到想获得更好的社会资本的人的问题上时，非常明显地那些在社会结构中的初始位置（initial position）相对高的人应该比其他人有优势。初始位置可以是从父母继承来的或个体自致的。这个初始位置一旦被确定，位置的占据者的规范互动模式会将它与相似的或更高位置的人相联系。初始位置越高，占据者越可能获取更多高价值的资源。因此，假设初始位置的层级与通过联系所触及的社会资本是正相关的，这就是地位强度命题。

命题2　地位强度命题：初始位置越好，行动者越可能获取和使用好的社会资本。图5-3中标有两个自我，E1和E2，在等级制中拥有相对不同的位置，将会以不同级别的位置与他人接触。在获取好的社会资本上，E1比E2有一个好的位置或结构优势。

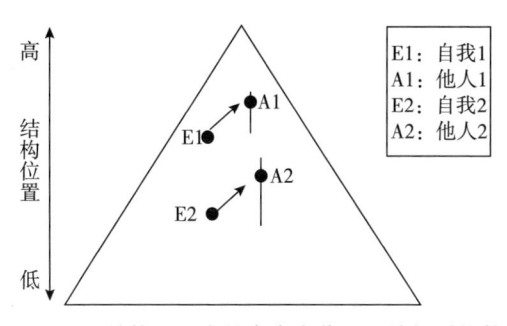

图5-3　结构位置在社会资本获取上的相对优势

这个命题揭示的是结构对社会资本的影响：那些有好的社会位置的人，在获取和动员拥有好的资源的社会关系上具有优势。**初始位置**指自我的先赋位置与自致位置。**先赋位置**是自我继承的位置，通常来自父母。**自致位置**指自我获得与占据的社会位置和社会角色。这样地位强度命题可以表述为，那些有好的先赋位置、占据着好的位置的行动者，也将有好的机会获取和使用那些拥有好的资源的社会关系。这个命题与传统的结构理论是完全一致的。它反映了行动者的结构优势，并将这个结构效应扩展到社会资本中。富人拥有的更多。关系对情感性与工具性行动都有效。

地位强度命题将可获取的资源扩展到超出同质原则的范围。

不仅占据更高位置的个体更可能与相似的位置有社会联系，而且其他位置有它们自己的联系，其社会资本也是可以使用的。根据同样的原则，这些位置及其社会资本，同与自我有直接联系的那些位置及其社会资本应该是相似的。因此，这些间接联系进一步增强了自我获取更广泛的资源的倾向。地位强度命题意味着，个体自身的地位越高，获取好的社会资本的可能性越大。

网络优势 地位强度命题的要点是，触及好的社会资本的结构机会对那些初始位置相对高的人更好。下一个问题是，是否存在一个初始位置相对低的人获取好的社会资本的机制。或者，当两个行动者在结构中占据大体相同的位置时，他们的行动结果会有差别吗？

这个提法是说，对社会资本的获取也受到自我与社会网络中的他人的关系的影响。然而，几个原则将引向不同的命题。我们用一个逻辑顺序来考虑这些：从结构的视角，到机会的视角，再到选择的视角，继而到这些视角的结合。

命题3 强关系强度命题：关系越强，获取的社会资本越可能正向地影响情感性行动的成功。结构原则是直白的：可获取的资源，与同自我共享更强烈情感的那些人的社会关系是正相关的。我们可以称这个原则为**强关系强度命题**。那些有社会关系的人之间的关系强度（strength），反映了关系的强烈程度（degree of intensity）、交往频率（可信赖性）、互惠和承认的义务（Granovetter, 1973）。关系越强，越可能共享和交换资源。

相互的支持与认可，同自我和他人的资源，包括他们的声望的改善是结合在一起的。因此，这样一种关系是相互宽容的，甚至鼓励社会借贷（social debts and credits）和债务（debt）的免除。科尔曼（Coleman, 1990）将拥有比平均义务密度（average density of obligations）高的社会结构描述为一个封闭的群体。本命题关注因自我与他人的关系强度而导致的使用他人的资源的可能性。也即，即使他人有更好的资源，如果自我与他人的关系没有反映规范的互惠、信任和相互义务，他人可能也不会回应自我获得资源的愿望。封闭的关系是得到社会资本的必要条件。学界存在大量对于紧密的、内聚的、相互作用的、互惠的、可靠的网络，即作为参与互动的行动者的资源的有效性的争论（Bourdieu, 1980, 1983/1986; Coleman, 1990; Portes and Sensenbrenner, 1993）。

这些分析表明，建立在情感、信任与共享资源和生活方式基础上的强关系，有利于维持和强化既有的资源，这与情感性行动相一致。因此得出命题：**关系越强，获取的社会资本越可能对情感性行动的成功有正向的影响**。

然而，修正的同质原则（见第三章图 3-1）告诉我们，互动、情感与资源的相似性是正相关的。因此，强关系允许使用与自己的社会资本相似的或可能稍微不同的（如更好的）社会资本——恰好是地位强度命题的内容。一旦同质原则扩展到资源，强关系对社会资本的获取的效应得以解释。因此，强关系原则反映了结构的优势。

除非发生社会变迁，社会位置或多或少是固定的（十一章要解决的问题）。互动和网络运作与此不同，网络中的关系强度和资源位置（location）是易变的。个体对互动的参与者有或弱或强的情感。这些参与者与他人的关系强度也是变化的。而且，在网络中，因为直接和间接的关系，自我在网络中的位置是变化的。关系强度与网络位置中的这些变动表明，关于这些变动如何影响到个体获取社会资本的进一步的命题需要发展。换言之，如果关系强度更弱而不是更强，如果自我的位置更靠近网络的边缘而不是核心，对自我有好处吗？

命题 4　弱关系强度命题：关系越弱，自我在工具性行动中越可能获取好的社会资本。格兰诺维特（Granovetter, 1973, 1974）是最早从理论上探讨有关弱关系强度问题的学者之一。按照霍曼斯的概念与同质原则，他设想用更紧密、更具互惠性互动性质的参与者来区分社会圈子。嵌入在社会圈子中的个体，往往与圈子里的其他成员有同质性的特征。而且，在一个社会圈子的成员中，他们关于更大的社会结构的知识是同质的。如果个体需要不同的信息，那么他们更可能在不同的、而不是自己的社会圈子中寻找。为了接触另一个社会圈子，自我需寻找连接两个圈子的关系。不同社会圈子之间的关系称作**桥梁**；没有连接，两个社会圈子将是彼此独立的。

格兰诺维特进一步指出，形成桥梁的两个个体之间的关系更弱，因为每一个个体参加不同的社会圈子。尽管他没有说出来，但其中隐含的意思是，这些处于桥梁位置的个体往往在他们各自社会圈子的边缘。很明显，当他们维持与其他社会圈子的关系时，可能会降低他们与自己圈中人的互动。既然强关系以强度、亲密度、交往频率、承认的义务和互惠服务的提供为特征，那么如果个体在他们的关系中寻找弱关系而不是强关系，找到可能通向其他社会圈子的桥梁，个体获得好的信息的机会就会增加。格兰诺维特把这个策略与好处称为"弱关系的强度"。[1]

---

[1] 弱关系的关系特征并没有开拓新的领域，因为它们可以直接从同质性互动原则中推出来。我们回忆一下，这个原则表述的是互动往往发生在有相似特征和生活方式的行动者中。这个表述反过来说就是互动不会常常发生在具有非相似特征和生活方式的行动者中。如果一个社会群体和社会圈子以紧密的互动和联系为特征，那么根据同质原则我们可以知道，其成员一定共享相似的特征和生活方式，以及信息。既然与其他群体的联系很微弱（只是通过一个桥梁），那么同质原则告诉我们，两个群体的成员可以通过他们的不同特征、生活方式和信息得以区分。

而弱关系强度观点的意义在于，它指出了弱关系因为其微弱的关系，促进了两个群体之间的信息流动。在社会心理学二十世纪二十年代和三十年代诞生后的几十年里，同质原则事实上导致了很多理论和研究的发展，在强关系促进内聚、满意以及态度和意见一致的前提假设下，很多研究关注强关系群体（如初级群体、参照群体、小群体和私密关系）。人们认为，这些属性对于维持成员关系和群体是有用的。也即关注点在强关系的强度上。这个发展在很大程度上忽视了桥梁和弱关系，因为它们被视为强关系——具有所有的社会群体的正面特征——的对立面。

格兰诺维特的弱关系强度论点，指出了弱关系如何促进信息的流动。通过这个桥梁，可能只有通过这个桥梁，一个群体中的成员才可能获知另一群体的信息。如果信息是有用的，无论谁获取并使用这个桥梁，都会获得对本群体的其他成员的优势。可能这个群体也会从通过桥梁流入的关于其他群体的信息中获益，尽管格兰诺维特最初并没有指出来（Granovetter, 1973, 1974）。

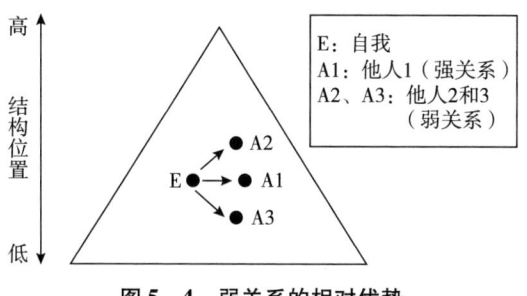

图 5-4 弱关系的相对优势

弱关系的好处也可以扩展到社会资本上。修正的同质原则表明，资源的非相似性与互动和情感的缺乏有关（见第三章图 3-1）。因此，以更小的亲密度、强度、交往频率、更少的义务和更弱的互惠服务为特征的弱关系，也应该与更多的非相似资源相联系。如图 5-4 所反映的，当自我利用弱关系时，根据弱关系强度的假设可以得知，自我会触及等级制结构的上端（A2）或下端（A3）。弱关系更有助于接触到异质性资源。因此，修正的弱关系强度命题表明，**关系越弱，自我越可能获取异质性资源。**

然而，弱关系论点本身并不表明，弱关系总是将自我与好的资源（达高性［A2 而不是 A3］与广泛性）相联系。毕竟，资源异质性只是好的资源（如增加到自我信息库中的新的与不同的信息）的一种标准。更重要的是，我们需要进一步修正最初的弱关系强度假设，以把它与获取社会资本的达高性标准相联系。这里我们可以使用扩展的同质原则。

经验观察表明，个体喜欢把他们与某种更高社会地位的人相联系。劳曼（Laumann，1966）将这称为声望原则。联系的偏好当然不同于实际的互动行为，但它确实解释了为什么经验证据显示个体往往寻求与相似或稍高、而不是更低社会经济地位的人互动。[①] 也即如果在图 5-4 中的 A2 与 A3 之间做一个选择，自我往

---

① 在实际行为中，个体确实与更低社会经济地位者互动。这点是肯定的。因为当个体与喜欢的他人（那些更高地位者）互动时，对这些他人而言，是在与低地位者互动。那么个体与低地位者互动的动机是什么？这个问题将在第九章讨论。

往喜欢与 A2 互动。因此，我们可以进一步修正弱关系强度命题如下：关系越弱，自我越可能获取好的社会资本（至少在资源异质性与达高性方面）。

弱关系强度论点现在清楚了。剩下的问题是，为了理解网络位置在获取社会资本中的优势，弱关系强度假设是否必要。为了探讨这个问题，我们现在先看另一个概念。

命题 5　位置强度命题：个体越靠近网络中的桥梁，他们在工具性行动中获取的社会资本越好。格兰诺维特对"网络桥梁"（Granovetter, 1973）的讨论指出了网络位置的功用：使信息从一个社会圈子流向另一个社会圈子。这导致他提出弱关系强度观点。然而，他后来将关注点从网络位置转向了社会关系。这样的优势是关系强度，可以用亲密度、强度、联系频率和互惠服务测量——特别是其他替代物测量，如角色关系（如亲属、朋友、熟人），这在个案调查中很容易研究，因为这些测量可以很容易地从回答者的自我报告中确定。收集关于个体如何形成社会网中的关系的数据要困难得多。问题是，是否这些测量，甚或关系强度的概念，抓住了像桥梁这样的网络位置的含义。

社会桥（social bridge）可以定义为社会网中两个个体行动者之间的联系（linkage），桥梁的缺乏会导致一个关系丛（cluster）断裂为两个分离的关系丛，每一个关系丛有两个或多个个体行动者。换言之，桥梁是两个群体的行动者之间的唯一连接。这个定义可以放宽一些，因为两个关系丛可以通过几个桥梁连接。桥梁发挥着尽可能地获取嵌入在两个群体中的资源的重要功能。

伯特（Burt, 1992）在结构洞理论中，更详尽地探讨了桥梁的概念。**结构洞**可以定义为，"非多余联系（nonredundant contacts）之间的分离"与"两个联系间的非多余关系"。伯特进一步说明，"结构洞是一个缓冲器，像一个电路中的绝缘体。由于它们之间的结构洞，两个联系在某种程度上提供了附加的，而不是重叠的网络效用"（Burt, 1992, p. 18）。结构洞的一个例子是图 5-5 所给出的。这里，三个结构洞分别位于 A 与自我（"你"）周围的关系丛之间，自我与 B 周围的关系丛之间以及 A 与 B 的关系丛之间。结构洞表示关系丛之间的连接的非多余性或接近空白（emptiness），如果自我与 A、自我与 B 以及 A 与 B 之间的联系确实存在，那么它们组成了桥梁。结构洞概念关注关系丛之间联系渠道的缺乏，而桥梁则强调了跨越（接近空白的）结构洞的关系丛之间的联系渠道。因此，结构洞与桥梁是描述相似的网络特征和某种位置（location）的战略重要性的两种方法。

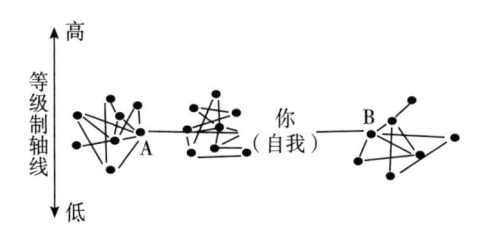

图 5-5　结构洞（桥梁）与关系强度（水平关系丛）
（来自 Burt，1992，p. 27）

桥梁使一个关系丛中的个体行动者，可以获取嵌入在另一个关系丛的结点中嵌入的资源，否则将不可能达成。非常类似于格兰诺维特的观点，伯特认为，跨越结构洞的桥梁的效用在于它们控制着信息的流动。为了不失一般性，我们可以将这个效用扩展到包括对所有社会资本的获取上。因此，这个观点也可以表述为位置强度假设：**个体越靠近网络中桥梁，他们获取的社会资本越好。**

弱关系强度观点可以视为位置强度命题的一个替代命题。因为桥梁往往代表着两个关系丛之间的弱关系连接，使用弱关系提高了获取桥梁的可能性。当自我对网络的全图的认知发生困难时，这个替代命题是有用的。自我的决策不是搜寻自己网络中所有可能的桥梁，而是简单化为寻找自己的弱关系。这个替代论点也使研究者的任务变得简单。研究者不需要绘制每一个自我的整体网络地图，而可以使用弱关系强度的测量来代替。当然，因为是一个替代测量，来自验证位置强度命题的研究中的证据可能被削弱了。

命题6 位置与地位交叉命题：对于工具性行动，位置（location）（靠近桥梁）强度由桥梁所连接的不同资源而定。 虽然结构洞视角从格兰诺维特对网络位置的关系强度的关注转移到社会桥的阐述上，它也需要修正。注意一下图5-6中作为等级制结构的纵轴，就非常清楚，自我（"你"）与A的联系比起自我与B的联系对于自我所在群体的成员更有好处。因为与自我的关系丛和B的关系丛相比，A的关系丛由富含资源的位置（position）组成。这种情况与图5-5形成了鲜明的对比，图5-5中的三个关系丛被"拉平"到等级制的相同层级。虽然三个结构洞和桥梁与图5-6中的相同，但通过三个桥梁可获得的资源是最少的。

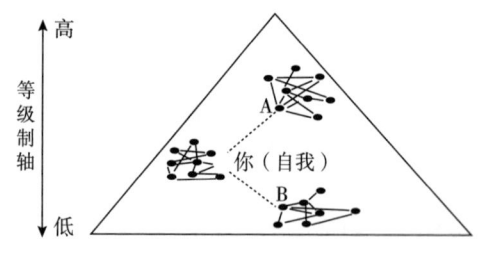

图5-6 结构洞（桥梁）与弱关系在等级制结构中的不同优势

因此，在社会网中像桥梁这样的战略位置（location）的好处，取决于接近的资源。如果桥梁只是通向相似或不高的有价值资源的结点，那么靠近桥梁的位置可能不是很有用。换言之，靠近网络中桥梁的相对优势，取决于桥梁所接近的结点的资源相对丰富度。这可以表述为互动命题：**位置强度（靠近桥梁）依桥梁所连接的不同资源而定。**

既然个体行动者的不同资源很好地代表了等级制中他们的位置，我们可以进一步阐述这个互动命题：**对好的社会资本的获取，往往发生在那些占据靠近桥梁位置（location）的个体行动者身上，这个桥梁连接着那些在相对较高等级制位置（position）上的行动者。** 因此，位置（location）优势取决于可接近的网络的资源。既然这里假定好的资源嵌入在等级制结构中的更高位置上，这意味着网络中的位置优势取决于它可接近的位置（position）的纵向维度。

位置与地位交叉命题并不完全否定低的与高的关系丛的纵向桥梁的重要性。如图 5-6，自我与 A 和 B 的关系丛之间的桥梁，提高了自我关系丛中的成员的资源异质性。然而，既然地位强度命题涉及资源异质性［位置（position）越高，通过它们的关系和网络所获取的资源的纵向幅度越大］和达高性，那么 B 为了将其关系丛中的成员的资源异质性扩展到自我和 A 的关系丛中，他会维持与自我的联系。

总之，无论将网络位置视为桥梁还是关系强度，其重要性都取决于被搭通或连接的个体的相对等级制结构位置。拥有桥梁或弱关系的相对优势，是关系或关系丛之间的相对纵向距离的函数。①

行动效果的结构相依性

刚才提出的命题，特别是导致好的社会资本的因素，可以区分为两个效应：结构中的初始位置效应、网络运作［关系与位置（location）］效应。地位强度命题清楚地反映了结构的效应，而网络运作命题反映了机会与选择的混合物。机会与选择是否以及在什么程度上反映了目的性行动，值得进一步考虑。

第四章讨论的弱关系强度观点与位置强度观点，都代表着机会和选择，并涉及行动。几乎没有疑问，结构限制了机会与选择。现在考虑一下弱关系的观点。朝着等级制结构向上的方向（见图 5-3），朝向最顶端的纵向接触幅度（vertical reach）不断减小。因此，当纵向连接（弱关系）产生的时候，上行比下行的可能性

---

① 注意，我们没有假定网络的容量——反映在个体行动者的数量上，是好的社会资本的决定因素。我们推不出好的社会位置（position）、资源丰富的网络或异质性网络，与更大人口规模的结构或网络相联系。

减少。实际上，在最顶端，任何的纵向连接都是一个下行的连接。因此，强关系（水平关系）而不是弱关系（纵向关系），对获取好的社会资本更有效。换言之，当一个人在等级制结构中的位置朝顶部移动时，同质原则比异质原则更有效。

同时，网络运作强度的效应也可能受到来自下面的限制。根据假设，在等级制的底部存在更多的位置（position）与占据者。根据布劳（Blau, 1977）提出的结构理论，互动的可能性是群体规模的函数。因此，随着位置与占据者的人口规模的增加，如果假定每人有相同的互动倾向，他们当中存在更大的互动可能性。可以设想，随着群体规模的增大，社会网络变得更具同质性、更少多样性。一个衍生的假设是，在社会等级制底部，同质性网络越多，越会增加与强关系的互动机会，而减少与弱关系的互动机会。同时可能出现的是，机会结构的缺乏，减少了作为一个获取好的社会资本的途径的网络运作效应。

因此，我们应该在等级制结构的中部考察网络运作效应的强度。因为邻近的社会位置（position）的相对规模相似，机会结构是延伸性的，其纵向接触范围（vertical reach）应该最有可能向上发展。如果这个命题是有效的，那么当自我的位置（position）在等级制结构的中部时，行动是最有意义、最有效地。在结构底层的行动者，很少有机会进行有意义的行动。同样地，但是出于不同的原因，上层行动者有很少的激励让他们采取打破结构效应的行动（也即破坏秩序）。这导致下一个命题。

命题7 结构相依命题：对位于等级制顶部及附近和底部及附近的行动者而言，网络运作[关系与位置（location）]效应受到等级制结构的限制。图5-7显示了结构与行动之间的互动。在等级制顶端的E1，如果选择纵向的接触，向上延伸的机会受到限制。在底部的E3，纵向两个方向的接触机会都受到结构的限制。在等级制中部某处的E2，拥有向上延伸与实现这些接触的机会。

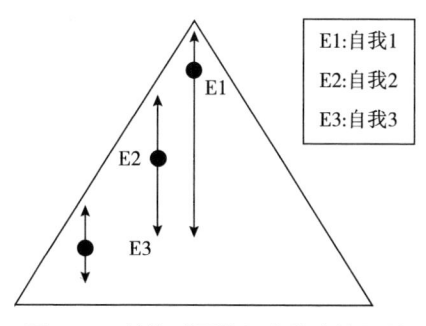

图 5-7　结构对网络运作效应的限制

结束语

现在我们总结一下社会资本理论的一组假设（未检验的假定）与命题，要点如下。

1. 结构假设（第三章）：有价值的资源嵌入在社会结构中。在社会结构中，位置、权威、规则和占据者（代理人）通常在有价值资源的分布、位置的数量、权威的层级和占据者的数量方面形成金字塔等级制。在等级制中的层级越高，有价值资源的聚集越多，位置的数量越少，权威的控制越大，占据者的数量越少。

2. 互动假设（第三章和第四章）：互动通常发生在具有相似或相近的资源与生活方式特征的行动者之间——遵循同质原则。资源特征越相似，在互动中需要付出的努力越小。

3. 网络假设（第三章和第四章）：在社会网中，直接和间接互动的行动者拥有不同类型的资源。其中一些资源为他们个人所拥有（如个人资源或人力资本），但大多数资源嵌入在每一个行动者都联系的他人中，或者嵌入在每一个行动者都占据或联系的结构位置中。

4. 定义（第二、第三和第四章）：这些结构性的嵌入性资源就是网络中的行动者的社会资本。

5. 行动假设（第四章）：行动者在社会行动中的动机是维持或获取资源——目的性行动。维持资源的行动可以称为情感性行动，获得资源的行动称为工具性行动。维持资源是行动的首要动机，因此情感性行动是行动的首要形式。

6. 社会资本命题：**行动的成功与社会资本有正相关。**

7. 地位强度命题：**初始位置越好，行动者越可能获取和使用好的社会资本。**

8. 强关系强度命题：**关系越强，获取的社会资本越可能正向地影响情感性行动的成功。**

9. 弱关系强度命题：**关系越弱，自我在工具性行动中越可能获取好的社会资本。**

10. 位置强度命题：**个体越靠近网络中的桥梁，他们在工具性行动中获取的社会资本越好。**

11. 位置—地位相交命题：**对于工具性行动，位置（靠近桥梁）强度依桥梁所连接的不同资源而定。**

12. 结构相依命题：**对位于等级制顶部及附近和底部及附近的行动者而言，网络运作（关系与位置 [location]）效应受到等级制结构的限制。**

图 5-8 给出了以这些命题为基础的模型。

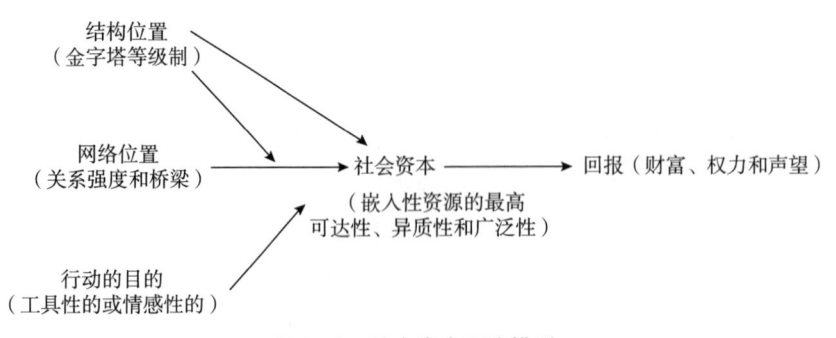

图 5-8 社会资本理论模型

这些假设与命题已经明确地表达出了社会资本理论的四个特征：（1）它的概念在本质上是关系性的，不能化约到个体的或心理的层次。（2）理论在**等级制结构**内是相互联系在一起的。实际上，它只有在等级制结构的背景中才有意义。（3）它使行动者承担行动，因此需要一个微观层次的分析。（4）它的发展建立在理论与经验研究相互紧密地整合的基础之上，因此避免了落入从假想的理论或没有头脑的经验主义出发，无休止地从抽象到抽象演绎的窠臼。我认为这些特征将社会资本置于弥合宏观—微观的鸿沟与发展社会学的独特位置。

最后，我们应该注意，作出假定只是为了阐述理论命题的需要。因此，假定可以外在于（给定的）理论的解释，但并不能保证它们是经验有效的。理论的发展期望着，不仅研究的命题有效，而且假定也有效。也即当手段具备了，假定本身必须经受研究与经验的验证。假定没有什么神圣的。当假定无效的时候，理论本身要修正，甚至被驳斥。理论指导着研究，而且它必须不断地被证实和进行可能的修正。

第六章　社会资本与地位获得：
一个研究传统

　　这一章①介绍一个理论传统，它反映了我们所提出的社会资本与工具性行动之间的联系。它特别地研究了社会资本如何增加了找到好工作的机会。因此，它属于通常我们所知道的**地位获得过程**的研究范式。

　　地位获得可以理解为，个体为获得社会经济地位上的回报而进行资源动员与投资的过程。理解和评价地位获得过程的理论和经验文献，可以追溯到布劳与邓肯的开创性研究（Blau and Duncan, 1967）。他们的主要结论是，即使考虑到先赋地位（父母地位）的直接和间接影响，自致地位（教育和先前的职业地位）仍然是解释个体最后所获地位的最重要因素。他们的研究为理论的进一步发展奠定了基础。此后要评价某一理论修正和扩展对地位获得研究的贡献，都必须考虑它们对布劳—邓肯范式有哪些超越（Kelly, 1990; Smith, 1990）。后来几个研究思路，包括社会心理学变量的增加（Sewell and Hauser, 1975），阶级地位的重塑（Wright, 1979; Goldthorpe, 1980），促进地位获得的"结构"实体与位置因素的加入（Baron and Bielby, 1980; Kalleberg, 1988），对比较方法的发展（comparative development）或作为偶然条件的制度因素的肯定（Treiman, 1970），都大大地扩展而不是改变了布劳—邓肯的最初结论——在地位获得中，自致相对先赋的**个人资源**有优势。

　　在过去的 30 年里，研究传统已经开始关注社会资本对地位获

---

　　①　这一章的大部分经同意选自林南作品（Lin, 1999b）。

得的影响。基本的命题是，社会资本对地位获得的重要影响，超越了个人资源所能做出的解释。对这个命题的系统的调查研究包括：(1) 发展理论解释与假设；(2) 发展社会资本的测量方法；(3) 进行证明假设的经验研究；(4) 评价地位获得过程中社会资源相对于个人资源的重要性。这些调查研究已经在北美、欧洲和亚洲的多种政治经济体中展开，并且吸引了很多国家和文化的学者参与进来。理论与研究的积累和进展，已经在地位获得和社会流动与分层领域大大扩展了社会学分析的视野。它可能也代表了最突出的研究领域，在这里社会资本的理论与方法对工具性行动的详尽的、系统的应用和分析已经形成。在很大程度上，这个研究传统已经直接促进了社会资本理论本身的发展。

这一章的目的是：(1) 回顾这些调查研究思路的理论与经验基础；(2) 总结用抽样方法进行的研究与结论；(3) 提出将来研究的问题和方向。在开始这些工作之前，我想指出这个回顾的局限。它将关注社会资本这种为了获得地位而获取和使用的嵌入在网络中的资源。因此，它不考察社会网络本身属性（如紧密度、向心性、桥梁位置）的影响，除非它们涉及资源的获取（这些特征可能对嵌入性资源的获取和使用产生什么影响）。这里关注的是地位获得，而不是找工作是否成功。后者已经形成了大量文献，并且得到了很好的总结（如 Granovetter，1995）。这一章只是在涉及地位获得的意义上触及找工作方面。最后，本章只回顾可以获得的英文文献。我知道关于这方面的欧洲文献不断增加，但遗憾的是，我的语言限制不允许我涵盖它们。

形成的研究与理论的基础

社会网络分析对地位获得的贡献，可以追溯到格兰诺维特所进行的开创性研究（Granovetter，1974），他访谈了马萨诸塞州牛顿市（Newton，Massachusetts）的 282 名男性专业和管理人员。数据显示，那些使用人际关系渠道的人似乎得到了更满意、更好的

（如高薪）的工作。在这个经验研究的基础之上，格兰诺维特又回顾了关于找工作的研究，于 1973 年提出了信息流动的网络理论。弱关系强度假设指出，弱关系往往把个体与其他社会圈子连接起来形成桥梁，从中得到的信息是不可能在自己的圈子里获得的，这些信息对个体是有用的。①

然而，格兰诺维特从来没有指出，接触或者从弱关系（而不是强关系）中获得帮助，会导致人们获得更高地位的工作（Granovetter, 1995, p. 148）。关于关系强度与地位获得之间联系的线索，间接地来自对纽约州北部三连城（trip-city）都市地区的一个"小世界"的研究（Lin, Dayton and Greenwald, 1978）。研究要求参与者将含有某些目标者（target person）信息的包裹，通过让熟人转交的方式，最后到达目标者手中。研究发现，与不成功的链条相比，成功的链条（那些包裹被成功地转交给目标者）中含有一段从较高地位的中间人到最后的节点的过程（在等级中朝着目标者的位置下降）。成功的链条也涉及有更广泛的社会联系的节点（那些声称有更多的社会关系的人），以及往往把包裹转交给他们最近没有看到的人（弱关系）的节点。这个小区域的研究有两个贡献。首先，它意味着对等级制位置的利用可能是地位获得过程中的关键因素。因此，关系强度与地位获得之间的联系可能是间接的，弱关系的强度可能在于它们接触的社会位置在社会等级制中更高，这便利了工具性行动。第二，研究涉及的是行为，而不是"纸上谈兵"，在包裹转交过程中的每一步都需要每一个参与者的实际行动。因此，这个研究结果为以前问卷式的地位获得

---

① 表面上看，这个假设只是很早就为人所知的强关系假设的颠倒，强关系在那些共享相似特征和生活方式的人当中形成，也即有名的同质原则或亲我假设（like-me hypothesis）（Homans, 1950; Lazarsfeld and Merton, 1954; Laumann, 1966; Lin, 1982）。弱关系强度观点的贡献，在于它挑战了人们想当然地认为强关系或类我原则所具有的属性，即强关系促进了群体团结，具有社会性价值。格兰诺维特把我们的注意力引向弱关系，提醒我们，弱关系促进了对不同的和新的信息的获取，也是有社会性价值的。

研究提供了行为的有效性。

建立在这些研究基础上的社会资源理论出现了（Lin，1982，1990）。这个理论首先是一个由位置组成的宏观结构的形象，这些位置根据某些规范的价值资源，如财富、地位和权力而排列。这个结构在资源的可获取性与控制方面形成了金字塔形状：位置越高，占据者越少；位置越高，具有的结构视野越好（特别是向下看）。金字塔结构中靠近顶部的位置具有优势，那里的占据者的数量更少，可接触的位置更多。在这些结构性的限制与机会范围内，个体为了情感性和工具性的目的而行动。对于工具性行动（获得社会结构地位是一个主要的例子），好的策略会使自我接触到等级地位更高的关系。这些关系能够很好地对位置（如一个公司的招聘人员）施加影响，从而有利于自我的利益。如果使用弱关系，有助于接触上面的位置，因为相对于自我在等级制中的位置，这些弱关系更可能是纵向（可能向上）而不是横向延伸。

我们再次阐述前面章节已经提出的三个命题：（1）社会资源命题——社会资源（如在社会网络中获取的资源）对工具性行动（如地位获得）有影响；（2）地位强度命题——社会资源反过来被自我的初始位置（可以由父母的资源或先前的资源来代表）所影响；（3）关系强度命题——社会资源也被弱关系而不是强关系的使用所影响。

社会资源与社会资本：理论的融合

社会资源理论的发展发生在二十世纪七十年代晚期八十年代早期，那时与此并列但独立的关于社会资本的讨论（Bourdieu，1980，1983/1986；Coleman，1988）也正在出现。虽然不同的学者用社会资本来指称社会结构的不同的特征（如，社会规范——Coleman，1990；群体团结——Hechter，1983，Portes and Sensenbrenner，1993；自愿性与公民性组织的参与——Putnam，1995a，1995b），最后变得很清楚（Lin，1982，1995a；Flap，1996；Tardos，1996；Burt，1997；Portes，1998），社会资本主要指从社会网中获取的资源。此外，理论也关注这些社会资源的工具性效用（作为投资或动员的资本）。社会资源与社会资本理论相互融合相互补充，将关注点放在获取和动员的社会嵌入性资源的工具性效用上，从而促进了社会理论的发展。它将社会资源的意义置于社会资本的更广泛的理论讨论中，加强了社会资本概念的定义与操作性。尽管后来其他的命题被提出来（参见第五章），前面陈述的三个命题（即社会资本、地位强度和关系强度）在社会资本框架内仍然有效。下面的讨论反映了社会资本与社会资源相融合的思想，并对围绕三个命题所进行的研究进行检验：（1）社会资本命题（第五章的命题1）：在社会网中获取的好的嵌入性资源，会导致好的地位获得；（2）地位强度命题（第五章的命题2）：初始的结构位置越好，获得的地位越好；（3）弱关系强度命题（第五章的命题4）：关系越弱，获得的地位越好（在找工作的工具性行动中）。在经验和研究层次上，使用社会资源的概念；在一般的理论层次上，使用社会资本的概念。

研究模型和证据

关于社会资源与地位获得之间关系的研究要检验两个过程，如图6-1所示。一个过程关注社会资本的获取——自我在一般的社会网络中所获取的资源。在这个过程中，假设人力资本（教育、经历）、初始位置（父母的或先前的职业地位）和自我的社会关系（如关系的广泛性），决定了自我通过这些联系（网络资源）可以获取的资源范围。而且，我认为网络资源、教育和初始位置会影响到获得的地位，如职业地位、权威地位、部门或收入。我们可以将这个模型描述为**社会资本的获取模型**。

另一个过程关注地位获得的过程中社会资本的动员——在找工作过程中，使用的社会交往者（contact）及其所提供的资源。从图6-1中可以看到，使用的交往者地位被视为地位获得过程中

第六章　社会资本与地位获得：一个研究传统

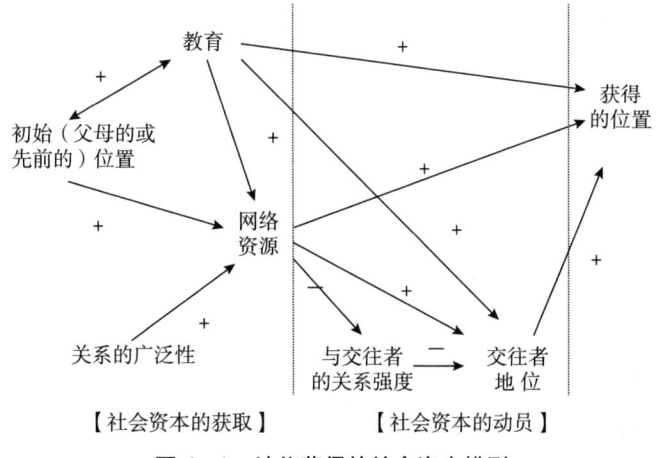

图6-1　地位获得的社会资本模型

所动员的社会资本。假设交往者地位连同教育和初始位置，将对职业地位获得施加重要的影响。交往者地位，反过来被教育、网络资源以及自我与交往者之间的关系强度所影响。关系强度可以用感受强度（perceived strength）（如关系的亲密度），或角色类型（role category）（如亲属、朋友和熟人）来测量。我们将这个模型称为社会资本的动员模型。

在两类分析中，其他因素可以作为控制变量或机会/限制因素加入到这个基本模型中，包括年龄、性别、种族/族群、工龄或任期、工作部门以及行业或组织。现在，我们简短地回顾一下文献。首先从社会资本动员模型开始，因为它先受到研究的关注，然后回顾社会资本的获取模型与获取、动员的联合模型。研究和发现的总结见于表6-1中。

表6-1　对社会资本与地位获得的研究和发现的总结

研究	社会资源的影响（结果变量）	位置影响	关系影响
社会资本动员模型			
Lin, Ensel, and Vaughn (1981, USA)	有	有	有
Marsden and Hurlbert (1988, USA)	有	有	无
Ensel (1979, USA)	有	—	—

续表

研 究	社会资源的影响（结果变量）	位置影响	关系影响
DeGraaf and Flap (1988, The Netherlands)	有	—	—
Moerbeek, Utle, and Flap (1995, The Netherlands)	有	有	—
Wegener (1991, Germany)	有	—	—
Requena (1991, Spain)	有	—	—
Barbieri (1996, Italy)	无	有	无
Hsung and Sun (1988, Taiwan)	有	—	—
Hsung and Hwang (1992, Taiwan)	有	有	无
Bian and Ang (1997, Singapore)	有	—	有*
Volker and Flap (1999, East Germany)	有	有*	无
Bian (1997, China)	有	—	无
社会资本获取模型			
定名法			
Campbell, Marsden, and Hurlbert (1986, USA)	有	有	有*
Sprengers, Tazelaar, and Flap (1988, The Netherlands)	有	有	—
Barbieri (1996, Italy)	有	—	—
Boxman, DeGraaf, and Flap (1991, The Netherlands)	有	—	—
Boxman and Flap (1990, The Netherlands)	有	—	—
Burt (1992, USA)	有*	—	—
Burt (1997, 1998, USA)	有	有	有*
定位法			
Lin and Dumin (1986, USA)	有	有	有
Hsung and Hwang (1992, Taiwan)	有	无	—
Volker and Flap (1999, East Germany)	有	—	有*
Angelusz and Tardos (1991, Hungary)	有	—	—
Erickson (1995, 1996, Canada)	有	—	—
Erickson (1998, Canada)	有	—	—
Belliveau, O'Reilly, and Wade (1996, USA)	有	—	—
社会资本的获取－动员联合模型			
Boxman (1992)	有	—	—
Flap and Boxman (1996, 1998, The Netherlands)	有	有	有
Volker and Flap (1997, Germany)	有		
Lai, Lin, and Leung (1998, USA)	有		

注：—未作报告；*有条件的证实；详见正文。

动员的社会资本

最先对社会资本动员模型①进行经验检验的是林南和他的同事(Lin, Ensel, and Vaughn, 1981; Lin, Vaughn, and Ensel, 1981)。研究使用的数据，来自纽约州奥尔巴尼都市地区的400多名男性雇员所组成的典型社区样本(representative community sample)。研究证实，在考虑了父母地位与教育的影响之后，交往者的地位对地位获得具有影响。研究也证实了交往者的地位受到父亲地位的正向影响，而受到自我与交往者之间关系强度的负向影响。这个研究最先证实了社会资本理论的所有三个命题。恩赛尔（Ensel, 1979）在纽约州成年雇员的一个研究中，将调查范围扩展到女性。他在证实交往者地位对地位获得有显著影响的同时，发现男性交往者比女性交往者更可能接触到更高地位的交往者。此外，女性在求职中更可能使用女性交往者，而男性则绝大多数使用男性交往者。当女性确实使用男性交往者时，她们在接触更高地位交往者中的不利显著降低了。这个研究证实了男性处在等级制中的优势位置，比女性拥有更好的社会资本，是最先提供直接证据的研究之一。其次，女性在动员男性交往者和在获取好的社会资本中的不利，部分地解释了她们在地位获得中的劣势。马斯顿和赫尔伯特（Marsden and Hurlbert, 1988）通过分析1970年底特律地区研究（Detroit Area Study）中456位男性最近一次换工作的过程，再次复现并进一步扩展了这个模型。这证实了交往者地位（职业

---

① 这个估计程序只是研究了在求职中使用个人关系的劳动力人口的一个子样本，这个事实引起了对估计的选择偏差的关注。据显示，在社区劳动力人口调查中，每地都有从20%到超过61%的求职者承认使用了个人关系［参见Granovetter（1995, pp.139-141）的总结］。然而，选择的偏差研究已经揭示，那些在求职中使用个人关系者，与那些使用正式渠道或直接申请者相比，在特征上并不存在主要差别。年轻的和缺少经验的工人，在使用个人关系上显示出略明显的倾向。因此，大多数研究已经纳入年龄和/或工龄的控制变量，以解释可能出现的偏差。

声望与部门）分别对获得的声望与部门施加最强的影响。他们也发现，在核心部门的交往者的声望与位置，分别与先前工作的声望与部门相关，从而证实了地位强度命题。但是，他们没有证实关系强度命题，交往者的地位同自我与交往者之间的关系强度不相关。

对这个模型的研究迅速扩展到其他社会中。德格拉夫与弗拉普（De Graaf and Flap, 1988）分析了1980年西德调查（West German Survey）中的628名男性和1982年丹麦调查（Dutch Survey）中的466名男性的案例，进一步支持了社会资源命题。不过他们没有检验社会资源的地位强度命题和关系强度命题。1992年的荷兰家庭调查（Netherlands Family Survey）提供了男女两性在社会资本的影响下的比较数据。当父亲被作为社会交往者提到时，Moerbeek、Ultee和Flap（1995）就把父亲的职业作为社会资本的指标，结果发现无论对于男性还是女性，父亲的职业都对首次和当前/最后职业地位施加显著的正向影响。Wegener（1991）分析了1987年来自德国的604名42岁和32岁的男女调查者所组成的数据，发现交往者地位对所得工作的声望有显著影响，证实了社会资源命题。但是关系强度命题和地位强度假设没有被检验。巴比里（Barbieri, 1996）报告了来自意大利米兰管理领域中的500名新雇员的研究。在考虑了来自父亲的地位、教育以及首次和当前职业地位的影响后，他发现交往者地位对当前的职业地位有显著影响，证实了社会资源命题。此外，他发现，父亲的地位通过教育间接地影响了交往者的地位，从而支持了关系强度命题。巴比里把样本分成使用强关系的和弱关系的两个子集之后，发现在交往者地位与获得地位之间的关联中，使用弱关系不具有优势。实际上一些证据显示，强关系提高了交往者地位与首次和先前职业地位之间的关联。雷克纳（Requena, 1991）在西班牙的研究，提供了唯一的否定社会资源命题的数据。该研究表明，尽管社会资源确实影响到收入，但更多的社会资源并没有提供更好的工作。他推测，社会资源影响的缺乏，部分原因是西班牙在雇佣政策与执行上存在严格的官

第六章　社会资本与地位获得：一个研究传统

僚化。

对理论的系统验证也在亚洲进行。熊瑞梅（Hsung Ray – May）和其他学者在实行资本主义制度的台湾进行了一系列研究。其中一项（Hsung and Sun，1988）调查了制造业的劳动力，另一项（Hsung and Hwang，1992）调查了一个都市区域的劳动力（台中）。两项研究都支持了社会资源命题：在考虑了父亲的教育与职业地位、教育与先前的职业地位（以当前工作为准）的影响后，交往者地位对获得的首次和当前职业地位有显著性影响。熊瑞梅和黄毅志（Hsung and Hwang，1992）也发现，研究一定程度上支持了地位强度观点，但是父亲的教育和职业地位对首次工作的交往者地位只有不大的影响，对当前工作的交往者地位没有显著性影响。对关系强度的一个综合的测量（与交往者的亲密度、拜访频率、打电话频率和关系的内容）显示，它与首次工作的交往者地位有很弱的负向关系，与当前工作的交往者地位没有关系。此外，边燕杰与昂（Bian and Ang，1997）1994 年在新加坡做的一项包括 512 名男性和女性的研究，有力地证明了社会资源命题：交往者地位对获得的地位有显著的影响。帮助者地位与当前工作的职业地位、年龄、教育和先前的职业地位强相关。所有的回答者都认为弱关系能接触到更高地位的交往者。但是弱关系（不亲密）对交往者地位没有影响，这个发现类似于马上就要描述的 1988 年天津研究的结论。对那些间接接触帮助者的人，关系强度与交往者地位之间的关联是负向的。但是，中间人与帮助者之间的强关系更可能导致接触更高地位的帮助者。

对上述研究范式的检验已经扩展到不同的政治经济体制下，如国家社会主义。边燕杰（Bian，1997）在 1988 年对中国天津所做的包括 1008 名男性和女性调查对象的研究中发现，帮助者的职业地位（由其工作单位的级别来测量），与工作变换中所获得的工作单位地位以及教育和先前的职业地位强相关。自我与帮助者之间的关系强度对帮助者地位的总体影响是不显著的。进一步的分析显示，中等强度的关系接触到的帮助者的地位更高。这对于自我与中间人,以及中间人与帮助者之间的关系强度也是正确的。而且,在沃尔科和弗拉普(Volker and Flap, 1999)对前民主德国的莱比锡和德累斯顿(Leipzig and Dresden)两个城市所做的追溯研究(retrospective panel study)中,交往者的职业声望对首次工作和1989年时的职业声望都有很强的和显著的影响。这样社会资源命题被证实。但是自我与交往者之间的关系强度对交往者地位或得到的职业地位和收入没有影响。父亲的教育与职业声望对1989年求职时所使用的交往者的地位都没有影响。但是教育对交往者地位有显著的影响。因为父亲的地位对教育有直接的影响,所以这些结果证实了以教育为中介的位置强度的间接影响。

获取的社会资本

测量获取的社会资本的方法有两种:定名法(name generators)和定位法(position generators)。**定名法**更为常见,它在网络分析的文献中被广泛使用。通常的方法是提问一个或几个关于自我在某种角色关系(如邻里、工作)、内容领域(如工作事务、家庭杂务)或亲密关系(如信任的,最亲密的互动)中的交往者的问题。这些问题会产生一张包括3到5名或者是自我(被访)所提到的交往者的名单。这些名单可以确定自我与交往者之间的关系、交往者之间的关系,以及交往者的特征。社会资本测量被建构出来,是为了反映交往者的资源的异质性与范围(教育、职业)以及交往者的特征(性别、种族、年龄)。用定名法测量社会资本存在很多问题,包括变量分布要受到回答者的内容领域或角色关系以及所提到人数的影响。因此,数据往往反映了强关系、强角色关系或受地理限制的关系(Campbell and Lee, 1991)。

定位法是林南和他的同事首先提出来的(Lin and Dumin, 1986)。这种方法使用社会中特征显著的结构位置(职业、权威、工作单位、阶级或部门)作为指标,要求回答者指出每一位置上是否有交往者(比如那些熟悉的人)。此外,还要确定自我与每一位置上的交往者之间的关系。定位法研究的不是内容或角色领域,而是等级制位置。它是内容无涉（content free）与角色/位置中立的。因此，定位法计算和测量的不是来自生成的具体名字（人）的数据，而是接触的结构位置。表6－2给出了定位法测量的一个例子。

表6－2 用定位法测量获取的社会资本的例子

这是一张职业量表（出示卡片）。您能告诉我您是否认识（熟悉）每一种职业中的人吗？

职业	1. 您认识的人当中有从事这个职业的吗？*	2. 您认识这个人多长时间了（年数）？	3. 您与这个人有什么关系？	4. 您与这个人的亲密程度？	5. 他/她的性别	6. 他/她的工作
职业A 职业B 职业C 等等						

*如果您认识一个以上的人，请您考虑认识最久的那一位。

定名法已经在研究中使用很长时间了，而定位法则更多地出现在最近的研究中。下面部分将报告用这两种方法对社会资本的获取与地位获得所做的研究及结论。

定名法研究。坎贝尔、马斯顿和赫尔伯特（Campbell, Marsden, and Hurlbert 1986）使用来自1965－1966年底特律地区研究中通过定名法收集的数据，检验了网络资源与社会经济地位的关联。他们发现网络的资源构成（教育均值和最大值，声望均值和最大值）与获得的地位（如职业声望与家庭收入）显著相关。在米兰研究（Milan Study）中，巴比里（Barbieri, 1996）也用定名法收集的数据建构了社会资本的三个测量指标，在考虑了父母地位、工龄、人力资本（受教育年限）以及首次和先前职业地位后，发现社会资本对目前的职业地位有影响。而且，社会资本受到父亲地位的影响，从而证实了地位强度命题。

几个研究已经确定了某些劳动力人口中社会资本的获取与地

位获得之间的联系。斯普林格斯、塔兹拉尔和弗拉普（Sprengers, Tazelaar, and Flap, 1988）对失业人员的社会资本进行了研究。在1978年及以前失业的242位40~55岁的丹麦男性中，那些有好的社会资本的人，特别是那些通过弱关系获取社会资本的人，更可能在失业后一年内找到工作。但是，当他们再就业时，并没有获得好的职业地位或高收入。然而，好的社会资本提高了对工作机会的乐观估计，这反过来提高了找工作的强度，从而导向更多、更好的工作。而且，劳动力市场的限制越多，拥有很多资本的失业者找工作的强度越大。失业一年以后，那些在强关系（亲属）中拥有好的社会资本的人，往往在一到三年内有机会再业。研究也发现，那些以前职业和教育好、收入高的人也往往有好的社会资本，从而证实了地位强度命题。博克斯曼、德格拉夫和弗拉普（Boxman, De Graaf, and Flap, 1991）研究了荷兰的1359名大公司总经理，发现教育与社会资本（通过其他组织中的生意上的交往者和俱乐部、专业协会中的成员资格来测量）直接影响到收入。博克斯曼和弗拉普（Boxman and Flap, 1990）在1989年还研究了荷兰已经完成职业培训的365人的求职活动。数据来自求职者、雇主以及求职者使用的交往者。对数据的初步分析显示，对收入而言更重要的预测指标是性别（男性有优势）、社会资本、职业前景和公司具体要求的技能（company - specific skills）。

伯特（Burt, 1992）发现一个大的电子元件与电脑设备公司中的经理得到很快的晋升与很高的奖金。伯特用嵌入在一个受限制的网络（更少的交往者、更紧密的关系以及与一个单一的交往者有更多的联系）中的程度来测量社会资本，他发现结构限制与很快晋升之间存在负向的联系。也即他暗示获取网络中的多样化资源会提高取得有用信息的机会，有助于扩大影响，从而提高自己在公司中的地位。在美国一个大的金融组织的投资银行部门中，对于那些高级男性职员，受限制的网络与奖金之间的负向联系同样被发现（Burt, 1997）。

定位法研究。林南和杜明（Lin and Dumin, 1986）分析了来自纽约奥尔巴尼研究的数据。该研究从1960年美国人口普查的职业列表中抽取了20个职业。这些职业的抽样方法是：先对列表中的所有职业按照声望分数排序，每隔相等的职业声望等级分数间距确定一组职业；总共分成20组，每组职业中选取最普遍的（占据者的频次）职业。每一位被调查者要回答他有哪些位置（position）上的交往者（他熟悉的人）。如果某一位置上的交往者不止一个，被调查者选择最熟悉的那个回答。对于每个接触的位置，被调查者都要确定与交往者的关系（亲属、朋友或熟人）。林南和杜明利用得出的数据矩阵，建构了两种社会资源的测量方法：可接触的最高地位（接触的具有最高声望分数的位置）与接触的地位范围（最高与最低可接触地位之间的差距）。分析显示，这两个测量指标与当前的职业地位具有显著的正相关关系。进一步的分析显示，回答者的初始位置（父亲的职业声望分数或者白领—蓝领与高—低职业归类）与这两个测量指标是正向显著相关的，从而证实了地位强度假设。当林南和杜明分析三种类型的关系（亲属、朋友、熟人）与两个接触变量之间的关系时，他们发现朋友和熟人关系为接触最高地位的位置和地位范围提供了最好的机会。

前面提到的熊瑞梅和黄毅志（Hsung and Hwang, 1992）的台中研究，也涉及网络资源。他们也采用定位法对20种职业进行了研究，但是没有发现可接触的最高地位和地位范围具有显著的影响。然而，他们确实发现了测量到的"网络资源的总数"——接触的所有职业的总地位分数——对首次工作地位的显著影响，但它们对当前的职业地位没有任何影响。沃尔科和弗拉普（Volker and Flap, 1999）在对德国的研究中，使用定位法让回答者在33种职业中确认他们在哪种职业中有认识的人，如果有的话，继续回答与他们之间是什么关系（亲属、朋友和熟人）。他们发现，对于1989年的职业地位，在控制父亲的教育与职业、回答者自己的教育与性别、他们的首次职业的声望以后，接触最高地位的影响是正向且显著的。当1989年的职业声望与其他独立变量增加到方程中时，这个变量对1989年的收入也有正向与中等（moderately）程度（$p<0.10$）的影响。这个结果证实了社会资源命题。此外，沃尔科和弗拉普发现通过亲属和熟人比通过朋友能接触到职业更好的交往者（上层白领或更高声望的职业）。另一方面，通过熟人比通过亲属和朋友能接触到更大的职业范围（最高与最低声望职业之间的差距）。因此可接触的最高职业声望是所得地位的最好的预测指标，而弱关系的影响没有被发现（因为亲属和熟人几乎等于可能接触到高职业声望的交往者）。父亲的职业声望在总体上与可接触的最高职业声望正相关，它与通过亲属、朋友和熟人接触的每组职业也呈正相关关系。因此，地位强度命题被证实。安杰勒兹和塔德斯（1991）在1989年前的匈牙利（1987~1988年），使用定位法研究了"具有弱连接性质"的关系或资源。在考虑了性别、教育、居住地和年龄的影响后，这个变量被发现与工资显著相关。

埃里克森（Erickson，1995，1996）在1991~1992年对多伦多的个人安全行业（161个防卫、调查和安全公司）的研究中，使用赖特（Wright，1979）的阶级维度（控制所有权、控制组织和控制技术）选择了19种职业，收集了155名雇员、46名监督、80名经理和112名雇主的数据。埃里克森发现社会资本（接触的社会位置的异质性）增加了职业的自主性与权威，这反过来产生了更好的职业回报。他的主要结论是：（1）获取的社会资本有助于人们升迁到更高的位置（在经理对低层雇员与雇主对雇员之间做对比）；（2）即使人们不使用关系找工作，社会资本也奏效（参见下一节对招聘与社会资本的讨论）。在埃里克森（Erickson，1998）关于社会资本的另一项研究中，他区分了全球性社会资本与地方性社会资本两种类型。地方性的环境指地理区域（邻里）、族群领域（族群社区与飞地经济），或组织（学校、自愿组织、社会运动或公司）。在对多伦多地方就业与贸易体系（Local Employment and Trading System，简称LETS）的352名被调查者的电话访谈中，埃里克森让被访者从30种职业中确认在地方就业与贸易体系内外的交往者。分析显示，地方性社会资本与在地方就业与贸易体系

(地方经济)中的收入相关联,而全球性社会资本并不与一般经济中的收入相关联,它的影响主要取决于全球经济体系。

获取与动员的社会资本的联合作用

既然在地位获得过程中存在两种类型的社会资本,那么一种合乎逻辑的做法是在一项单独的研究中同时检验获取与动员的社会资本。从中引出的理论问题是,获取的社会资本在什么程度上促进了社会资本的进一步增加,也即获取更多的社会资本是否会提高动员好的社会资本的可能性。这个假设暗含着结构性的机会与优势的存在。然而,我们推测这个一致性也不是绝对的:并不是所有已经获取丰富的社会资本的人,都能利用或动员社会资本获得更好的社会经济地位。行动与选择的因素也是很重要的。有几个研究已经证明了这一点。

例如,博克斯曼和弗拉普(Boxman,1992;Flap and Boxman,1996)对职业培训结业者的研究显示,交往者的地位(动员的社会资本)影响了获得的职业地位,而获取的社会资本对此没有影响。沃尔科和弗拉普(Volker and Flap,1996)对德国的一项研究也同时测量了获取的与动员的社会资本对地位获得的影响。结果发现,使用定位法测量的可接触的最高职业声望与1989年求职中使用的交往者的地位呈显著正相关关系,它对1989年的职业声望的直接影响虽然是正向的但只是中等显著水平($p<0.10$),交往者的声望有更强的影响。实际上,一旦首次职业声望包括进来,交往者的声望对1989年职业声望的直接影响比教育更强(而且是最显著的预测指标)。

赖、林南和龙(Lai, Lin, and Leung, 1998)也使用奥尔巴尼的数据(Lin, Ensel, and Vaughn, 1981)检验了获取与动员的社会资本对地位获得的联合作用。他们的研究既包括使用定位法对网络资源进行的测量(Lin and Dumin, 1986),又包括对结构方程模型中的交往者资源(在求职中的交往者的地位)的测量。结果显示,教育(获得的地位)与交往者地位显著地、直接地影响了当前的职业地位。交往者地位反过来被父母地位（先赋地位）、教育、网络资源以及与交往者的弱关系所影响。因此，动员的社会资本直接影响了地位获得，而它又被获取的社会资本以及先赋与自致地位所影响。

问题与研究方向

研究一致证实了社会资本命题：超越个人资源的社会资源对地位获得有重要的作用。这个关联的存在跨越了社会（不同的民族—国家和政治经济体）、工业化与发展水平、劳动力市场中的群体（刚毕业者、新雇佣者、变换工作者）、不同的经济部门（行业、组织、在组织中的位置），以及地位获得结果（职业、权威、部门、晋升、奖金）。这个关联在不同的概念（获取的 VS 动员的资本）与测量（定名法 VS 定位法）中都保持显著。但是将来仍然存在很多概念与研究的重要问题要解决。下文将简要地总结和讨论这一系列问题。

非正式和正式的求职渠道

现在已经非常清楚，在地位获得中使用非正式渠道本身并不比其他渠道，特别是正式渠道具有优势。实际上，如果有的话，非正式渠道往往被女性、教育水平低的与缺乏技能的弱势群体所使用。因此获得的地位往往是很低的。但是，对于那些使用非正式渠道的人而言，社会资源（交往者的地位）起主要作用。这里有几个问题需要被考虑。首先，优势群体因为拥有更多的人力资本，可以直接申请高地位的位置，而真的不需要使用非正式渠道吗？这要具体分析。对于一些有具体要求的工作（如处理技术和硬件问题），技能与培训的证书可能足以保证在正式申请中获得职位。但是对于其他重要的工作（高层管理和涉及人际互动 [human-interfaced] 的职位），正式的证书经常不能充分地传达足以表现职位占据者的社会技能与资源的信息，而需要非正式的或隐秘的渠道来实现这个功能。但是，这仍然不能在调查中得到测量，从而构成了方法论上的一个重要挑战。其次，对于弱势群体，社会资本是受到限制的（地位强度论点）。除了资源受到限制以外，我们不知道弱势群体在动员他们可以利用的最好资源方面是否也存在劣势，从而导致双倍的损失。关于优势群体与弱势群体的选择行为的知识，将有助于区分结构限制与选择限制。

关系强度还是网络位置？

虽然社会资源命题和地位强度命题已经被一致证实（参见表6-1），但是关系强度命题还存在很多模糊的地方。不应该期望关系强度本身对地位获得的结果施加直接的影响（Granovetter，1995），很多研究指出它们之间缺乏直接的关联（如Bridges and Villemez，1986；Marsden and Hurlbert，1988；Forse，1997）。修正的命题——弱关系可以获取好的社会资源——也缺乏一致的经验支持（参见表6-1）。但是，社会资本理论既论述到结构的影响，又论述到行动的影响，对结构限制内的网络或关系选择的进一步阐述可能最终是有意义的。几个研究思路已经提供了一些线索。例如有观点认为，关系强度对获取和动员社会资源的影响可能取决于原初地位。一些研究已经指出了关系强度的天花板效应：在等级制的顶层或附近，强关系往往会导致成功的地位获得（Lin，Ensel，and Vaughn，1981；Erickson，1995，1996）。最弱的关系很明显是没有用的（Bian，1997；Bian and Ang，1997），因为没有强度的关系是不能刺激交换的。另一方面，最强的关系可能是有用的，尽管它接触的资源范围受到限制。根据定义，关系代表着承诺、信任与义务，以及由此而来的帮助的动机。愿意并努力使用这些强关系来寻找其他关系，在制度的不确定性或限制下（例如在国家社会主义下：Rus，1995，Bian，1997；或者市场紧缺的情况下：Sprengers，Tazelaar，and Flap，1988）可能是很关键的。组织性的限制和机会可能也取决于弱关系或强关系的相对功用（Lin，1990）。

另一个可能澄清问题的途径是用网络的术语修改关系强度的概念。例如，关系强度可能反映在自我与最终提供资源的他人之间的连接长度上。如果每一个连接具有相等的强度，那么自我与他人之间的关系强度可能成为他们之间的连接长度的反函数，即联系链越长，关系越弱。虽然多重连接必然削弱自我与"最后一环的他人"之间的义务、信任和互惠，但是这样一个链条也扩展了不在自我的网络中心领域的资源范围。在某种程度上，异质的或丰富的资源存在于网络的外缘，这样长链条或弱关系就可能变得有用了。沿着这条线索继续分析（如Bian，1997），将会澄清桥梁影响与关系强度影响的效用。

其他的研究转向社会网络中的位置角度。社会关系的功用可能更加依赖于行动者在社会网络或等级制结构中的位置，而不是关系强度（例如，Lin and Dumin, 1986; Angelusz and Tardos, 1991; Burt, 1997）。战略位置或附近的位置，如桥梁或结构洞，可能为行动者获取异质性的和丰富的资源提供了竞争优势。

这些研究与发现深化了社会资本理论的命题，正如第五章所阐述的，网络位置连同结构位置提供了预测工具性行动如何可能获得好的社会资本的关键。

定位法的进一步发展

为了确定因果关系，需要考虑交往的时间框架。例如，使用定位法的研究可能要问，"当你正在寻找第一份（或当前的）工作的时候，你知道谁从事这种工作吗"？在一个特定的社会中，从一个有意义的等级制中对位置进行抽样也是很重要的。在某些社会中，除了职业地位或声望以外，工作单位、部门、权威或自主权可能代表着重要的地位。用定位法确定位置的一个重要考虑，就是它在特定社会的地位/阶级中具有意义（Erickson, 1995）。

社会资本的不平等

在获取社会资本上的差异应该受到更多的研究关注。社会群体（性别、种族）由于其或优或弱的结构位置与社会网络，而对社会资本有不同的获取能力。例如，社会资本的不平等为妇女与少数民族动员好的社会资源、获得和改善职业地位，提供了更少的机会。弱势群体为了获得更好的地位，其策略性的行为需要超出他们通常的社会圈子（如女性），使用男性关系（Ensel，1979）、在公司中寻找担保人（Burt，1998）和加入男性支配的俱乐部（Beggs and Hurlbert，1997）以获取资源；黑人要在他们自己的邻居之外找关系或者与那些有工作的人建立联系（Green，Tigges，and Browne，1995）；墨西哥裔的学生要寻找非墨西哥裔的关系，或者与老师、辅导员等制度性的代理人建立关系（Stanton-Salazar and Dornbusch，1995；Stanton-Salazar，1997）。关于社会资本不平等的系统的数据，将为社会分层与流动中的不平等提供一个解释框架，并提供克服这些不平等的行为选择。下一章将会从这个方向进行阐述。

招聘与社会资本

社会资本与地位获得之间的关系适应劳动力市场的供需两面。到目前为止，研究文献主要关注供给一面，即从求职者的地位获得过程的视角。对模型的需求一面的研究，即从组织招聘过程的视角只是刚刚出现（Boxman and Flap，1990；Boxman，De Graaf and Flap，1991；Erickson，1995，1996；Burt，1997；Fernandez and Weinberg，1997）。由于公司的运行环境，社会技能与网络在交易和交换中扮演着关键性的角色，公司在招聘的时候很重视社会资本，特别是对于某些特殊类型的位置。我们可以想到，公司中某些类型的位置比其他位置需要更多的社会资本。首先，高层执行官被期望拥有丰富的社会资本，因为他们需要应付和管理公司内外的各种人。事实上，我们可以假定，最高层管理位置上的占据者的社会资本远比人力资本重要。因此可以推测，像IBM和微软这样的公司更可能招聘社会技能丰富的经理，而不是计算机专家做公司的CEO。著名大学需要有社会技能的校长以与教职人员、学生、父母和校友谈判,并筹集资金,而不是要求他们取得卓越的学术成就。其次,我们希望应付人(如护士)而不是机器或技术(如编程人员)的位置被拥有好的社会资本的占据者填补。再次,公司外缘的位置更可能由拥有好的社会资本的人(如推销员、公关人员或驻外经理)来填充(Burt, 1997)。因此,需要这样位置的公司,在招聘中应该更广泛地使用非正式的信息来源。这些假设将有助于经验操作与检验。

社会资本 VS 人力资本

社会资本与人力资本之间的关系具有重要的理论意义。一些学者(Bourdieu, 1983, 1986; Coleman, 1990)已经提出,社会资本有助于人力资本的生产。联系广泛的父母和社会关系确实可以提高个人获得好的教育、培训与技能、知识证书的机会。另一方面,人力资本也可以导致社会资本的增加。受到良好教育和培训的个体往往出入资源丰富的社会圈子和俱乐部。一个很难回答的问题是:这两者之中,哪一个对于地位获得更重要?这一章列举的几个研究表明,在地位获得中社会资本可能与人力资本(教育和工作经验)同样重要,或者比人力资本更重要(Lin, Ensel, and Vaughn, 1981; Marsden and Hurlbert, 1988);而其他学者提出了相反的观点(Hsung and Sun, 1988; De Graaf and Flap, 1988; Hsung and Hwang, 1992)。工业化或许不能解释这种对立,因为前者包括在美国做的研究,而后者包括在荷兰和中国台湾进行的研究。更可能的是,特定的教育制度与职业分配和搜寻的方法之间存在关联。正如 Krymkowski (1991) 对二十世纪七十年代美国、西德和波兰的数据所进行的比较分析显示,西德和波兰在社会出身与教育之间以及教育与职业分配之间比美国表现出更强的关联。但是没有明显的证据表明,中国台湾的教育体系更像西德和荷兰,而不同于美国。从这些国家的比较中得出的结果有待于继续研究。

更有迷惑力的可能是人力资本与社会资本之间的互动。博克斯曼、德格拉夫和弗拉普(Boxman, De Graaf, and Flap, 1991)

发现，当社会资本的值很低的时候，人力资本对收入的影响最大；当社会资本的值很高的时候，人力资本对收入的影响最小。此外，弗拉普和德格拉夫（Flap and Boxman，1998）对荷兰经理人员的研究发现，对于高层经理，无论其人力资本处于什么层次，社会资本都会带来更高的收入；但是当社会资本处于高层次时，人力资本的回报会减少。如果这些模式可以被证实，将意味着人力资本在地位获得中对社会资本起着补充作用。也即当社会资本的值很高的时候，不管人力资本处在什么层次上，获得的地位都将很高；当社会资本的值很低的时候，人力资本对地位获得有着很强的影响。或者说，假定人力资本与社会资本都处于某种最低层次，社会资本将是解释地位获得的更重要的因素。

结束语

关于社会资本与地位获得的研究文献很丰富，由于篇幅的原因，这一章只能提供一个简略的介绍。很多研究当前正在世界各地进行，这里没有涵盖它们。然而很明显，这个研究传统已经大大地促进了社会资本理论本身的发展，同时为这一理论的证实和继续演进提供了各种详细的经验数据。这个研究事业真正地展现了理论与研究之间持续不断地相互影响和反馈的重要性与成效。

第七章　社会资本的不平等：一个研究日程

这一章[1]检验社会资本研究中的一个重要问题——社会资本的不平等，或者社会资本跨越社区或人口中的社会群体而不平等地分布的程度。首先，我将考虑一些分析各种类型社会资本的不平等的一般性问题和方法。这些考虑将引向对研究日程的阐述，我会使用中国城市的数据进行说明。这一章简短地归纳了将来的研究日程。

理论关照

社会不平等是一个重要的研究问题，它的起因（etiology）值得关注。从资本理论的视角，我们可以提出初始命题：不同类型的资本（如人力资本和社会资本）的不平等，导致了诸如社会经济地位和生活质量等社会的不平等。以这个命题为前提，我们可以进一步探讨导致资本不平等的过程。在这个系统的阐述中，我们的计划是确定导致资本不平等的具体机制，这个机制影响到社会的不平等。因此，研究任务是双重的：确定与证实导致资本不平等的机制；证明社会群体中的资本不平等与社会不平等之间的联系。关于资本不平等与社会不平等之间联系的初始命题，已经

---

[1] 感谢 Marc Magee 的助手在这一章的分析中所给予的帮助。本研究得到了蒋经国基金（Chiang Ching-Kuo Foundation）的部分资助。这一章的初稿是我于1999年6月12~14日在杜克大学举行的第28届中美研讨会（Sino-American Conference）上提交的论文。

成为论述不同类型的资本的指导性理论（第一章至第六章）。这一章要探讨对包括社会资本在内的资本不平等过程的解释。

资本的不平等可能由两个过程引起：资本欠缺（capital deficit）和回报欠缺（return deficit）。**资本欠缺**是指不同的投资或机会所导致的某一群体的资本在数量或质量上相对不足（与另一群体相比较）的结果。例如，家庭对儿子的人力资本或社会资本的投资可能要比女儿多。不同的社会群体可能嵌入在不同的社会等级制或社会网络中，这些等级制或网络促进或限制了其成员的资本获得。**回报欠缺**是指一定质量或数量的资本对于不同社会群体的成员会产生不同的回报或结果。例如，拥有一定质量或数量的社会资本的男性和女性，在地位获得中会得到有差别的回报——如在组织中的职位、职业声望或收入。

社会群体间的资本不平等可能是由于资本欠缺、回报欠缺或二者共同引起的。现在我们考虑一下劳动力市场中的性别不平等问题。大量的文献显示，性别劳动力市场解释了男性和女性在不同职业中的收入差异（Treiman and Terrell, 1975; Bose and Rossi, 1983; Bielby and Baron, 1986; Jacobs, 1989; England, Farkas, Kilbourne, and Don, 1988; Reskin, 1988, 1993; Kilbourne, England, Farkas, Beron, and Weir, 1994; Reskin and Roos, 1990; England, 1992a, 1992b; Tomaskovic-Devey, 1993）。然而，很少有理论和研究去深究性别职业结构方面的经验问题，并系统地探讨、解释不同群体成员有差别的结构位置分配和相应的回报机制（参见 Tam, 1997, 关于竞争的观点）。我们可以从资本理论的视角，对这些可能的关系提供两个可能的解释。

资本欠缺的解释关注资本获得上的差异。其中一个过程可能是由于投资的不同引起的：假设家庭在男孩和女孩身上的资本投资是有差别的。我们可以推测，在大多数社会中，家庭预计劳动力市场与经济将为男性和女性提供有差别的回报，家庭往往把更多的资本投给儿子而不是女儿，以提高竞争力。因此可以预见，男性在教育（人力资本）和社会网络的广泛性（社会资本）上都比女性有优势。第二个过程可能由于机会的不同：主流的社会结构与制度（规则与实践或者文化，参见十一章）为男性和女性发展资本提供了不同的机会。男孩被鼓励和激励着去建立广泛的与异质性的社会关系，女孩这么做则会被限制甚或惩罚。这两个过程导致了某些群体的资本欠缺；女性获得的资本在质量和数量上会少于男性。资本欠缺概念可以解释为什么男性和女性会得到有差别的工作安排和报酬。

回报欠缺的解释关注资本的回报——如在劳动力市场中的例子。劳动力市场中的资本回报具有重要的性别差异。我们可以假定，即使男性和女性拥有相同质量或数量的资本，他们在劳动力市场中也会有不同的地位结果。也即劳动力市场对男性和女性的资本的奖励是有差别的。假定男性和女性拥有相同质量或数量的资本，在劳动力市场中男性将比女性得到更多的奖励——在组织中的地位、职称、职业声望和收入。对于这种情况有三种不同的解释：第一，在劳动力市场中，女性的工具性获得行动可能没有使用或动员合适的资本。例如，她们在地位获得过程中可能没有使用最好的社会关系、最好的社会资本，这可能是因为她们不能确定哪些是最好的社会关系和社会资本，也可能是因为她们在动员这些社会资本时发生了犹豫，感到缺乏资源或能力回报这些恩惠。第二，合适的社会关系被动员了，但是由于真实的或想象的原因，这些关系不愿意为了女性的利益进行资本投资。这些关系可能怀疑雇主会抵制女性候选人，而不会认真地考虑他们的推荐或影响。这些浪费的影响成为对候选人投资的成本而不是奖励。不"抛头露面"可能也是文化或制度所期待的行为，即使女性与她们的家庭也很少期望着能在社会关系上有所作为。第三，回报欠缺可能是由劳动力市场结构本身的有差别的回应所致：即使男性和女性拥有相似的人力和/或社会资本，雇主对男性和女性的职位/晋升候选人的回应也是有差别的——制度场域中的组织所共享的偏见（制度场域是一个社会性的社区，在其中组织共享着一套主流的价值与实践，参见十一章和 Lin，1994b）。

总之，我们可以从资本理论的视角提出下列社会不平等的机制。

1. 资本欠缺是由于（a）有差别的投资或者（b）有差别的机会。

2. 回报欠缺是由于（a）对合适资本的动员差异——由于认识能力的缺陷或不愿意动员；（b）中间代理人的努力程度不同；（c）组织和制度对于动员的资本回应不同。

3. 回报欠缺可能独立于资本欠缺，也可能不独立于资本欠缺。某些社会不平等可能是由不同的社会群体中所分布的资本欠缺所致。其他一些类型的不平等可能主要是因为回报欠缺：社会群体可能拥有相同质量和数量的资本，但是回报可能不同。还有些类型的不平等，是由于资本欠缺与回报欠缺二者的共同作用。这些机制在不同的社区或社会中可能是不同的。

上述机制可以视为关于不同类型的资本（如人力资本、制度资本和社会资本）、不同的社会群体（如性别、种族/族群、宗教）、不同的劳动力市场（如经济的、政治的、教育的）和不同社会的不平等假设。本章的剩余部分使用从中国城市收集的一组数据，来说明这些阐述与分析如何应用在社会资本的性别不平等的解释上。虽然分析的重点是社会资本，但是我们也分析了男女两个群体的人力资本与制度资本。这些数据不可能用来阐述和分析前面提到的所有机制。但是希望这个分析能证明，这样一个"分解的"方法在解释中国城市劳动力市场中社会资本及其所导致的男性和女性地位获得结果不平等的重要问题上是富有成效的。

研究、样本与数据

在这个探索性的研究中要提问三个问题：（1）男性和女性有不同的社会资本吗？（2）如果有，这个不同是由于资本欠缺、回报欠缺还是二者的共同作用？（3）男性和女性的社会资本不平等的后果是什么？这里使用的数据来自1998年的18个城市调查。其中15个城市来自所有城市的分层抽样样本。分层是建立在地区（沿海、中部和内地）与经济地位（高、中、低）的基础之上。其他三个城市是从边远地区抽取的样本（平凉、格尔木和塔城）。附录7-1列出了来自这些地区的城市与样本规模。收集城市水平的数据是为了多层次分析的需要。但是目前的研究作为一个初步分析，只关心个体层次的数据。

样本由3050名19~69岁的回答者组成，在调查时他们是或曾经是这18个城市的劳动力人口。这些回答者的基本特征如表7-1所示。样本中男性占43.5%，女性占56.5%。平均年龄41岁，男性和女性回答者在年龄上没有显著差异。90%的回答者已婚，6.7%单身，3.3%离婚或丧偶。大约有一半（52.0%）的回答者16岁时住在大城市，女性回答者的这一比例比男性稍高。

表7-1 样本特征概要（N=3,050）

变量	百分比或均值 样本	男性	女性	性别显著性检验
性别－男性	43.5%			
年龄	41.3	42.0	40.9	ns
婚姻地位				
单身	6.7%	7.5%	6.2%	ns
已婚	90.0%	91.0%	89.1%	0.08
离婚或丧偶	3.3%	1.5%	4.7%	0.00
16岁时的居住地				
大城市	52.0%	48.6%	54.6%	
中等城市	22.7%	23.8%	21.9%	
小城镇	11.4%	11.5%	11.3%	
农村	13.9%	16.2%	12.2%	
教育程度				
高中以下	33.4%	31.4%	35.0%	
高中	41.4%	37.4%	45.0%	
大学及以上	25.2%	31.3%	20.0%	

续表

变量	百分比或均值			性别显著性检验
	样本	男性	女性	
工龄（年数）	21.6	22.3	21.1	0.00
任期（年数）	14.7	15.0	14.4	ns
在职培训				
类型数目				
无	67.4%	64.0%	70.0%	
1	28.0%	30.5%	26.1%	
2	3.7%	4.5%	3.0%	
3	0.9%	0.9%	0.8%	
4	0.1%	0.1%	0.1%	
证书数目				0.03
无	71.7%	69.3%	73.6%	
1	25.1%	26.7%	23.8%	
2	2.9%	3.5%	2.4%	
3	0.4%	0.5%	0.3%	
党员身份				
非党员	73.0%	63.8%	80.1%	
当前工作期间是党员	21.3%	28.16%	16.0%	
首次工作期间是党员	5.7%	8.06%	3.9%	
当前工作特征				
工作单位所有制				
国家	80.8%	81.8%	80.0%	
集体	12.7%	9.2%	15.5%	
合资	2.7%	3.8%	1.7%	
私营	1.2%	1.4%	1.1%	
个体	2.6%	3.8%	1.7%	
职位级别				
无	75.6%	64.7%	84.1%	
班组长	5.2%	6.4%	4.2%	

续表

变量	百分比或均值			性别显著性检验
	样本	男性	女性	
车间级	2.05%	2.4%	1.8%	
车间主任	2.2%	2.9%	1.6%	
科级	6.3%	9.3%	3.9%	
科长	6.1%	9.9%	3.2%	
部门级	1.5%	2.4%	0.8%	
部门主管	1.0%	1.8%	0.4%	
局级	0.1%	0.2%	0.0%	
职业				
专业人员	27.8%	25.8%	29.0%	0.00
管理人员	2.2%	2.3%	2.2%	ns
科员	17.5%	18.4%	16.8%	ns
商业	7.0%	6.0%	7.7%	ns
服务业	4.7%	2.9%	6.1%	0.00
农业	0.1%	0.2%	0.1%	ns
制造业	21.4%	26.1%	17.8%	0.00
月薪	663.7	739.2	603.1	0.00
年终奖金	1114.4	1231.5	1024.1	0.00

ns：不显著。

人力资本欠缺与制度资本欠缺

研究检验了三种类型的资本：人力资本、制度资本和社会资本。人力资本用教育、工龄、任期和在职培训表示。教育用受教育年限测量。如表 7-1 所示，大约有 1/3 的回答者受过高中以下教育，41.4% 的回答者受过高中教育，还有 1/4 的回答者受过大学以上教育。男性受教育程度比女性要高。男性（平均 22.3 年）也比女性（平均 21.1 年）有更长的工龄，但是在当前工作单位的任期或年数差别不显著。男性比女性受到更多的在职培训（不同类型的培训数目和培训证书数目)。总之,男性在人力资本上比女性显示出更大的优势。

制度资本是与主流的意识形态和权力的认同相联系的资本(Lin,1994b,1995b;另外参见第 11 章)。这里用党员身份、工作单位性质和当前职位的级别来表示。党员身份分三类:(1)非党员;(2)在当前工作期间是党员;(3)首次参加工作时已经是党员。如表 7-1 所示,男性(36.2%)是党员的比例显著高于女性(19.9%),男性的党龄也要比女性长。

直到最近,工作单位的性质依然是中国双重劳动力市场中区分工人的重要变量(Lin and Bian,1991;Bian,1994)。然而在二十世纪九十年代,一个多样化、市场化的劳动力市场出现了。这个虽然很小但日渐重要的市场是合资企业(尽管这些公司中的大多数中国方面的合资者是国家或集体的企业或机构)、私营企业和家庭企业(个体户)创造的。所有这些类型的工作单位中,集体企业是最不利的,因为它们既没有国有企业的福利和地位,又没有合资企业的经济与市场优势。当前,私有企业和家庭企业的经济规模往往比较小。我们可以看到,女性(15.5%)在集体企业中的比例显著高于男性(9.2%)。

"当前职位的级别"是制度资本的另一个指标,因为这些职位控制着超过 90% 的回答者所工作的国有和集体企业中的各种资源。而且男性和女性所处的级别差异是显著的。超过 4/5(84.1%)的女性没有级别,而男性的这一比例不到 2/3(64.7%)。接近 1/4(23.6%)的男性拥有科级以上的级别,而女性的比例不到 1/10(8.3%)。

总之,相较女性,男性在制度资本上有压倒性优势。

社会资本的测量:定位法

我们研究的第三种资本是社会资本,我使用定位法来测量它(对这种方法的评论参见第 6 章)。两种类型的社会资本被构造出来：一般社会资本与政治社会资本。测量工具如表7-2所示。

对于一般社会资本，从包括全部职业的量表中抽取了13个职业，这些职业代表着不同的社会经济地位（SES）（参见Bian, 1994和Lin and Ye, 1997, 职业社会经济量表的发展与中国不同职业的地位分数）。其中包括大学教授（SES分数91）、市长（83）、局长（76）、律师（72）、记者（68）、厂长（67）、部门主管（60）、小学教师（58）、工人（45）、行政人员（45）、电工（44）、农民（30）和保姆（11）。定位法的问题是："在你的亲属、朋友和熟人当中，有从事下面表格中所列出的职业的吗？"如果回答"有"，继续问她或他在找当前这份工作时是否认识这个人。如果回答再次是肯定的，回答者就得到一个分数，并继续回答有关回答者与这个职位的占据者之间关系的一系列问题。如果回答者所认识的人不止一个，我们让他或她考虑其最先想到的那个。我们也收集了有关间接接触的信息（通过中间人接触），但这个研究没有用到。

我根据这些数据构造了三个变量：(1) 接触的职位数目；(2) 最高可接触职位的声望；(3) 接触的职位的声望分数幅度（所接触的最高与最低职位的声望分数之差）。这些就是测量所获取的一般社会资本的指标。

表7-2 获取的两种类型的社会资本

变量	百分比或均值 样本	男性	女性	性别显著性
一般社会资本				
接触的职位数目	6.7	7.0	6.5	0.00
最高可接触职位的声望	75.0	76.0	74.2	0.00
接触的职位的声望幅度	40.0	41.3	39.0	0.00
接触的职位（声望分数）				
大学教授（91）	34.8%	39.4%	31.4%	0.00
市长（83）	9.7%	12.5%	7.6%	0.00
局长（76）	23.8%	29.0%	20.0%	0.00

续表

变量	百分比或均值 样本	百分比或均值 男性	百分比或均值 女性	性别显著性
律师（72）	28.0%	32.6%	24.6%	0.00
记者（68）	27.4%	31.2%	24.6%	0.00
厂长（67）	61.5%	65.3%	58.6%	0.00
部门主管（60）	81.7%	85.5%	78.8%	0.00
小学教师（58）	75.1%	74.6%	75.5%	0.56
工人（45）	94.4%	95.1%	93.9%	0.18
行政人员（45）	70.8%	72.8%	69.3%	0.04
电工（44）	79.5%	83.6%	76.3%	0.00
农民（30）	72.3%	73.9%	71.0%	0.09
保姆（11）	25.5%	24.7%	26.1%	0.39
政治社会资本				
接触的职位数目	0.62	0.72	0.55	0.00
最高可接触职位的声望	0.59	0.69	0.52	0.00
接触的职位的等级幅度	0.11	0.15	0.08	0.00
接触的职位（等级分数）				
市委书记（3）	4.0%	5.5%	2.8%	0.00
局党委书记（2）	8.4%	11.5%	6.1%	0.00
厂党委书记（1）	49.9%	56.1%	45.2%	0.00

政治联系在中国可能仍然很重要，因此表7－2中有对三个党的领导职位的测量：（1）省委或市委书记；（2）局党委书记；（3）工厂或机构的党委书记。这些职位形成了政治权力等级制。此外，还有三个变量被构造出来：（1）接触的职位数目；（2）最高可接触职位的等级分数；（3）接触的职位的等级分数幅度。我们会看到这三个分数的变量设置是非常有限的，但是结果显示这个设置很有意义。

女性的社会资本欠缺

表7－2显示了两种类型的社会资本变量的基本统计数据。首

先，我们总结一下一般社会资本。我们可以看到，对于抽取的13个职位，平均接触的职位数目是6.7个，男性平均接触数目为7，女性为6.5，统计差异显著。最高可接触职位的声望是75（大体在局长的位置上），男性比女性具有显著的优势（76 VS 74.2）。所接触的最高与最低职位的声望分数幅度是40，男性比女性有优势（41.3 VS 39）。从这三个指标看，男性明显地比女性拥有更好的一般社会资本。

最容易接触到的职位是工人（占回答者的94.4%），接下来是部门主管（81.7%）、电工（79.5%）、小学教师（75.1%）、农民（72.3%）、行政人员（70.8%）和厂长（61.5%）。对下面职位的可接触性上有一个明显的下降，从超过一半的回答者减少到不足1/3，其中律师（28.0%）、记者（27.4%）、保姆（25.5%）和局长（23.8%）。最难接触到的职位是市长，只有9.7%的回答者接触过。这个模式反映了城市回答者的代表性样本在社会交往上的差异。不足为奇，在声望等级制的中级位置上的回答者有更多的交往者，他们常常接触那些与自己相似或稍高、稍低职位上的人。

男性对女性的优势反映在抽取的大多数职位上。如表7-2所示，男性回答者比女性回答者更可能接触到除了小学教师、工人、农民和保姆（这些职位的声望等级分数都低于50）之外的其他所有职位。因此，男性在接触声望等级中与自己相似或更高的职位上是有优势的。

至于政治社会资本（见表7-2），男性在所有三个变量上都比女性有优势。他们可以接触到更多的领导职位，更高级别的干部，更大幅度的职位。在每一个等级制水平上，男性也都有更大的接触百分比。

为了确定社会资本的每种类型的三个变量是否可以作为一族，或者作为"接触的社会资本"这样一个单一维度的指标，我们对三个变量进行了因子分析。如表7-3所示，每种类型的社会资本分析（主要成分分析与最大方差旋转法）都产生出三因子的输出结果（three-factor solution）。

第七章 社会资本的不平等：一个研究日程

对于一般社会资本，第一个因子的特征值是 2.47，而第二和第三个因子的特征值非常小。这样的结果强有力地表明这三个变量只有一个维度。当我们控制了特征值远大于 1.0 的因子以后，这三个变量的单因子载荷都非常高（0.84，0.96 和 0.92）。如果将三个变量赋予不同的权重，幅度变量给予最大权重（接触的职位数目权重为 0.13，幅度权重为 0.63，最高可接触职位的声望权重为 0.25），我们就得到了因子得分。当对男性和女性进行独立分析的时候，相似的模式出现了。因此，我决定用同样的权重构建所有回答者的一般社会资本得分。

对于政治社会资本，三因子的输出结果也集中在第一个因子所解释的方差上，而且男性和女性的情况相似。三个变量的主因子得分在男性和女性身上几乎呈现出同一模式。在一般社会资本中，幅度变量具有最高的权重值和系数值，与此不同的是，这里可接触职位数目以及最高等级具有最高的系数。这是可以理解的，因为幅度变量是严格受限的，并且与另外两个变量高度重叠。

很明显，1998 年中国城市调查数据所显示的男性和女性在社会资本上的不平等，至少部分是由资本欠缺所引起的。女性的资本欠缺在人力资本、制度资本和社会资本，这三种类型的资本中都是很明显的。

表 7-3　获取的社会资本的因子结构

变　量	样　本	男　性	女　性
一般社会资本	(N=2713)	(N=1147)	(N=1566)
因子特征值　因子 I	2.47	2.46	2.48
II	0.00	0.01	0.00
III	-0.08	-0.08	-0.08
因子 I 的载荷*			
接触的职位数目	0.84	0.83	0.85
幅度	0.96	0.96	0.96
最高声望	0.92	0.92	0.91
因子 I 的得分*			

续表

变量	样本	男性	女性
接触的职位数目	0.13	0.11	0.14
幅度	0.63	0.64	0.62
最高声望	0.25	0.25	0.25
政治社会资本	(N=2811)	(N=1188)	(N=1623)
因子特征值　因子Ⅰ	2.44	2.52	2.36
Ⅱ	-0.01	-0.01	-0.01
Ⅲ	-0.03	-0.02	-0.03
因子Ⅰ的载荷**			
接触的职位数目	0.98	0.98	0.98
幅度	0.73	0.77	0.67
最高级别	0.98	0.98	0.98
因子Ⅰ的得分**			
接触的职位数目	0.51	0.54	0.47
幅度	0.03	0.03	0.03
最高级别	0.46	0.42	0.50

* 主要成分分析，最小特征值为1，和最大方差旋转法。

对资本欠缺的进一步分析

社会资本是如何与其他两种类型的资本——人力资本和制度资本相关联的？这些关联能解释女性的社会资本的相对欠缺吗？人力资本与社会资本，从定义（参见第二章）上看是相关联的。确定这样一个关联是否因性别的不同而变化是很有趣的问题。如其他地方（参见第十一章）所论述的，制度资本在劳动力市场中无论对于组织还是个人都很重要，因为它们都要努力地与更大的社会主流价值和实践相适应与互动。这些制度资本是否与男性和女性的不同社会资本，特别是政治社会资本相关，是值得研究的。

亲属与非亲属关系

除了这两种类型的资本以外,获取社会资本时所使用的社会关系的性质也要考虑。引出的问题是:不同类型的社会关系导致了获取的社会资本不同?持网络位置观点的学者认为(参见第三章和第五章),在网络中起着桥梁作用的关系在获取社会结构中好的嵌入性资源时可能更有用。在调查中通过直接测量的方法来确定接触的每一个位置是否共享网络中的桥梁是不可能的。但是调查确实可以确定回答者与所接触位置上的占据者之间的关系(参见附录7-2)。一个简单的亲属 VS 非亲属的分类被构造出来。我使用这个测量方法来代表强关系 VS 弱关系。在中国的情景中,亲属关系代表着广泛存在的强关系(Lin,1989)。这不表明只有亲属关系是强关系;即使在中国情景中,其他的社会关系(如同事、校友、地缘关系)也可以是强关系(Bian,1997;Ruan,1998)。因此,这个测量是对关系强度相对弱和保守的估计。按照格兰诺维特的观点(Granovetter,1973,1974),最初的假设是**弱关系(如非亲属关系)往往可以获取更好的一般社会资本**。

但是,在中国社会的文化背景下可能是另一种情况。中国的学者(Fei,1947/1992)已经有很多关于家庭关系重要性的论述。一些学者大胆地提出,家庭关系是中国社会中富有意义的核心社会结构(Lin,1989)。因为中国人对家庭的定义超出了直系核心家庭的范围,而包括多世代、多家族和婚姻联系,完全可以说这些扩展的网络提供了充分接触社会的很多部分的机会。而且,在中国社会,在很多情况下不能通过正式制度来合法地取得资源,当为了功利的目的而动用人际关系时,信任是最重要的。有证据显示(Bian,1997),在求职中人们喜欢通过强关系而不是弱关系来获得有效的帮助。因此,接触有权力的职位(党员干部),可能意味着通过非正式的途径可以获取通过正式渠道和程序所无法获取的资源。如果关系是非正式的、"不露声色"的更好,因为这样交易就可以在受限制的结构中继续下去。要维持这样的非正式关系，可能需要超越偶然的交换与交易而对关系做出承诺（参见第九章）。因此，在这里强关系很可能进入网络。根据这些考虑可以假定，在中国社会，亲属关系在政治性交换中意味着具有某种优势。因此，我们提出备择假设：**亲属关系而不是非亲属关系可以获取更好的政治社会资本**。我们将把这两个假设付诸经验检验。

表7-4检验了亲属与非亲属在接触职位上的相对优势和劣势。对于一般社会资本（表7-4的前13行），女性比男性更可能使用亲属关系来接触大多数职位。唯一的例外是小学教师与保姆，男性要接触这些职位，需要使用与女性一样多甚至更多的亲属关系。换言之，与女性相比，男性更可能使用非亲属关系来接触大多数职位。当接触小学教师与保姆时，男性才更可能使用亲属关系——可能是他们的配偶。因为我们知道男性在获取社会资本上是有优势的，所以这些数据有力地表明了非亲属关系更可能获取好的社会资本。当我们检验到使用亲属关系与一般社会资本的三个变量之间是零次相关（zero-order correlation）时，这个推测被证实了。我们可以看到，表的下面三行的所有系数都是负向的，这表明亲属关系的使用与接触的职位数目、所接触职位的声望分数幅度和最高可接触职位的声望分数是负相关的。因此我们可以下结论，非亲属关系在获取一般社会资本上更有优势。如果非亲属关系代表着弱关系，那么这个结论证实了格兰诺维特的弱关系强度观点。

表7-4　通过亲属来获取社会资本

变量	使用亲属关系的百分比			性别显著性
	样本	男性	女性	
一般社会资本				
接触的职位（声望分数）				
大学教授（91）	34.5%	33.2%	35.7%	0.41

续表

变量	使用亲属关系的百分比			性别显著性
	样本	男性	女性	
市长（83）	15.15%	14.8%	15.6%	0.85
局长（76）	22.4%	19.2%	25.8%	0.04
律师（72）	15.0%	12.4%	17.5%	0.04
记者（68）	13.4%	8.6%	18.0%	0.00
厂长（67）	11.5%	8.8%	13.9%	0.00
部门主管（60）	13.3%	10.8%	15.3%	0.00
小学教师（58）	26.1%	26.4%	25.9%	0.79
工人（45）	19.2%	16.4%	21.3%	0.00
行政人员（45）	15.8%	12.1%	18.9%	0.00
电工（44）	13.7%	10.9%	16.0%	0.00
农民（30）	74.4%	70.1%	77.1%	0.00
保姆（11）	21.1%	27.5%	16.6%	
与使用亲属关系的百分比之间的相关系数（r）				
接触的职位数目	−0.26***	−0.20***	−0.29***	
接触的职位的声望幅度	−0.16***	−0.11***	−0.18***	
最高声望分数	−0.20***	−0.17***	−0.21***	
政治社会资本				
接触的职位（等级分数）				
市委书记（3）	13.6%	14.1%	13.0%	0.88
局党委书记（2）	11.4%	7.3%	17.2%	0.02
厂党委书记（1）	5.4%	3.8%	6.9%	0.01
与使用亲属关系的百分比之间的相关（r）				
接触的职位数目	0.05*	0.04	0.08*	
最高声望分数	0.05*	0.05	0.07*	
接触的职位的等级幅度	0.07**	0.05	0.10**	

*$p<0.05$；**$p<0.01$；***$p<0.001$。

表 7-4 的下面一组变量检验了亲属关系的使用与政治社资

本的获取之间的关系。虽然男性和女性在使用亲属关系接触市委书记上没有差别，但是女性更可能使用亲属关系接触局党委书记与厂党委书记。然而，与亲属关系和好的一般社会资本之间的负相关形成对比的是，亲属关系与政治社会资本的获取之间存在正相关关系。女性在这些相关水平上比男性更显著。如果亲属关系代表着强关系，那么一些证据显示，对于女性而言，强关系在获取政治社会资本上可能比弱关系有微弱的优势。

资本欠缺的模式

下面我进行了一个多变量的分析，将获取的社会资本与社会网络的性质（通过亲属关系获取社会资本的百分比）、人力资本（教育）以及制度资本（党员身份）同时进行回归分析。我根据两种类型的社会资本（一般社会资本与政治社会资本）与男性、女性的分类建立了不同的方程。而且，每一个方程都控制年龄、婚姻地位（已婚）和家庭规模（取对数）。如表7-5所示，不出意料，男性和女性对社会资本的获取都受到人力资本（教育）的影响。制度资本（党员身份）对社会资本只有很小的正影响。如前面的表格所显示的那样，网络影响很显著，但也更复杂。使用亲属关系对一般社会资本有负影响，而对政治社会资本有正影响。此外，网络影响对于女性比男性更显著。

表7-5 获取社会资本的决定因素（偏回归系数，括号中的是标准系数）

外生变量	获取一般社会资本 男性 (N=1004)	获取一般社会资本 女性 (N=1393)	获取政治社会资本 男性 (N=997)	获取政治社会资本 女性 (N=1389)
年龄	0.10 (0.06)	0.05 (0.03)	0.01** (0.10)	0.01** (0.12)
已婚	0.79 (0.02)	0.98 (0.02)	0.03 (0.01)	0.07 (0.05)
家庭规模（对数）	-1.26 (-0.04)	2.79** (0.08)	-0.03 (-.02)	0.00 (0.00)

续表

外生变量	获取一般社会资本		获取政治社会资本	
	男性 (N=1004)	女性 (N=1393)	男性 (N=997)	女性 (N=1389)
教育	2.84**	3.1***	0.10***	0.10***
	(0.21)	(0.19)	(0.19)	(0.19)
党员身份	1.01	1.67*	0.04	0.05
	(0.04)	(0.06)	(0.05)	(0.06)
通过亲属获取的比例	−7.28***	−11.36***	0.11	0.21**
	(−0.11)	(−0.20)	(0.04)	(0.11)
常量	27.92	28.24	0.39	0.31
R^2	0.07	0.09	0.05	0.06

$p<0.01$; $p<0.001$。

到现在,我们可以总结一下有关男性和女性的社会资本的分布的发现,即社会资本欠缺问题。女性确实存在资本欠缺现象。男性可以接触到更多数量的职业与政治职位、更高的等级制职位和更多样化的职位。社会资本与人力资本显著相关。因为男性比女性的教育程度高,所以他们在社会资本上也存在着相应的优势。制度资本(党员身份)影响社会资本的性别差异似乎不大。弱关系(非亲属关系)有利于获取一般社会资本,而强关系(亲属关系)促进了政治社会资本的获取。女性似乎比男性更多地依靠这些网络关系获取社会资本。这些在社会资本的获取上的差异是否在劳动力市场中转化成了回报的优势或劣势,还有待于进一步检验。

社会资本的回报

下一个分析任务是确定社会资本对地位获得的影响。这里使用四个地位获得变量:(1)工作单位(工作单位所有制);(2)职位级别;(3)职业声望;(4)月收入(取对数)。如表7−1所示,回答者当前的工作单位包括国有单位、集体单位、合资企业、私有企业与个体户。在国有单位工作是一个明显的优势（Lin and Bian, 1991; Bian, 1994），被很多人视为地位获得而不是工作或收入本身的主要目标。虽然社会分层体系与国有企业体制自二十世纪八十年代后期起所发生的迅速转变可能影响了工人的工作偏好，但是国家单位在职业保险、住房津贴、健康医疗和养老保险方面，可能仍然比刚出现的私有企业与合资企业具有优势。

职位级别（参见表7-1）反映了职位在等级制结构中的排列。为了现在分析的需要，将这些职位转换成从代表没有职务的"1"到局级以上级别的"9"的一个定序序列。如表7-1所示，职业分组也作为虚拟变量进行检验。在Logistic回归分析中，这些分组在升序或降序中都显示出线性关系（根据估计系数），其他重要变量（如单位、职位级别和收入），农业与制造业交替出现最小系数。简单地说，关键的是要根据林南和叶（Lin and Ye, 1997）在中国进行研究时所发展的测量方案，将每一位回答者的当前职业转换成一个声望分数。这里使用两种方法来测量收入：当前的月薪与当前的月收入（包括薪水和奖金）。

这些变量可以视为地位获得的一个序列组：一个个体先进入一个工作单位，在组织中占据一个有级别的职位，从事一份工作，并获得经济回报。分析将关注序列中这些作为内生变量（因变量）的地位获得变量。当分析到序列中后面的内生变量时，前面的内生变量也变成了外生变量。第一组分析确定了人力资本（教育、培训和证书）、制度资本（党员身份）与社会资本（一般社会资本与政治社会资本）对当前职业落在某一类工作单位时的影响。因为有5种单位（国有、集体、合资、私有和个体），所以在考虑到这些外生变量的情况下，使用Logistic回归来估计回答者在某一类单位中的发生概率（odds-ratio likelihood）。如表7-6所示，国有单位是（缺省）参照单位。因此，这些估计显示了人力资本、制度资本和社会资本对其他性质的单位的相对影响（与对国有单位的影响相比较）。此外，我们对男性和女性也分别进行了分析。

"年龄"与"在16岁时住在城市"两个变量也被控制。

工龄和任期都与年龄高度相关（0.94和0.54）。在中国的情景下，大多数工人仍然喜欢终生雇佣的方式；工龄与任期没有为年长者（由年龄来表示）增加任何额外的财产。因为年龄、培训和证书都已经在方程中，工龄和任期被排除了；当它们被包括进来时，只是产生了估计的多元共线性偏差。

表7－6 当前工作单位的决定因素（Logistic回归系数，国有单位作为参照群体）

外生变量	集体 男性	集体 女性	合资 男性	合资 女性	私有 男性	私有 女性	个体 男性	个体 女性
年龄	－0.01	－0.02*	－0.02	－0.09**	－0.08*	－0.02	－0.05*	－0.06*
城市	0.09	0.04	1.21**	1.36	1.67	1.52	0.88	0.84
教育	－0.44**	－0.57**	0.11	－0.41	－0.68*	－0.73	－0.30	－0.57*
培训	0.12	－0.09	0.34	0.80	0.97	－18.12**	－19.53**	0.52
证书	－0.45	0.16	－0.33	－0.47	－1.59	－	－	－1.13
党员身份	－0.24	－0.20	－0.06	－0.10	0.33	－	－1.14*	－0.59
一般社会资本	0.00	－0.01	－0.00	0.02	0.00	－0.01	0.01	0.00
政治社会资本	－0.42*	－0.13	0.08	－0.24	0.38	0.02	－0.41	－1.15*
常量	0.82	2.47	－3.49	－0.49	0.29	－0.80	－0.29	1.01

*$p<0.05$；**$p<0.001$。

因为大多数回答者在国有或集体单位工作，对其余单位（如合资、私有和个体）的分析是建立在小样本规模的基础上，所以这些估计可能不可靠。但是，这个模式似乎是一致的。正如所料，教育对国有以外的其他性质的单位有负影响。这个影响对集体单位的回答者最显著。与国有单位相比，培训对私有和个体企业的回答者也表现出了负影响。但是，由于样本规模很小，这些分析结果是不可靠的。与国有单位相比，党员身份对在其他性质的单位工作的回答者也有一个微弱而一致的负影响。特别是对于集体单位的男性与家庭企业的女性，社会资本有微弱的负影响。因此，我们发现人力资本、制度资本和社会资本对除了国有单位以外的其他性质单位的回答者都具有中等而一致的负影响。

现在我们转向对在国有单位中、职位级别和职业声望三个定序内生变量（因变量）的分析。如表7-7所示，我使用了路径分析的方法，因为这三个因变量被作为因果关系考虑，假定先进入工作单位，接着占据一个级别或职位，获得一份具有某种声望的工作，从而导致了不同的收入。此外，对男性和女性分别进行分析。

表7-7 单位、职位级别和职业声望的决定因素（以国有单位为参照）

外生变量	国有单位[1] 男性	国有单位[1] 女性	职位级别[2] 男性	职位级别[2] 女性	职业声望[2] 男性	职业声望[2] 女性
年龄	1.02***	1.02**	0.05***	0.02***	-0.15*	-0.04
	(0.21)	(0.11)	(-.07)	(-.01)		
城市	0.61**	0.70**	0.03	0.08	-2.66*	-4.78***
	(0.01)	(0.02)	(-.06)	(-.09)		
教育	1.34***	1.60***	0.52***	0.27***	3.73***	5.48***
	(0.28)	(0.19)	(0.26)	(0.23)		
培训	0.84	1.05	-0.04	0.25*	2.34	1.47
	(-0.01)	(0.11)	(0.07)	(0.04)		
证书	1.14	0.91	0.37	0.19	-2.69	1.92
	(0.10)	(0.07)	(-.07)	(0.04)		
党员身份	1.61***	1.49**	0.93***	0.75***	1.91	2.09
	(0.28)	(0.28)	(0.06)	(0.04)		
一般社会资本	1.00	1.01	0.01	-0.00	0.06	0.03
	(0.04)	(-0.01)	(0.04)	(0.01)		
政治社会资本	1.24	1.29**	0.16*	0.23***	0.77	0.22
	(0.06)	(0.11)	(0.03)	(0.01)		
单位（以国有单位为参照）						
集体	0.29	0.06	-3.00	6.20***		
	(0.04)	(0.01)	(-0.04)	(0.09)		
合资	-0.14	-0.28	1.38	5.48		
	(-0.01)	(-0.03)	(0.01)	(0.03)		

续表

外生变量	国有单位[1]		职位级别[2]		职业声望[2]	
	男性	女性	男性	女性	男性	女性
私有	0.49	-0.49	0.01	0.02	9.48	
	(-0.02)	(0.00)	(0.00)	(0.04)		
个体		-0.13	-0.13	2.59	17.66***	
	(-0.01)	(-0.01)	(0.02)	(0.10)		
级别	1.70***	1.02*				
	(0.17)	(0.06)				
常量	-3.33	-0.97	35.24	30.93		
R^2	0.27	0.22	0.18	0.11		

1 逻辑回归估计（发生率）。
2 偏回归系数，括号中的是标准系数。
 $^*\ p<0.05$; $^{**}\ p<0.01$; $^{***}\ p<0.001$。

表7-7中的前两栏是"进入国有单位"与其他单位相比较的 Logistic 回归分析的结果。"在国有单位"与教育高度相关。"培训"和"证书"与教育（.24和.21）相关，但是没有表现出任何显著的边际影响。"党员身份"也与"在国有单位"显著相关。社会资本显示出正向但是很微小的影响（不包括女性）。女性进入国有单位是得益于政治社会资本。没有证据表明进入国有单位的女性遭受着社会资本的回报欠缺。

表7-7的第三栏和第四栏检验了这些变量对于获得高级别的职位的影响。此外，"单位"作为外生变量进入普通回归分析中（国有单位作为参照单位）。我们可以看到，无论男性还是女性都因人力资本（教育和年龄）产生回报，其中男性的受益比女性要明显。制度资本（党员身份）使男性和女性同等地受益。政治社会资本对职位级别有正向的影响，其中对于女性的影响更显著。

表7-7中的最后两栏估计了这些变量加上职位等级之后对职业声望的影响。男性和女性又都从教育中受益。社会资本不再有任何直接影响；它们对于职业声望的影响，特别是对于政治社会资本的影响，是通过"在国有单位"与"职位级别"这类制度资本间接传

递的。在获得更有声望的工作上，职位级别对男性的益处要多于女性。虽然在获得更有声望的工作上，"在国有单位"（与在集体单位相对照）对于男性更有益，但是如果女性在集体单位中，她们似乎会获得更好的工作。既然与国有单位相比，集体单位是一个次要部门，那么非常明显地在政治社会资本对职业声望的影响上，对于男性而不是女性而言，制度资本是一个更有效的中介因素。

表 7-8 薪水的决定因素[1]

外生变量	月薪（取对数）				
	模型 1		模型 2	
	男 性	女 性	男 性	女 性
年龄	-0.00 (-0.02)	-0.00 (-0.00)	-0.00 (-0.01)	-0.00 (-0.00)
城市	0.01 (0.01)	0.07* (0.04)	0.04 (0.02)	0.10* (0.06)
教育	0.08*** (0.14)	0.19*** (0.25)	0.07*** 0.18*** (0.11)	(0.23)
培训	0.04 (0.04)	0.06 (0.05)	0.01 (0.01)	0.03 (0.03)
证书	0.03 (0.02)	0.11 (0.08)	0.05 (0.04)	0.13 (0.09)
党员身份	0.02 (0.02)	0.05 (0.04)	0.00 (0.00)	0.05 (0.03)

单位（以国有单位为参照）

	集体	-0.28*** (-0.03)	-0.06 (-0.13)	-0.29*** -0.03 (-0.02)
		(-0.12)		
合资	0.46*** (0.13)	0.78*** (0.14)	0.45*** 0.74*** (0.13)	(0.13)
私有	0.09 (0.02)	0.28 (0.04)	0.23 (0.04)	0.27 (0.04)
个体	-0.08 (-0.02)	0.21 (0.04)	-0.08 (-0.02)	0.28* (0.05)

续表

外生变量	月薪（取对数）			
	模型1		模型2	
	男性	女性	男性	女性
级别	0.04**	0.04**	0.04**	0.04*
	(0.11)	(0.08)	(0.12)	(0.07)
职业声望	0.00**	-0.00	0.00*	-0.00
	(0.08)	(-0.01)	(0.08)	(-0.01)
一般社会资本	0.00**	0.01***		
	(0.09)	(0.09)		
政治社会资本	-0.04	0.07*		
	(-0.04)	(0.06)		
常量	5.78	5.05	5.63	4.89
R^2	0.11	0.15	0.12	0.16

1 多元回归系数（括号中的是标准系数）。
* $p<0.05$; ** $p<0.01$; *** $p<0.001$。

最后，我们转向收入（对月薪和月收入取对数）。在表7-8中，前两栏检验了人力资本与制度资本对男性和女性的薪水的影响。女性似乎从人力资本（教育）上获益更多，而男性往往从制度资本上获益更多。级别与职业声望对薪水的影响，在男性身上表现得更强烈。"在合资单位"对男性和女性都产生了最好的回报。然而，与"在集体单位"相对照，在"在国有单位"更有利于男性而不是女性。当两个社会资本变量加到方程中的时候（第三栏和第四栏），无论男性还是女性都从一般社会资本中得到回报。但是女性还从政治社会资本中获得收益（虽然不大）。如表7-9所示，对收入（薪水和奖金）的分析结果几乎与对薪水的分析结果相同。

总之，有证据表明，女性在进入国有单位、获得高级职位或挣取更高的工资上，并没有特别地遭受到社会资本的回报欠缺。事实上，她们在从政治社会资本中获得回报、进入国有单位以及获得高级职位与好的工资上有微弱的优势。这些发现并不意味着

表 7–9　收入的决定因素[1]

外生变量	月收入（对薪水和奖金取对数）			
	模型 1		模型 2	
	男　性	女　性	男　性	女　性
年龄	-0.00	-0.00	-0.00	-0.00
	(-0.02)	(-0.02)	(-0.02)	(-0.02)
城市	0.01	0.08*	0.03	0.11*
	(0.01)	(0.05)	(0.02)	(0.06)
教育	0.08***	0.19***	0.07**	0.18***
	(0.14)	(0.25)	(0.12)	(0.23)
培训	0.07	0.05	0.04	0.02
	(0.06)	(0.04)	(0.04)	(0.02)
证书	0.00	0.12	0.03	0.15
	(0.00)	(0.09)	(0.02)	(0.11)
党员身份	0.02	0.07	0.01	0.06
	(0.02)	(0.05)	(0.01)	(0.04)
单位（以国有单位为参照）				
集体	-0.28***	-0.08	-0.30***	-0.06
	(-0.12)	(-0.04)	(-0.13)	(-0.03)
合资	0.48***	0.77***	0.46***	0.73***
	(0.13)	(0.13)	(0.13)	(0.13)
私有	0.08	0.24	0.22	0.24
	(0.01)	(0.03)	(0.03)	(0.03)
个体	-0.11	0.15	-0.11	0.22
	(-0.03)	(0.03)	(-0.03)	(0.04)
级别	0.04**	0.04**	0.04***	0.04*
	(0.12)	(0.08)	(0.12)	(0.07)
职业声望	0.00**	0.00	0.00**	0.00
	(0.08)	(0.01)	(0.09)	(0.00)
一般社会资本			0.01**	0.01***
			(0.10)	(0.10)

续表

| 外生变量 | 月收入（对薪水和奖金取对数） ||||
| | 模型 1 || 模型 2 ||
	男 性	女 性	男 性	女 性
政治社会资本	-0.04	0.06*		
	(-0.05)	(0.06)		
常量	5.81	5.13	5.63	4.95
R^2	0.13	0.15	0.13	0.17

1 多元回归系数（括号中的是标准系数）。

* $p < 0.05$；** $p < 0.01$；*** $p < 0.001$。

女性在职称、职业或工资上获得了平等的地位。事实上，对分层体系中的地位测量表明，女性的情况要比男性糟得多（参见表7-1）。这些发现只是表明女性需要动员政治社会资本才能有效地弥合这些差距。

如何解释政治社会资本对女性的影响？正如我们已经从表7-2中所看到的，与男性相比，女性在一般社会资本与政治社会资本上都遭受着资本欠缺。当把社会资本与人力资本和制度资本联系起来时，没有证据表明女性因为这些其他类型的资本而比男性有任何优势。实际上，女性在这两个领域里也遭受着资本欠缺。女性之所以能够转移这些欠缺，是由于其获取的政治社会资本具有社会关系的性质。如表7-4与前面的讨论所显示的，亲属关系组成了获取政治社会资本的一个积极因素，与男性相比有更多的女性使用亲属关系。

在进一步地探讨这些获取政治社会资本的社会关系时，我推测接触工厂和局党委书记很重要，因为女性比男性更可能使用亲属关系来接触这些重要职位（表7-4）。表7-10中的数据显示，特别是在接触厂党委书记上，女性倾向通过配偶和兄弟姐妹的配偶来寻找关系。因此，女性在获取地方性政治资源中，可能通过这些强关系获得好处，因为这些家庭关系有助于一些女工人在工作单位中的升迁与工资的提高。

表7-10　通过关系来接触厂党委书记和局党委书记

关系的性质	职位被接触的比例（%）			
	厂党委书记		局党委书记	
	男性 (N=710)	女性 (N=759)	男性 (N=137)	女性 (N=99)
亲属关系　父亲	0.70	0.53	0.73	4.04
母亲	0.00	0.13	—	—
兄弟姊妹	0.42	0.26	0.73	2.02
配偶	0.14	1.05	—	—
配偶的父母	0.14	0.13	—	—
配偶的兄弟姊妹	0.42	0.40	—	—
兄弟姊妹的配偶	0.00	0.53	—	1.01
儿子	0.00	0.00	—	—
女儿	0.00	0.00	—	—
女婿	0.00	0.00	—	—
媳妇	0.00	0.13	—	—
父方亲属	0.42	0.13	2.19	2.02
母方亲属	0.42	0.66	1.46	2.02
孙子与孙女	0.00	0.00	—	—
外甥与外甥女	0.00	0.00	—	—
其他亲属	1.13	1.71	2.19	6.06
非亲属				
同事	10.42	5.93	9.49	6.06
上级	66.20	70.75	57.66	50.51
下级	4.08	1.98	6.57	3.03
邻居	2.25	3.24	2.19	6.06
好朋友	4.37	2.90	4.38	5.05
普通朋友	8.45	7.91	12.41	12.12
其他	0.23	0.26	—	—

总结与讨论

社会资本研究的一个重要问题是，社会资本不平等在何种程度上导致了社会群体的社会不平等。这一章将这个问题概念化，从资本的视角分析了资本欠缺与回报欠缺两个过程。资本欠缺是指由于投资或机会的不同，不同的社会群体拥有不同质量或数量的资本。回报欠缺是指，对于不同的社会群体，由于动员策略、行动努力或制度性反应的不同，一定质量或数量的资本会产生不同的回报。既然假定社会不平等是由资本不平等引起的，那么理解资本的不平等就变得很重要。这些阐述有助于澄清不同类型的资本——包括社会资本的不平等出现在不同的社会群体中的机制，以及它如何潜在地影响了不同群体成员的社会不平等。

我使用中国城市居民的数据来探讨男性和女性在劳动力市场中的地位获得机制。用定位法测量的一般社会资本与政治社会资本的数据，证实了中国女性工人在社会资本、人力资本与制度资本上存在着欠缺。男性可以接触到更多的职业与政治性职位、更高的等级制职位与更多样化的职位。社会资本被发现与人力资本显著相关。因为男性获取的职业地位更高，他们在社会资本上也有一个相应的优势。制度资本（党员身份）对社会资本的性别影响似乎不显著。

另一方面，有证据表明，女性在进入国有单位、获得高级职位或挣取更高的工资方面，并没有特别地遭受到社会资本的回报欠缺。事实上，她们在从政治社会资本中获得回报、进入国有单位以及获得高级职位与高工资上有微弱的优势。这些发现并不意味着女性在职称、职业或工资上获得了平等的地位。事实上，对分层体系中的地位测量表明，女性的情况要比男性糟得多（参见表7-1）。这些发现只是表明女性需要动员政治社会资本，有效地弥合这些差距。

用来获取社会资本的关系的性质是理解女性为什么能够弥合差距的一条线索。女性似乎比男性更依赖亲属关系来获取社会资本。因为弱关系（非亲属关系）促进了对一般社会资本的获取，所以女性在资本获取中变得不利。但是强关系（亲属关系）提高了对政治社会资本的获取，因为在中国这样的关系需要信任与承诺。因此，一些依靠配偶与配偶的亲属的女性，可能获取更好的政治社会资本，这有助于改变她们在进入国有单位以及获取高职位与高工资上的劣势。

如第六章所提到的，在获取社会资本上的差异应该受到更多的研究关注。社会群体（性别、种族）由于其或优势或劣势的结构位置与社会网络，而对社会资本有不同的获取能力。劣势群体为了获得更好的地位，其策略性的行为需要超出他们通常的社会圈子（Ensel，1979），在公司中寻找担保人（Burt，1998）和加入男性支配的俱乐部（Beggs and Hurlbert，1997）；在他们自己的邻居之外找关系或者与那些有工作的人建立联系（Green，Tigges，and Browne，1995）；或者跨越族群边界找关系（Stanton-Salazar and Dornbusch，1995；Stanton-Salazar，1997）。这个研究部分地展现了资本的视角在分析社会不平等中的有效性。

资本不平等、资本欠缺和回报欠缺的概念，可以帮助我们分解和澄清资本（特别是社会资本）的不平等所导致的社会群体之间社会不平等的机制。同时，它们有助于把特定社会的这些不平等的文化与制度性质分离出来，说明弱势群体在这些制度情景内策略的重要性（如女性使用亲属关系来获取政治社会资本）。这个概述性的研究日程与这一章所进行的经验研究探讨表明，配以排除了制度和文化变量的具体的测量与设计的系统性经验调查研究，在提高对不同社会群体、不同社区和社会中的资本不平等与社会不平等的理解上是有效的。

附录7-1　1998年中国城市研究中抽取的城市与样本规模

城　　市	样　　本	1996年相应的劳动力（10000）
北京	300	326.58
太原	150	144.09
沈阳	300	304.36
丹东	150	113.11
上海	400	560.02
南京	150	160.92

续表

城 市	样 本	1996年相应的劳动力（10000）
安庆	100	33.73
南昌	150	44.29
文登	100	34.99
怀化	100	30.81
广州	200	240.23
南充	100	96.79
重庆	300	324.18
玉溪	100	21.78
西安	150	165.21
平凉（甘肃）	100	19.71
格尔木（青海）	100	4.62
塔城（新疆）	100	7.66

附录7-2 测量社会资本的定位法

在你的亲属、朋友和熟人当中，有从事下面表格中所列出的职业的人吗？如果有，你与他们是什么关系？如果没有，你通过谁最有可能找到从事这些职业的人？你与这个人是什么关系？

职 业	你认识这个职位上的人吗？ 1. 认识 2. 不认识	当你正在寻找当前工作时，你认识这个人吗？ 1. 认识 2. 不认识	你与他/她是什么关系？	如果你不知道这样一个人，你通过谁最有可能找到他/她？	这个人从事什么职业？	你们认识多长时间了？	你们关系很好吗？
小学教师							
记者							
公共或私人企业的行政人员							
电工							
部门主管							
公共或私人企业的厂长							

续表

在你的亲属、朋友和熟人当中，有从事下面表格中所列出的职业的吗？如果有，你与他们是什么关系？如果没有，你通过谁最有可能找到从事这些职业的人？你与这个人是什么关系？

职业	你认识这个职位上的人吗？1. 认识 2. 不认识	当你正在寻找当前工作时，你认识这个人吗？1. 认识 2. 不认识	你与他/她是什么关系？	如果你不知道这样一个人，你通过谁最有可能找到他/她？	这个人从事什么职业？	你们认识多长时间了？	你们关系很好吗？
大学教授							
农民							
局长							
律师							
保姆							
市长							
省委或市委书记							
局党委书记							
厂党委书记							

第二部分
概念的扩展

第八章　社会资本与社会结构的生成：一个理性选择理论

这一章[①]关注理性的行动如何导致社会结构的生成。到目前为止，本书所阐述的社会资本理论与进行的研究都是在社会结构的背景内来理解行动的意义。也即，在承认社会结构的预先存在与影响的同时，理论已经提出了行动的问题。在这一章中我想提出来探讨的是行动是否可以导致结构的生成。我试着提出一些理论观点，来回答建立在资源维持或保护以及资源扩展或获得基础之上的理性，是否有助于我们更好地理解互动的规则与初级社会群体（如首要群体）的形成。从而进一步讨论与个人资本相比，社会资本视角是否提供了一种似乎合理的理论解释：理性行动可能确实导致了超越首要群体（如家族）的社会结构的生成。

这一章简述了行动如何导致社会结构生成的理论。我选择阐述这个过程，是因为它在理论上（逻辑上）先于论述结构与行动之间的相互依存和互为因果关系的过程。阐述导致结构生成的行动问题之后，我们就接着论述结构与行动之间的相互依赖与互动问题（行动影响着结构，同时结构也影响着行动）。弄清社会结构的生成问题，有助于解决涉及行动理论的其他重要问题：理性是什么，什么原则指导着行动和互动，以及为什么从这些行动和互动原则出发，可以推导出社会结构（群体和集体）的生成不仅是可能的，而且是不可避免的。

我有三个基本观点。第一，理性行动对有价值资源具有多方

[①] 这一章的很大一部分经同意选自林南作品（Lin, 1994a）。

面的动机。其中至少有两个是基本的：损失最小化和收益最大化。这些计算是独立的，尽管在经验上是相关的，前者比后者具有优先性（参见第四章）。第二，这些计算和继承问题导致资源转移规则与首要群体的优先性的形成。首要群体中的互动与集体行动，首先被维持和保护资源的情感所引导，其次被获得资源的需要所引导。第三，一般而言，社会资本（嵌入在社会关系中的资源）的效用大大超过了个人与人力资本的效用。在有价值资源缺乏的情况下，这种估计推动了超越首要群体互动的扩展。一旦这些关系与交换形成，特定的集体规则随之形成。这些规则超越了参与互动的行动者原来的意图与利益，成为社会结构形成的基础。

这一章上承第五章讨论的关于社会资本理论的行动与互动的一些基本命题，阐述首要群体的形成与重要性。然后，具体说明人力资本和社会资本的效用，社会资本的相对效用成为与首要群体以外的行动者互动和交换的动机。最后，以对生成社会结构的性质的进一步讨论作为总结。这些探讨在本质上是推测性的，不免有些简略。不过这里的主要目的是提出主要论点和一组命题，为进一步的详细阐述与评价做铺垫。

在我们开始讨论之前，先将问题定位在社会结构与行动理论的背景之内。

社会学的理论说明

对社会学的理论进行分类的一个方法，是抓住一个理论如何阐述它的因果概念——相对于结构与行动者两个层次。如果这两个层次构成了一个二分法，那么我们可以提出一个简单的类型学的划分（如表8-1所示），将理论确定为四种类型。宏观理论对原因与结果概念的说明都是在结构层次上，微观理论是把它们的关系定位在行动者的层次上。结构理论把作为原因的结构概念与作为结果的行动者层次上的概念连接起来，而行动理论假设行动者层次上的概念会推出结构概念。

第八章　社会资本与社会结构的生成：一个理性选择理论　135

表8-1　建立在宏观—微观说明基础上社会学理论的类型学划分

结果概念	原因概念	
	结　构	行动者
结　构	宏观理论	行动理论
行动者	结构理论	微观理论

这是一个简单化的分类，实际的情况更复杂；理论可能在结构与行动者层次上都涉及原因和结果，或者涉及更多的层次（如个体行动者、组织和社会；参见 Hannan，1992）。例如，关于行动者心理健康的理论（行动者层次的结果概念），可以用她或他的网络支持（结构层次的概念）来说明，也可以用她或他的自尊（行动者层次的概念）来说明（例如可以参见 Lin, Dean, and Ensel, 1986）。同样地，一个理论可能用教育（行动者层次的概念）、公司的性质（组织层次的概念）和产业部门（经济或社会层次的概念）来解释收入（例如可以参见 Kalleberg and Lincoln, 1988）。

应该注意，表8-1中的类型划分给我们提供的是用来定位某个理论的基本理论过程。在这四种类型中，我认为行动理论是最具有挑战性与争议性的。说它具有挑战性，是因为它的原因概念明显地与主要为其他学科领域，如经济学、心理学或文化人类学，所确定的原因概念相交叉。例如，理性选择理论广泛地借用经济学关于自我利益选择的最优化或最大化假定（Coleman, 1990）。心理学特征与人格特征的表述需要诸如健康、痛苦和态度的概念［参见 Elias（1939/1978）对羞愧的讨论和 Scheff（1992）对情绪的讨论］。规范、价值和传统几乎不能与集体和社会化的经验相分离（Marini, 1992）。行动理论不想否认这些潜在的行动诱因［sources of action；Coleman（1990）也称为 spring of action］。它只是把它们作为理论的外生因素考虑。行动理论仍然需要证明，它所涉及的不是已经成为其他学科的理论概念的简单派生物。

行动理论也是具有争议性的，因为它关于从行动（行动者层次上的概念）到结构的因果联系的主要命题，似乎意味着整体可以被它互相作用的部分所解释。跨层次的因果关系通常比同一层次的因果关系更难从理论上证明。结构理论至少具有一个优势——结构对于行动者而言是无处不在的。因此当承认行动者的求职行为受到劳动力市场的封闭性（tightness）支配时，几乎不可能将这些行动置于劳动力市场的框架之外。① 而行动理论没有这个优势，因为通常认为结构大于行动与互动之和［参见 Hannan (1992) 关于结构或组织刚性的观点］。而且结构一旦生成，不考虑结构与行动之间的连续互动在理论上是很难做到的。行动理论经常面临着挑战，要证明当考虑到结构的影响时，或者在考虑了结构的影响之后，行动的影响是否仍然存在以及如何发生作用。埃布尔（Abell, 1992, p. 186）确定地指出，理性选择理论的主要难题是要证明"互相依赖的个人行动如何产生了系统（或集体）层次的结果"。

行动的原则：损失最小化和收益最大化

行动理论以关于行动动机的两个假定为起点：行动主要为生存的固有需要所驱动或激发；生存依赖于有价值资源的积累。这些关于行动动机的假定不需要进一步阐述。需要探讨的是行动的原则——选择与选择的优先性。此外简单地讲，我假定行动为保护（维持）资源或寻找（扩展）资源的欲望所驱动。② 为资源保护所驱动的行动是一个使资源损失（相对于成本的损失）最小化的计算。另一方面，为资源扩展所驱动的行动则是一个使资源收益（相对于成本的收益）最大化的计算。建立在先前有关确定损失与收益的相对重要性的社会学理论（同质原则与情感性需要的支配）和研究证明［参见 Marini (1992) 对支持观点——在例行化的行为中，"防止丧失的保护"可能比"寻找收益"受到更大的

---

① 这不是在争论或说明命题的有效性。
② 这个假定与目的性行动的假定是一致的。

第八章　社会资本与社会结构的生成：一个理性选择理论

关心——的证据的回顾〕的基础上，我现在提出保护资源比扩展资源具有更高的优先性。①

命题1：保护与维持资源是行动的首要动机。因此行动的第一原则是使（资源）损失最小化。

命题2：获得与扩展资源是第二重要的行动动机。因此，行动的第二个原则是使（资源）收益最大化。

这些命题提出了两个重要的观点。第一，损失最小化与收益最大化是两个不同的函数，而不是互为反函数。② 它们可能涉及不同的选择（什么类型的资源和多少资源）与不同的偏好。第二，它们形成了一个行动序列，而不是一个二元体。但是一连串的行动最终可能表现为两个动机：损失最小化与收益最大化。如果有机会，行动者会采取行动同时实现这两个目的。但是当必须做一个选择的时候，行动者偏向于维持资源：更优先的考虑是使损失最小化。

认可与获利互动的原则

这两个行动原则如何与互动联系在一起？首先，它们意味着参与互动首先是为了使资源损失最小化，其次是使收益最大化。遵循损失最小化原则的互动会尽力防止资源损失。最好的结果是没有损失。如果两个行动者都使用最小化原则，形成的局部均衡是两个行动者都接受对方不损失的结果。用社会学的术语，这个结果是对彼此的产权这一资源要求的**相互认可**。③ 认可对于每一个行动者都会产生成本，因为自我要放弃对他人的资源占有的挑战。④ 但这是一个最小的成本。

---

① 只有当行动者最初有一些资源时，这个命题才有效。
② 根据经验，它们可能负相关。
③ **信任**的意思与之相近。但是，我认为没有信任也可以产生认可，信任有更强的感情含义。参见第九章对"认可"的进一步讨论。
④ 注意，如果使用的是最大化原则，将要考虑到僵局或更坏的结果。

这是一个局部均衡，因为它要受到很多限制。第一，假定只有两个行动者参与互动。当多个行动者（三个或更多）参与的时候，可能会产生联合，局部均衡将变得越来越难维持。第二，很少出现两个行动者在互动中使用的资源相等的情况。因此，认可本身成为变量而不是常量。也即，认可可能发生在付出不等成本的双方之间。一个行动者可能愿意给予他人更多的认可，这个行动者不仅放弃挑战他人对资源的主权，而且如果他人的主权在互动中被其他行动者所挑战，这个行动者还会挺身而出为他辩护。另一种情况是，当一个行动者也同意放弃一些资源给他人之后，认可才能维持。因此，至少存在两种类型的认可。首先，当行动者都以最小的成本实现相互认可时（Pizzorno，1991），我们可以将之称为赞同或社会赞同（Lindenberg，1992）。其次，认可涉及合法性——为保证认可，回应性的行动通常所接受的某种规则。再次，在一连串的行动中，行动者很少使用纯粹的最小化原则。认可可能是一个暂时性的结果——到一个或更多的行动者开始使用收益最大化原则结束。

因此，在现实的情况下，认可通常是互动双方付出不平等成本的结果。我将在下一章中更具体地讨论这个问题。然而，我认为它是互动的基本原则，因为它保证了行动者最低限度的生存条件，与行动的第一原则是一致的（命题1）。

命题3：遵循行动的最小化原则的互动，是为了寻求对资源权利的认可。

我认为认可的因素与几位理性选择理论家所接受或阐发的一些概念是一致的（Pizzorno，1991；Lindenberg，1992）。这里很清楚的是，当行动被损失最小化而不是收益最大化原则所激发的时候，互动中认可的发生是可以理解的。

我将跳过对建立在收益最大化原则基础上互动的深入讨论，因为它们只是反映了文献中已经被广为阐发的经济计算。现在需要研究的是，这些行动与互动的原则如何提供了理解社会结构生成的线索。

继承与资源转移：首要群体的优先性

人类行动还受到固有的、突出的生命条件的影响：生命的终结与生命的再生产。个体行动者的生存时间是有限的。行动者死亡的一个可能的结果是，所有与他相联系的资源可能要返还，成为行动者所竞争的共用物。但是，这种情况意味着行动者毕生维持与扩展资源的努力（行动与互动）要全部白费。

另一种情况是，资源可以转移给另一个或一些行动者。损失最小化原则（命题1）的优先性的扩展意味着，行动者喜欢把资源转移给其自认为是最合适的替代者的另一个行动者。"适当性"反映了替代者相对于其他行动者在后续的认可与合法性中容易被确认的程度。在大多数社会中，生命的再生产提供了确认替代者的简单规则。因此，对于大多数社会，首要群体与家庭成为行动者直接的、自然的延伸。[①] 首要群体在继承与资源转移上的优先性还包括非经济因素的考虑。继承限制在首要群体之内，降低了替代者选择的范围。依靠继承规则，选择可以减少到零（如最大的儿子是继承者）。因此，认可与合法性的考虑逐渐赢得经济计算，这种对有助于收益最大化的能力和技能的优势。盛行于整个人类历史的首要群体的存在，使我们找不到任何仅仅建立在经济计算基础上的理论。

上面的结论不能推导出行动不是理性的。如果将理性定义为

[①] 我在其他地方（Lin, 1989）讨论了资源转移的规则和类型。家庭的资源转移规则是存在差异的。例如，继承规则在各个社会中是不同的，尽管存在很强的男性优先的倾向，但不存在统一的继承制度，有的社会是长子继承制，有的社会是诸子均分制。最有趣的案例是，中国传统社会使用分化的规则：在权威继承上是长子继承制，但在财产继承上却是诸子均分制。由此引致的冲突和混乱以及资源积累的减少，是任何经济原则所不能解释的。家庭群体（在大多数系统中是占主导地位的首要群体）不是唯一的首要群体。首要群体可能是建立在其他基础之上（如种族、宗教和性别身份）。但是这些差异并不影响本章后面的观点。

通过对选择进行计算的方式来推理的过程,那么很显然,前面所论述的认可与获利提供了互动选择的理性基础。

人力资本、社会资本与社会网络

损失最小化与收益最大化的需要建立了理解超出首要群体的互动的两块基石。然而,我们需要引进另一块基石:对人力资本和社会资本两类资源的相对效应的考虑。

人力资本是对资源的使用与处理做出决策(行使权威)的行动者所拥有的资源。如果行动者认为合适,这些拥有的物品也可以转移给指定的继承者。社会资本是与其他行动者相联系的资源。与其他行动者的互动和关系提供了借用这些资源来实现自我利益的可能性。作为报答,借用的资源必须归还、赔还或酬还。在收获季节借用邻居的收割工具是获取和使用社会资本的一个最简单的例子。一旦收割结束,(完好的或赔还的)工具要归还给邻居。更重要的是,邻居也希望可以借用你的资源,例如让你的儿子帮助他收割。

因为使用社会资本有很多限制,而且维持关系与互惠交易也需要精力和资源,所以人们情感上更喜欢积累个人资本而不是社会资本。也即,使用社会资本的相对成本(使用的暂时性、归还或赔还的义务,以及互惠的承诺)比人力资本要高得多。那么我们如何解释社会资本的使用与社会关系的维持?这自然是任何将行动与结构联系起来的理论所要解决的重要问题。

在这里我最重要的观点是两个中心理论命题。

命题4:社会资本的积累速度比人力资本快得多。也即,人力资本的积累呈算术速度增长,而社会资本的积累呈指数速度增长。

命题5:当首要群体之外的互动试图获得资源时,它们更多地被用来获取社会资本而不是人力资本。

人力资本是通过行动者与他或她的首要群体成员的行动来积累的。每一行动都产生了一定数量的附加资源。因此,为了加速资源

第八章 社会资本与社会结构的生成：一个理性选择理论

的生产和积累，存在扩大首要群体（如扩展家庭）的需要。

而社会资本是通过发展和维持社会关系产生的。有社会关系的关系意味着与关系资源的联系和接触，这就成为你的社会资本。一旦建立关系，不仅他或她的资源成为你的社会资本，而且他或她的社会关系也可能提供社会资本。很容易想到，社会资本可以通过自我的直接和间接的关系网来获取。这些社会资本的获取范围，自然取决于你可以支配的资源数量、你的社会关系以及关系的性质与范围。当这些关系扩展成为包括直接和间接关系的网络时，社会资本的积累会呈指数增长。因此，通过使用网络运作的原则，社会资本的潜在积累会迅速扩大。对人力资本与社会资本的积累速度所做的假设如图 8-1 所示。

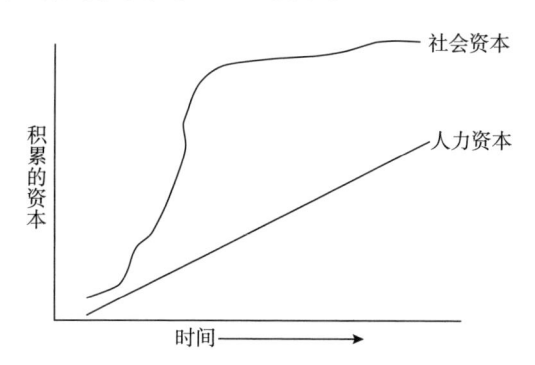

图 8-1　人力资本与社会资本的积累速度

需要进一步考虑的，是发展社会资本的指数积累模型。图 8-1 的形状完全可以推测出来。S 形曲线的斜度是建立在对互动假定的基础之上的——互动与网络运行可能先在数量很少的有相似资源的行动者中缓慢地扩展，然后当通过间接关系扩大网络时，它们迅速地在很多拥有非相似性与较好资源的行动者中扩展开来。曲线会到达一个上限和稳定的水平，因为函数必定受到有效因子（它可能是中间联系的数量的函数，与认可和合法化负相关，与互惠义务的成本或多重性正相关）的限制。

虽然积累和使用社会资本的相对成本很高，但这些成本会得到更多的补偿，并且会被社会资本的积累速度上的相对优势所超越。对于大多数行动者来说，由于人力资本的积累可能存在两个限制条件——首要群体最终的规模限制与生产资源的物质的缺乏，几乎必然会出现支持社会资本的计算结果。

前面已经提到，加速人力资本积累的一个方法是扩大首要群体，首要群体的成员身份可以在资源生产和转移中分享利益。但是随着首要群体规模的扩大，会产生中心权威对资源与资源继承权的竞争的维持问题。为了支持首要群体的扩大，必须生产越来越多的资源，这样才能保证成员能够得到足够的分配。只要资源生产的原材料充足，首要群体的扩大就可以继续。

然而，寻求资源的各个群体的规模必然会增大到不得不竞争的时刻。对稀缺资源的竞争可能在一个原始的水平上结束——一个群体从人身上占有其他首要群体，将这些群体的成员变成资源生产的工具（被奴役的劳动者）。但是，除非占有另一个群体的群体在相对规模或工具（技术）优势上是压倒性的，否则总是存在着对抗，奴役群体有反过来被奴役的风险。

面对物质缺乏，代替被奴役的另一个选择是获取和使用社会资本，尽管这比使用人力资本会产生更大的成本。人们一旦做出这样一个理性的决策，就会与超越首要群体的行动者发生互动，而且会在互动中积极地获取社会资本。这些获取也是与行动动机（损失最小化和收益最大化）和互动原则（认可和获利）完全一致的。因为动员社会资本就是为了实现这两个目的。

结构的生成

这些获取伴随着高成本——愿意和准备在认可与获利上进行互惠交换，而且必定要做出承诺：自己的资源可以作为他人的社会资本来使用。为了确保稳定地获取社会资本和显示互惠性，互动被例行化了——也即社会关系形成了。社会关系的维持也是建立在命题 1 和命题 2 所阐述的两个理性原则的基础之上。社会资本主要用来维持和保护资源。获得额外资源只是基于第二位的考虑。例行化

第八章 社会资本与社会结构的生成：一个理性选择理论 143

的社会关系直接或间接地涉及多个行动者以及他们的首要（和扩展）群体，这使得计算变得复杂起来。当这些关系促进了对社会资本的获取时，对关系和义务的认可与合法化也迅速提高了计算的复杂性。也即，社会资本的共享与对合法化规则的需要的增加是一致的。在随后的行动中，一个行动者的计算必须要考虑行动是否与保护和/或扩展参与互动的行动者的资源的义务相一致。

例行化的社会关系的多重性和复杂性需要增加认可与合法化的规则。这些规则承认人力资本（产权）的基本权利，同时明确指明了在互动网络中提供资源的行动者的责任与义务。事实上，认可是克服不平等交换的可能成本的一个重要方法。为什么在较高社会位置上和资源丰富的人会反复与处于较低社会位置上和资源贫乏的人互动？我将在下一章中阐述这个功能。

集体与公共资本

一旦这些社会关系与资源的共享被确立和维持，集体也就形成了。**集体**是共享社会资本的行动者与首要群体的集合体。集体可以下决定生产属于集体而不是某一行动者的资源——**公共资本**。集体的延续依赖于一套正式与非正式的规则，来规范行动者之间的互动以及行动者对共享资源的获取与使用。这些规则为成员行动者确立了有差别的义务与报酬。

有差别的义务是必需的，因为集体的存续依赖于共享资源的维持与获取。义务分为两种类型：（1）对集体及其规则的认可与忠诚（情感）；（2）在共享资源，特别是公共资本的生产中的绩效（工作）的数量和类型。忠诚因素使公共资本的损失最小化，而绩效要求使这些资源的收益最大化。**有差别的报酬**也是必需的，因为行动者对集体履行的义务是有差别的。通常更多的报酬被给到那些表现出高度忠诚和/或高水平绩效的成员。报酬可以是符号的，也可以是物质的。物质报酬包括分配给行动—占据者的资源（人力资本的收益）以及获取与使用共享资源的权威（公共资本）。符号报酬包括对行动—占据者的公开表扬，并保证将这些荣誉转移给行动者的后代。另一个日渐重要的报酬体系涉及分配集体中的代理位置的规则和程序。这还会被进一步讨论。

这些义务与报酬是集体的存续所需要的，它们都是行动者对他们自己与其首要群体的原始义务的补充，它们也与后者形成竞争关系。这二者是互补的，因为集体中的共享资源补充了人力资本，人力资本的缺乏不再成为生存的威胁。这二者又是竞争性的，因为资源生产的精力分配与忠诚承诺可能非常繁重。

利益冲突也不可避免，因为原始动机驱动着行动者维持和获得人力资本而不是公共资本。愿意履行集体的规则并忠诚于集体至少依赖于两个重要因素：（1）公共资本对于行动者有多重要；（2）集体义务和报酬在忠诚和绩效方面如何与原始的义务和报酬相协调。这两个估算越积极，行动者越可能愿意履行集体的规则并忠诚于集体。在极端情况下，为了保护首要群体与集体的共享资源，行动者可能愿意做出最大的牺牲——他或她自己的生命。

如果这两个因素不匹配，可能出现两个结果。行动者可能冒着丧失公共资本的风险，选择离开集体，但是希望能够再找到一个与自我和首要群体的利益相匹配的更好的集体。另一种情况是，行动者很可能成为搭便车者，把共享资源当作人力资本。这两个选择当然都有风险。选择"离开"会产生保护自己与寻找生存资源的问题。搭便车者可能冒着被集体惩罚的风险（剥夺人力资本与公共资本），在后面还会讨论到这个问题。

随着集体规模的扩大，互动变得分裂化（网络的地方化），共享资源变得分割化（建立在共享资源与共享特征基础上的地方化）。在集体层次上，必须不断地对义务与报酬的规定加以修改，以涵盖不断增加的行动者以及他们对公共资本的需求。其结果是，集体与个体行动者同其首要群体相重叠的那部分义务与责任的比例下降了。例行化的认可和合法化密切行动者与集体之间关系的功用降低了。

社会契约

为了让集体成员感到集体的义务和报酬与成员的义务和报酬是一致的，为了克服分裂化与分割化的结构问题，为了使忠诚与绩效起作用，为了使退出者与搭便车者降到最低水平，集体可以采用三种策略：（1）通过教育和濡化来教化行动者，使他们内化集体的义务与报酬（Bourdieu and Passeron，1997；Marini，1992）；（2）参与大众运动，促进行动者对共享资源与集体的认同（Putnam，1993）；（3）发展和实施强迫性顺从的规则。凯尔曼（Kelman，1961）在对这三个过程（内化、认同和顺从）的讨论中指出，这些策略形成了具有两个轴线方向的点。顺从可以以最快的速度实现，但是起作用的时间最短。当控制存在的时候，顺从会迅速发生（如战俘的行为）。但是当控制不在场或消失的时候，这些行为也将迅速改变或消失。内化完全是另一种情况，需要最长的时间来实现，但是随后行为的持续可能需要最少的控制。对这些策略的使用的讨论超出了本书的范围。需要强调的是，对于集体中的行动者而言，每一种策略都需要制定参与规则。此外，必须设立实施规则的代理人与机构。

这些代理人被用来规范成员的行为与执行集体的规则。集体根据他们的业绩来奖赏他们。这些执行代理人的出现深化了行动者与集体之间的关系。这些代理人对个人资源具有管辖权，并代表集体的利益行动。虽然他们也被期望着保护和扩展个体行动者的资源，但他们最终的报酬来自对集体与公共资本的忠诚的证明。

随着资源缺乏的威胁的增加与集体规模的扩大，执行代理人在成员中的地位变得越发突出，因为集体的生存越来越依赖于代理人对规则的执行。整合行动者、共享资源和规则的一个重要方法是将职位（法人行动者）专门化，根据资源的类型和数量定义角色；执行规则；将行动者指派为职位的占据者。因此，行动者中等级制的出现，不仅是因为有差别的义务和报酬，而且因为成为执行代理人的机会与分配的执行代理人的职位不同。这些义务、报酬和机会组成了与占据的位置相对应的行动基础。

社会系统中张力的来源

由于篇幅的原因，我们不能进一步讨论法人（执行）行动者与自然行动者之间的关系问题、现实社会系统中的合法化与获利原则的正式化问题，以及对社会系统的忠诚并为其获利而与个体和法人行动者的私利之间的永久张力问题。但是我可以指出可以发展的社会系统中的张力的几个来源。最明显的一个来源是人力资本与公共资本之间的张力。由于基本的生存本能的驱动以及获取公共资本的成本较高，自然人更倾向努力获得人力资本。社会系统需要在为参与者提供机会来维持和获得适当数量的人力资本，与实施自己的意志来生产和维持公共资本之间寻求一个平衡。

张力的第二个来源是动员与团结之间的平衡。动员代表着在社会等级制中向上流动的机会，而团结需要与其他参与者对利益和资源共享情感与合法性。[①] 动员鼓励行动者脱离他们共享利益与

[①] 我将**团结**定义为一个集体的行动者对彼此的资源所表达的情感和合法性认同的程度。这个概念有些类似于赫克特（Hechter，1983）的定义。赫克特从理性选择的视角说明了群体的团结要出现，需要两个因素的存在：（a）由可替代的资源获取来源所决定的个体和群体之间的依赖关系；（b）群体监控个体行为的能力和领导能力。赫克特的著作是对将个体与义务和互惠，个体与不同的市场、权威和规范体系联系起来的互动的深入阐述，而科尔曼（1986a，1986b）只是涉及这些内容，但没有展开论述。赫克特所确定的第一个因素是对 Emerson 和 Cook 所提出的权力依赖理论（dependence-power theory）（Emerson，1962；Cook，Emerson，Gillmore，and Yamagishi，1983；Yamagishi，Gillmore，and Cook，1988）的一个直接应用。这个因素强调了个人中的网络运作的重要性和对个人有价值的资源问题。这可以从个人通过与多种多样的行动者互动来寻求资源最大化的基本观点中得到理解。但是我认为这个资源依赖或权力依赖观点不是团结的必要条件，对我来说，它更多地反映了成员之间增强和保护彼此或共享资源的相互情感和意向。第二个因素，群体领导的能力和监控能力，是隐藏在合法化过程背后的因素。

资源的社会圈子，以获得社会系统中更多或更好的资源。团结依赖于对共享相似资源与情感的他人的认同。过分强调动员会破坏社会认同与群体凝聚力。过分强调团结会打破结构的格局，引起潜在的阶级认同与阶级冲突。在二者之间保持平衡对于社会系统的存续是很重要的。

张力的来源还与系统的规模有关。规模增大的一个结果是减少了共享资源——相对于成员行动者的独特的资源数量。因此，与共享资源的共性相联系的价值在成员中降低了。这样会产生一个趋势，成员行动者将同群体中具有共同利益与价值的人形成子关系。子关系具有特别的利益，它会通过游说与集体竞争利益，形成有利于自身的规则，从而破坏系统所使用的关于共享资源特别是公共资源的分配规则的合法性。随着共享资源变得更加缺乏，如果不制止或解除这些竞争，可能导致忠诚的崩溃。忠诚会转移到系统内的群体或关系丛上，而不会维护整体结构，这将危及系统整体的认同与存续。因此，当结构的规模不断扩大，共享资源不断增多时，如何维持结构是一个开放的社会系统所无法逃避的问题（参见 Coleman，1986a，1986b 的同类讨论）。

结束语

我在这一章里提出了行动的两类理性原则——资源损失最小化与收益最大化，其中前者具有优先性。这个立场坚持行动的首要性与理性的可行性的理论观点，挑战了将经济学的利润最大化（乃至利润最优化）方法作为解释人类行动、互动与社会组织运转的唯一基础的做法。非经济的但是非常理性的计算，来自与人类生活的基本性质相联系的问题，如再生产与继承、产权以及对这些主权认可的需要——这些人类社会的任何理论不能忽视的问题，但是经济学的方法却忽视了。

对这些问题的考虑并不会把社会学降为心理学或文化人类学。对产权、认可、资源转移和继承的要求，很显然都是为社会性所驱动的。对社会生活与社会活动的描述只有在互动与网络运作的背景下才有意义。

不仅行动理性源于人类生活的固有性质,而且互动原则不能忽视个人的与社会的两种不同类型的资源。只考虑人力资本交易的模型永远不能解释行动者与社会结构之间的联系,因为社会网络与社会资本是微观—宏观连接的核心。除非社会资本被考虑进来,否则权力、依赖、团结、社会契约和多层体系的概念都是没有意义的。

这一章展示了关于行动与互动原则的几个简化的命题,如何以行动和互动为基础来解释社会结构的生成:一个社会的行动理论。我相信这里提出的命题与理论观点,为进一步分析社会制度与组织的形成和发展奠定了基石。例如,这些考虑可以扩展到多样化的社会契约与包含这些契约的等级制结构上——通过社会(认可)、政治(合法化)和经济(获利)规则的变量的方式将这些契约纳入进来。

一旦社会系统运作起来,它不可避免地会成为社会生活的支配因素。施加在个人身上的控制会日益增多。因此,当我们描述可以观察的社会系统时,我们必须将结构影响作为前提加以考虑。我同意汉南的观察(Hannan, 1992),组织表现出从个体行动中所无法预期、无法预测的特征。但是我相信,社会系统的**刚性**原则与指导个体行动和互动的原则是同源的。也即,损失最小化与收益最大化的原则、资源转移与继承规则,以及社会(公共的和共享的)资本比人力资本的优越性原则,在指导着制度与组织建立其权威、机会和社会文化结构的规则。正如首要群体的利益优先于个体行动者的利益,集体的利益也优先于个人的利益。正如对个体行动者而言认可优先于利益,在奖赏/惩罚规则中忠诚优先于绩效。虽然原则相似,但是集体相对于个人的优先性造就了个体行动与互动所不能解释的结构变量。

最后,一个讲得通的社会理论必须将个人与结构的因素整合起来。我认为为了提供既可以进行有效分析又可以进行有效描述的理论,如何全面地、协调地对待这两个因素,是社会学理论家必须接受的一个挑战。下一章我会继续沿着这一章所开始的理论线索,寻求对为什么认可而不是资源收益是交换的一个重要因素这一问题的解释。

第九章　声望与社会资本：社会交换的理性基础

这一章继续前一章所开始的关于行动与社会结构之间的对话。前面已经指出，集体中例行化的社会关系的多样性与复杂性越来越需要认可与合法化的规则，来承认人力资本（财产）的基本权利，同时明确说明提供资源的行动者的责任与义务。因此，认可也是个体行动者克服不平等交换的可能成本的一个重要过程。为什么社会地位较高、资源丰富的人会多次与社会地位较低、资源贫乏的人互动？这个过程是如何在互动层次上展开的还没有被阐释清楚。需要解释的是交换中的不平等交易的发生，给出资源比收到资源多的行动者也有报偿，这报偿为什么会与认可联系起来？这一章将关注这个问题。我先把合法化问题放在一边，将精力集中在认可的社会过程与它在交换中的重要性上——行动者与集体的基本要素之间重复互动的过程。

交换：社会性要素与经济性要素

交换是社会学分析的一个中心概念，可以定义为两个（或更多）行动者之间进行资源交易的一系列互动。根据这个定义，交换有两个核心要素：它要求行动者之间具有一定的关系；它导致了资源交易。因此交换具有社会性，因为关系可以视为互动（Simmel, 1950），在互动过程中一个行动者要考虑另一个（些）行动者的行动（Weber, 1947, pp. 111–115）。这个过程具有经济性，因为资源交易是一种典型的经济行动。因此，引起两个行动者之

第九章 声望与社会资本：社会交换的理性基础

间产生关系与进行资源交易的基本交换包含社会性要素与经济性要素。在这里将交换的**关系**方面称为**社会交换**，**交易**方面称为**经济交换**是很有用的。

由于交换的社会要素与经济要素通常是同时出现的，因此这二者的区分在研究文献中经常很模糊。使用**社会交换**一词是特别准确的，因为社会交换比社会互动更能反映出交换中所包含的资源交易要素。由于这个词很常用，那些在理论或研究图式中只关注其中一个要素的学者也使用社会交换这个概念。

在关于社会交换的论文中，最先关注经济要素的是韦伯。韦伯指出了行动的四种类型（目标取向、价值取向、情感行动和传统行动），他集中分析了建立在对实现目标的手段进行计算的基础上的工具理性（或有理性的目标取向）行动（Weber, 1968, p.25）。价值取向的行动是由对一些价值（本身即目的），即伦理的、审美的、宗教的或其他不计后果的行为形式，有意识的信仰所决定的。这两种类型的行动都是建立在有意识的比较与选择基础上的——也即理性基础之上（Misztal, 1996, p.54）。这样，交换的交易方面进入了行动理性之中。

乔治·霍曼斯（George Homans, 1958）清楚、有力地说明了这条线上的观点，他明确地陈述了立场："人们之间的互动是一种商品、物质与非物质的交换。交换理论的一个附带优势是它可能使社会学与经济学——人类最先进、应用性最强和在学术界最孤立的科学——靠得更近"（p.597）。霍曼斯认为，社会行为或交换[1]关注行动者在交易中的收益（价值）与成本；"社会学的基本问题是陈述将每一个人的收益和成本的变化与各种行为的频数分布联系起来的命题，对一个人而言，在各种行为中这些变量所决定的收益（在数学的意义上）也部分地决定着另一个人的收益"（p.598）。因此，两个行动者在持续的互动或关系中的利益——在

---

[1] 霍曼斯将社会行为视为"至少两个人之间的有形的或无形的、或多或少有报偿的或有代价的交换活动"（Homans, 1958, 1961, p.13）。

每一次交易中每人的相对效用或报偿——是相依的。随着相对报偿（边际效用）的递减，关系中的利益也相应地减少。因此霍曼斯的观点是符合逻辑的——"一旦每一个原则所适应的特殊条件被考虑进去，基本的经济学原则与基本的社会行为原则是完全一致的"（Homans，1961，p. 68）。

布劳（Blau，1964）有关交换的著作也强调了这一点。虽然他承认社会交换可能源于社会吸引——一种外生的原始的心理倾向[1]，但他主要关注的是交换中的交易与权力分配之间的联系。在与另一个行动者的交换中，如果行动者（自我）不愿意或不能进行等价的互惠[2]交易，那么自我维持与他人的关系的一个选择是服从他人的意愿——权力关系的产生（Blau，1964，p. 22）。对权力的集体赞同赋予权威合法性，这是社会组织的基础。因此，在布劳的理论图式中，交易的类型规定着关系的类型，这个基本的微观结构过程引起了——尽管不必然解释了——更复杂的宏观结构（组织）过程。

科尔曼（Coleman，1990）在其社会行动理论中将分析继续向前推进，他指出社会交换是对资源（事件）有不同的利益与控制的行动者彼此（通过他们控制的资源的相对价值或权力）谈判的一个手段，以使他们对有利害关系的资源的控制最大化（一个新的均衡）（pp. 134–135）。这个交换与权力之间的机制似乎非常类似于布劳的图式，但是科尔曼关注的是行动者在这个过程中的收益（对所需要的资源的控制）最大化。

到目前为止，社会学对交换过程的解释似乎已经实现了霍曼

---

[1] "支配着人类之间进行交往的基本社会过程植根于原始的心理过程，如那些引起个人之间的相互吸引的感情和对各种奖赏的欲求的心理过程。这些心理倾向就我们所讨论的主题而言是原始的，也即它们是预先给定的，不需要进一步寻找激发它们产生的因素，因为我们关心的是源于它们的社会力量"（Blau 1964，p. 19）。

[2] 在这里以及许多其他社会学著作中，互惠表示均衡交换或者等价（如价格或货币）交易。这个互动的要求超出了韦伯最初关于社会行动的定义。在那里，互惠并不要求交换达到均衡。

第九章 声望与社会资本：社会交换的理性基础

斯的预言或设计：社会学正在靠近经济学将理性选择置于经济行为的中心地位的立场。也即，假定在市场中可以进行选择，一个行动者将会选择能使他或她的利润最大化的交易（例如，以较少的成本换取较多的报酬）。新古典经济学家已经认识到这种逐利理论的某些假定在现实中不可能被满足（完备市场、完全信息和开放竞争），开始具体阐述可能节制逐利行为的条件或制度（有限理性、交易成本）（参见 Williamson, 1975; Coase, 1984; North, 1990）。很多相同的观点与条件已经被称为新制度主义或经济社会学的社会学家所采用，他们用来分析组织行为、权力关系、制度以及社会网与社会交换。

然而，交换中的**关系**的重要性依然没有被忽视。人类学家从很早就开始注意到交换的关系方面，指出很多类型的交换并不是建立在经济或理性计算基础上的。例如，拉德克利夫-布朗（Radcliffe-Brown, 1952）将安达曼群岛上的交换描述为"一个道德的交换——给参与交换的两个人带来友好的感情"（p. 471）。马林诺斯基（Malinowski, 1922）在分析特罗布里恩群岛的库拉交换时，指出了经济交换与社会交换之间的巨大区别，"（交换的）真正报酬在于他的位置赋予他的声望、权力和特权"（p. 61）。列维—斯特劳斯（Levi-Strauss, 1949）在论证自己的观点时列举了莫斯、弗思和其他人类学家的研究，指出包括经济交换在内的交换是"另一个秩序世界（realities of another order）的媒介与工具：影响、权力、同情、地位、情感"，"是交换本身而不是交换物真正地具有意义"（Levi-Strauss, 1969, p. 139）。例如，礼物是在行动者之间进行交换的，在圣诞节时给自己买一个礼物是毫无意义的（Ekeh, 1974, p. 47）。

在社会学家中，孔德（Comte, 1848）提出个人的考虑要服从社会的考虑，涂尔干驳斥了斯宾塞关于社会群体发展的经济学假定。这些学者都没有否定社会交换中含有经济交换，但是他们也强调了社会交换的超个人性（Levi-Strauss, 1969）与超经济性（Radcliffe-Brown, 1952）以及关系的重要性。每一种图式都论证到，社会交换的关系取向表现在具体的行动者的交换承诺中而不是在交易的具体资源的功用上。

如何协调交换的这两个视角？可以采取以下几种立场。其一，完全不考虑关系的重要性，因为任何特定的关系都服务于利润最大化或最优化的决策选择。当关系能够在交易中产生利润的时候，它可以被维持；如果不能，它会被抛弃。但是大多数新古典经济学家和他们的社会学同行采取了一种调和的立场，将关系视为不完备市场与不完全竞争信息条件下所必须付出的"交易成本"或"计算性信任"（calculative trust）（Williamson，1985，1993）。这个修正的立场承认关系的存在，但明确地将其置于交易成本的分析框架之内。

其二，那些关系倾向的学者认为关系是必要的、重要的，因为并不是所有的行为与互动都是理性的。这个观点承认经济行为遵循着理性选择原则，但指出并不是所有的行为都是经济的、理性的。社会吸引和依恋是原始的生存本能，而不是对选择的收益与损失计算的结果。这里的问题是，理性选择被视为自然的倾向：奖赏或强化引起了行动与互动，导致了适者生存。意识或无意识是不重要的，因为这个原则既适用于鸽子，又适用于人类（Homans，1961，p.80）。进一步向前推进这个分析就会出现问题，为什么一些本能是理性的而另一些却不是。

还有一种观点承认理性有时候隐含地而不是明显地适用于社会交换，但这种理性是理性原则而不是个人的逐利动机。因为人类在互动与交换中要考虑彼此的利益，所以关系的维持可能是为了适应这个理性。沿着这条推理线索有很多子观点。有两种观点似乎在文献中很流行。一种观点认为社会赞同、尊敬、喜爱、吸引，诸如此类是交换的重要动机。在交易明显地不均衡的交换中，对"吃亏"一方的回报可能是另一方的赞同、尊敬、喜爱或吸引。在这种情况下，这些符号性的报酬而不是通常与经济交换相联系的物质性报酬（与一般化的媒介——货币）成为有意义的报酬。然而，对于霍曼斯、布劳和科尔曼而言，这些报酬只是种类上的差别,而不是本质的不同。无论是物质的还是符号的,只要它们代表着价值(或利润或利益),就都属于理性计算部分。此外,社会交换的理论并不关心这些价值是如何发展而来的。

另一个子观点是,人类需要信任(Luhmann,1979;Barber,1983;Misztal,1996)。**信任**可以定义为对他人在交换中会考虑到自我的利益的信心或期待。它代表着对一个事件或行动将会发生或不会发生的信念,这种信念是在重复的交换中被相互期待的。它是对道德的信念,米茨塔尔(Misztal,1996)认为信任履行着三个功能:它促进了社会稳定(作为惯习)、社会凝聚(友谊)与合作。换言之,它的目的是维持一个群体或社区的存在与持续。涂尔干(Durkheim,1973)指出,义务与利他主义的感情以及限制自我行为的道德压力是团结的基础。"不接受、不相互做出牺牲,不彼此尽力地维持牢固的、持久的纽带,人类不能生活在一起"(Durkheim,1964,p.228)。涂尔干坚信社会生活中道德要素的存在,这可能需要行动者在报酬的质量和/或数量上做出牺牲。

如果团结与共同体是人类生存的基本要素,为什么它们不能建立在理性选择或经济行为的基础上?齐美尔试着作出回答,他认为交换涉"对回报收益的牺牲"(Simmel,1971,p.51),"交换的功能之一是在人们之间创造内在纽带——形成一个社会,而不只是个人的集合"(Simmel,1978,p.175)。他补充道,"人们之间没有通常的信任,社会本身将会瓦解,因为非常少的关系是建立在对另一个人完全了解的基础上的,如果信任不与理性的证据或者个人的观察一样强或更强,很少的关系会持久下去"(Simmel,1978,pp.178-179)。复杂社会的运行依赖于很多的承诺、契约和安排。因为"单一的个人根本不能追溯与证明自己的历史",我们必须"信以为真"(Simmel,1950,p.313)。**忠诚**指"与另一个人保持关系"(Simmel,1950,p.387)的感情。帕森斯清晰地论证了复杂的现代社会对互动与信任规则的需要。他提出,信任是为集体目标与社会整合的实现提供合法化权力的基础(Parsons,1963)。赫克特(Hechter,1983)在分析群体团结时也论述了集体的理性基础。

卢曼（Luhmann，1988）进一步阐述了帕森斯的媒介理论与符号一般化的概念。信任被视为沟通的一个一般化的媒介（其他的是爱、货币和权力），它为行动者提供了"在主体间通过选择或短或长的链条来传递行动"的能力，从而降低了个体行动者所面对的世界的复杂性（Luhmann，1979，p.49）。但是米茨塔尔指出，"卢曼并没有直接论述信任的功能如何有助于解释信任的实际形成问题"（Misztal，1996，p.74）。

信任的解释基础是复杂社会中的个人对规则的依靠的需要，这些规则被很多人所接受并且指导着人际的、非个人间的交换，也就是制度。没有这些达成共识的规则与对它们的信任，社会将会停止运行。但是霍曼斯提醒我们，"制度是规范很多人的行为的明确的规则，它被遵守的原因是由此可以获得奖赏，但不是原始性奖赏，但这些其他的奖赏不能独自地起作用。原始性奖赏迟早要被提供。制度不能永远保持自己的势头"（Homans，1961，pp.382-383）。霍曼斯用**原始性奖赏**来指代个体对利润的基本需要。米茨塔尔表示同意，"在帕森斯的理论中，信任作为单一的解释手段的重要性显然被扩大了。用信任的概念来代替熟悉、遵从与符号化的合法化的做法是不可行的，因为它并不能给我们提供一个有效的工具来分析社会现实"（Misztal，1996，p.72）。按照威廉姆森（Williamson，1985）的观点，除非合作也符合自我的动机，否则合作将会不稳定。这意味着一个建立在信任而不是有根基的自我利益基础上的社会秩序是难以预测的、不稳定的；由于这个原因，信任并不总是起作用的。

总之，当交易理性被提出来——似乎是令人满意的，没有观点再为交换中关系的重要性进行辩护。这一章的剩余部分我要论述的是交换中关系的重要性的另一种尝试。我的论述从理论前提开始——理性应该用作理论发展的基础。理性不是与无意识行为相对的有意识行为。它不依靠一些规范或制度，这些是后来才出现的。它也不是建立在对长时期内最终的交易均衡的期待的基础之上（如重复的交易将会使收益与损失之间出现均衡）（参见霍曼斯对这些将基本的社会行为视为理性的观点的驳斥，Homans，1961，pp. 80-81）。这里简单地说，交换是一个涉及两个行动者的过程，他们的行动建立在对收益与损失的计算以及对进行关系还是进行交易的选择的基础之上。只要做过计算与选择，这个过程就被认为是理性的。此外，我假定这些计算和选择是建立在自我利益的基础之上的。这个假定没有排除对集体利益的考虑。我假定的是只有当集体利益嵌入到自我利益之中时，集体利益才会被考虑；如果集体利益实现了，自我也会有收益。我没有假定排除自我利益的集体利益在驱动着计算和选择。

交易理性与关系理性

关键的要素是最终的报偿：维持或中断关系和/或交易的各种报酬或资源。对人类而言，社会结构中存在两类最终的（或原始的）报酬：经济地位和社会地位。[1] 经济地位是建立在财富（商品和它们的符号价值表示，如货币）的积累和分配基础上的，社会地位是建立在声望（由社会网和集体的认可程度来表示）的积累和分配基础上的。[2] 每一种地位都反映了个体相对于结构中的其他人在支配相关"资本"上的等级。财富是以货币为价值表示形式的商品的价值的函数计算；声望是以认可为价值表示形式的社会网中的公共意识的价值的函数计算。财富是经济资本的象征，因为商品和它们的价值表示物可以用来投资产生某种回报。同样，声望代表着社会资本，因为社会网和它们的价值表示物也可以被

---

[1] 第三种报酬——政治地位（或权力）也很重要，但可能不是与其他两种报酬一样原始。权力或合法化的过程，反映了维持或获得其他两种原始报酬的过程。财富、声望和权力（合法化）之间的关系出现在前一章和本章的讨论中。

[2] 社会地位的指标通常包括地位（对位置而言）和声望（prestige）（对占据者而言）（参见第三章表3-1）。我采用更一般的词——声望（reputation），来作为他人给予行动者的整体的尊敬，以囊括这两者。

动员起来产生某种回报。行动者在工具性和情感性行动中可以通过声望来动员他人的支持。通过社会关系进行资源动员的能力或者说社会资本，使社会关系的获得成为个体行动者参与交换的强烈动机。经济地位和社会地位都提高了个体在结构中的权力和影响（对其他成员而言），也有利于个体的心理健康和身体健康。

经济地位和社会地位是互补的，因为前者需要社会对它的符号价值（货币）进行合法化和强制推行，后者的声望维持是建立在群体的经济福利（或者网络中的嵌入性资源）基础之上的。没有社会的强制，经济地位会坍塌；没有集体财富，社会地位也是没有意义的。但是在交换中，可以将获取每一种地位的动机视为独立的。可以通过交换获取经济资本（通过交易获得资源）或社会资本（通过社会关系获得资源）。

因此，交易理性驱动着行动者对交换中的交易收益和成本进行计算，而关系理性推动着行动者对关系收益和成本进行计算。交易理性将关系理性视为交易收益—损失计算的一部分，关系理性将交易理性视为关系成本—收益计算的一部分。关系理性即使在交易不是最优化的情况下，也会维持和促进关系。而交易理性即使在必须中断某种关系的情况下，也会致力于交易结果的最优化。虽然这两种理性在大多数交换中都会被行动者付诸实践，但是在一个特定的时间内的特定社会中，制度更有利于其中的一种理性，对这一种类型的资本（经济的或社会的）的相对优点存在道德判断。下面我会阐述这些观点。

对关系理性的阐述

由于自然法则与自然本能的存在，似乎凭直觉就可以理解交易理性的观点——在交易中对成本与收益的计算以及通过交易来维持与积累资源。此外，可以在一般化的媒介——货币的大量帮助下对它进行计算（Simmel, 1978）。收益与损失可以计算，贷款与借款可以很容易地记录下来。尽管科尔曼（Coleman, 1990）指

第九章　声望与社会资本：社会交换的理性基础

出社会信用（或信用传票）也是社会资本的中心概念，但是关系理性的计算并不是那么容易和清楚。在经济交换中，并不是每一时段的商品贸易都是对称的或均衡的。不均衡的交易产生了经济的借贷关系。但是我们假定，在一个长时期内——但必须在一个有限的时间框架内，重复交易会实现借贷的均衡。

在社会交换中关系的持久是很重要的，短时段的交易不必然是对称的或者均衡的。即使在一个有限的时间框架内的重复交易中，交易的均衡也不是必需的。维持伙伴关系的关键要素是社会信用（与社会债务）。在即使是长时期内交易也不对称的持久关系中，行动者是在涉入一个更大的贷方—借方关系——一个行动者在不均衡的交易中给予另一个行动者恩惠。这样借方获益了，但是为什么贷方愿意维持关系而蒙受损失？可以认为贷方行动者在维持关系中获得了社会资本。这是如何发生的？贷方可能会要求（或威胁）借方偿还债务。但是只要贷方不做出这样的要求，借方就要永远地欠贷方的情。为了能够与贷方维持关系，借方要采取社会行动降低贷方的关系成本（或提高交换的效用）。也即，借方应该通过他或她的社会关系向其他人宣传他或她对自己的恩惠——这是对借贷交易的社会认可或者是赋予贷方的社会信用。**宣传恩惠**或**社会认可**是借方维持与贷方关系的必要行动。这会使贷方在更大的社会网或社区中变得更加引人注目，从而提高了行动者通常的声望意识——为了维持社区中另一个行动者的福利，行动者愿意承受交易损失。社会债务越多，借方为传播（认可）恩惠而付出的努力越大。从贷方的视角来看，不均衡的交易促进了借贷关系的发展与认可的产生。

而且，当关于不同种类商品的不均衡交易在两个行动者之间发生时，如果他们都变成贷方与借方（彼此给予不同的恩惠），也可以维持关系。这样每个人都被期望着在各自的社会圈子里宣传对方给予的恩惠，从而促进人们对于对方的认可。交易是维持与促进社会关系的手段，制造了社会的信贷，并积累了社会认可。

在大众社会，随着作为传播手段的公共媒体的使用，认可的传播加速了。大众社会的公共认可使认可成为像货币一样的公共物品。公共认可可以采取不同的形式，包括荣誉性的宴会与证书、尊称、荣誉奖章、不同的奖品、服务合格证和各种仪式，其中都没有涉及物质性的经济报偿。因此认可能超越特定的社会网，而像货币一样成为社会群体中普遍流通的财产。

因此，声望可以定义为下列因素的函数：（1）贷方维持不平等交易的能力（人力资本与社会资本）；（2）持久的借贷关系；（3）借方通过他或她的社会网（认可）来承认关系的意愿与能力；（4）传递和传播认可的社会网（与普遍化的网络——大众网络）的规模。① 因此，声望是得到的认可的总和。它是一个人在一个社会群体中得到认可的程度的函数。一个群体的集体声望可以定义为，群体中有声望的行动者的数量和认可被其他群体中熟悉这个群体的成员所共享的程度。因此，行动者在社会网与社会群体中的声望促进了社会群体的集体声望。

社会信用、认可和声望都是建立在关系与结构基础上的效用函数。社会关系不持久，这些收益就会消失。因此，行动者参与并维持持久的关系是理性的，这些关系使社会信用与社会债务保持意义，并促进了认可的发生。某些行动者的声望越高，享有高声望的行动者越多，群体的声望提升得越快。与很多有声望的群体相联系，也会提高一个行动者自身的声望。因此，群体的声望与群体激励——使个体成员参与持久的、持续的社会交换，使个体认同群体（群体认同与群体团结）——之间存在关联。同样地，群体的声望与个体行动者在群体中的声望推动着行动者继续参与交换，保持自己贷方的身份。声望与群体团结提高了资源的共

---

① 另一个要素，网络的紧密度或行动者之间的关系强度，可能也出现在声望公式中。但是它们之间的关联不必然是线性的［或者是正向的（网越密，认可越可能传播），或者是负向的（网越松，越可能传播）］，因为有时候谣言确实在不那么紧密的网络中得到迅速的传播（Burt，1998b），可能是因为有很多的桥梁可以利用的缘故。由于这个关联的不确定性，我把它排除在外。如果有关联的话，可以通过进一步的研究来确定关联的真正形式。

第九章 声望与社会资本：社会交换的理性基础

享——公共资本的制造与维持。同时，声望与群体团结为不平等交易、社会借贷关系和行动者的社会资本提供了积极的反馈与强化。

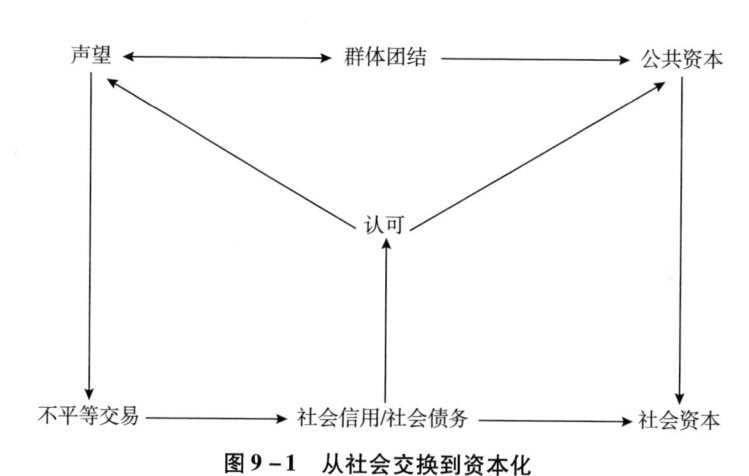

```
     声望 ←——————→ 群体团结 ——————→ 公共资本
       ↑↘            ↑               ↗ ↑
         ↘           |              ↗
           ↘         认可          ↗
             ↘       ↑          ↗
               ↘     |        ↗
                 ↓   |      ↓
     不平等交易 ——→ 社会信用/社会债务 ——→ 社会资本
```

图 9-1　从社会交换到资本化

图 9-1 描绘了我设想的微观层次的交换与宏观层次的声望和群体团结之间的过程。为方便起见，我们先从交换过程开始叙述。交易导致了社会的贷方—借方关系的出现。然后这些贷方—借方关系推动了认可在社会网中的传播，并最终创造了强化群体团结与鼓励公共资本的一般化声望。通过声望和群体团结，社会的贷方与借方获得了社会资本（嵌入在社会网中的强关系与丰富资源），他们参与交换的义务也被增强了。因此，社会网络运作，这一交换与资本化之间的一个基本要素促进了微观层次与宏观层次之间的互动。

一个群体可以通过招募已经在社会中建立起声望的行动者的方式，来提高集体的团结和声望。群体通过赋予特定的行动者以认可，期望这些行动者能够认同群体，并准备在今后与群体的其他成员进行交换。在这个过程中，声望与认可不是微观层次交换的结果，而是在它们之前就出现了。虽然这些被给予认可与声望的行动者在以前可能不是这个群体的成员的交换伙伴，但是他们如果接受了这些认可和增加的声望，在将来就有义务进行交换。

在这个意义上，微观层次的交换与更宏观层次的认可和声望最终是互为因果关系的。

总　结

总之，这两种理性的一些显著特征如表 9-1 所示。为了形成鲜明的对比，我们对二者做一个比较。在典型的经济交换的分析中所涉及的交易理性，其目的是获得**经济资本（通过交易获得资源）**；关注点在交换的交易方面——资源是以价格和货币的形式进行交易的，有时候是通过中介交易的。交换的效用是使交易利润最优化。理性选择是建立在对具有不同的交易收益与成本的各种关系的分析基础之上。在这个基础上，存在两个交换参与规则。首先，如果与某一个人保持关系可以产生相对收益，那么会做出维持关系、进行进一步的交易的决策。如果关系不能产生相对收益，那么又有两个决策选择：（1）再寻找一个可以产生相对收益的关系；（2）维持关系，承受或降低交易成本。要在这两个选择之间进行决策，就要对新的替代关系可能产生的收益与维持当前关系可能要付出的或可能降低的交易成本进行权衡。经济交换的关键分析关注短暂性或重复性交易中的对称交易。

交易理性可以视为新达尔文主义理论在交换中的应用——最适合的个体生存下来。在交易中寻找能使自我的资源收益最优化的伙伴是一种本能。自我寻找关系的能力——使交易收益相对高或呈正向，交易成本相对低或不存在——正是由这个本能产生的。行动者对他人的承诺往往是短暂性的与短期的，并且希望交易能够公平（更多的收益与更少的成本）。伙伴关系对于交易要求来讲是临时性的，但为了降低交易成本，使关系的持续合法化，伙伴关系可以通过契约规则变得固定。因此，交易理性遵循自然法则与自然选择理性。从重复的交易中得益更多的行动者，不仅使自身富裕起来，而且共同创造了一个富有的集体。这就是交易理性中"看不见的手"的作用的观点。

表 9-1　经济交换理性与社会交换理性

要素	经济交换	社会交换
交换的关注点	交易	关系
效用（最优化）	交易中相对成本的收益（付出成本的交易）	关系中相对成本的收益（付出成本的关系）
理性选择	可供选择的关系 交易成本与降低交易成本	可供选择的交易 关系成本与降低关系成本
短暂性报偿	货币（经济信用、经济债务）	认可（社会信用、社会债务）
一般化报偿	财富（经济地位）	声望（社会地位）
解释逻辑	自然法则 行动者的生存 收益最优化	人类法则 群体的生存 损失最小化

社会交换所涉及的关系理性关注的是交换的关系方面——关系的维持与发展，通常是通过认可（或对另一个行动者会传播它的期待）的中介作用实现的。参与社会交换的动机是**通过网络与群体的认可来获得声望**；交换的效用是使关系收益（社会关系的维持）最优化——也是一个收益与成本的分析。在这个基础上，也存在两个交换参与规则。其一，如果某一个交易促进了一个关系的持续和认可的传播，那么这个交易会继续。其二，如果交易不能促进关系的持续，那么面临两个选择：（1）寻找新的交易（为了诱使和鼓励认可，将会在交易中提高恩惠）；（2）维持交易，承受或降低关系成本（在认可中没有收益或降低收益）。决策又是一个权衡的过程——在找到一个可替代交易的相对可能性与相对的关系成本之间进行权衡。

持久的关系有助于通过社会联系来扩展与传播对一个人的认可。持久关系的增多可以提高传播认可的可能性。为了促进对认可的传播，维持和发展持久关系是至关重要的。只有当个体对某一个行动者共享与传播情感的网络或群体持续下去，社会地位才会有意义。因此，直接和间接的社会联系越多，认可和声望的影响越大。个体依靠社会圈子的存在、持续与不断扩大的性质来维持和提高他们的社会地位。如果个体是社会网和群体的参与者，即使他们的社会地位很低也可以从交易中获益。

交易理性通过个人资本增强集体资本的过程是不可见的，但是它依赖于一般化的媒介货币——每次交易都需要有凭证（documentation）的一种可见化形式的资本。关系理性也通过个人资本增强了集体资本；成员拥有的声望越多，群体的地位越高。这依赖于具有更少可见性的媒介：认可或在一个社会群体中对一个行动者的情感的传播。正是这只看不见的手在驱动着社会关系和群体团结持续下去。

当交换伙伴满足了彼此对交易效用的要求，他们之间可以进行交换时，交易理性可以在个体基础上存在。关系理性依赖于群体和群体成员的存在。嵌入在社会网中的资源越多，关系越强，集体从群体中获益越多，群体中每一行动者的相对收益也越大。

关系理性是建立在最适群体——成员之间具有持久的关系——生存原则的基础之上的。虽然动物本能也能够对家庭与家族成员表现出关系理性，但只有人类能够对超越亲属与家族标准而建立起来的群体团结表现出扩展的和一般化的关系理性。人类表现出以一个合理的交易成本来维持持久的与有利的关系的兴趣和能力。因此，交易理性是一种人类法则，它建立在人类的选择理性基础之上。

进一步分析

本章剩下的部分用来进一步澄清一些问题。第一，为什么本书中使用的是**声望**一词，而不是其他的词，如**社会赞同**、**社会吸引**，特别是**相互认可**或**社会信用**？第二，为什么一个社区或社会更关注一种类型的理性（交易理性或关系理性）？一种理性（交易理性）压倒另一种理性（关系理性）是历史趋势吗？第三，是什么因素打破了这个交换—集体团结的连结？第四，社会资本与经济资本是一个单一维度上支配着选择的两个极点吗？

作为个人资本与集体资本的声望

到目前为止，关于社会地位的观点，如声望或社会资本，似乎与其他类似的观点没有什么不同。信用意味着在以后的交换中可以欠下债务。皮佐诺（Pizzorno，1991）认为，相互认可促进了自我保存。为了保存自己要付出代价，对他人的保存予以认可，才可能导致他人对自己保存权利的认可。这个原则与刚刚提到的观点是一致的。然而，把相互认可作为交换的动机或理由存在一个问题——相互性意味着行动的互惠性、对称性和行动者的等级地位的平等。这些行动和互动导致群体中成员关系的凝聚性与同质性——成员之间没有分化的群体团结。但是我前面已经指出，为了报答以前交易中所受到的恩惠，或者在短暂性的行动和反应中，认可都可能是非对称性的。其他的概念，如**社会赞同**与**社会吸引**，也存在类似的问题。这里需要讨论的是是否应该往前推进一步：承认关系中的不平等交易是可能发生的，这些不平等交易形成了行动者在群体中的不同社会地位（声望）的基础。

认可为他人（贷方）对资源的索取提供了合法性。随着认可在社会网中的积累与传播的增加，我们需要一个更一般化的概念，来涵盖行动者在社会群体或社区中所获得的一次次的认可的集合。这里**声望**（reputation）是一个选择，因为它可以表达财产被群体或个体拥有并在其中形成分化的概念。群体可以建立、维持或失去声望。同样，群体中的个体也可以获得不同的声望或招致坏名声。因此，像经济交换中的财富一样，声望既是个人财产又是集体财产。**声望**（prestige）和**尊敬**两个概念似乎也能涵盖财产的意思。但是在文献中，声望（prestige）已经用来指代等级制结构中的等级位置（如职业声望）。尊敬被广泛地用在社会过程或心理过程中（如自尊）。

应该注意的是，经济学家使用声望来说明经济解释的失败（如市场失效或不完全信息市场）。声望作为隐含变量，用来解释信息投资或信号的使用（Klein and Leffler, 1981）、质量（Allen, 1984）、纪律（Diamond, 1989）和承诺（Kreps and Wilson）。这些因素在进行交易的行动者之间传播，是为了降低道德风险或交易成本（Williamson, 1985），甚至是为了提高价格（Klein and Leffler, 1981）与盈利［参见 Zhou（1999）对这些解释的评论］。尽管格默（Grief, 1989）提出声望可以在联盟内建立和维持，但是经济学家几乎不关心、不讨论声望的社会性或集体性。由于不重视声望的社会性，这个术语降为一个无法观察的概念，用来解释市场失效等无法预期的经济现象。

在目前的争论中，声望被理解为网络财产（可以参见 Burt, 1998b 中相类似的观点）。声望建立在交易与借贷关系的过程，以及社会网络与大众网络中的认可与传播行动的基础之上（参见图 9-1）。它增强了某些行动者索取资源与地位的合法性，同时为行动者之间的进一步交换和不平等交易提供了刺激，增加了他们的社会资本。它也提高了群体或集体的声望，促进了集体团结和公共资本的建立。我不排除还存在解释声望的其他途径；但是刚才的论述提供了一个很清晰的思路，成功地解释了声望的建立及效用。

理性的制度化

如果交易理性遵循新达尔文主义理论与自然法则，可以推导出自然选择过程最终将有利于交易理性而不是关系理性。很多例子和研究，特别是对古代社会或原始社会进行观察和收集数据的人类学研究，的确证明了关系在交换中的重要性。也有人提出，对人际关系的强调反映了同质性大、技术不发达、工业化水平低的共同体的性质，在那里仪式、承继和情绪界定着交换。当社会的技术水平与工业化程度得到提高，技能、知识和生产变得更加多样化以后，劳动分工需要对资源进行更加理性的分配，资源交易理性的重要性在交换中不断增长。有人甚至认为，在今天，经济交换的关系意义只是代表了过去的剩余影响。随着选择性过程的继续拓展，关系的重要性最终将被交易的重要性超越和取代。交换关系的分析只适合某些社会的现象，如中国情境中的**关系**（*guanxi*；Lin），或者俄国情境中的**拉关系**（blat；Ledeneva，1998）。

这个观点是自相矛盾的，因为如果说交易理性是自然法则，你将会发现在更原始或更古老的共同体中的交换更接近于自然本能。霍曼斯（Homans，1961）的确看到了更复杂社会的发展，他用不断增加的制度来解释为什么更加"原始"的社会行为（与交换）正在减少。但是这些"亚制度"仍然很强大，除非它们与新制度和"好的管理"相兼容，否则二者之间会发生冲突，亚制度会破坏新制度。因此，现代社会与它的很多制度是交易理性和关系理性的敌人。

此外，这个论点并不为事实所支持。在当代社会中，如中国、日本、北意大利和很多东亚社会，甚至在很发达、经济竞争很激烈的社会中，如美国、英国、德国和法国，即使在经济交易中关系仍然是一个很重要的因素。证据显示，关系在交换中不仅存在，而且在多样化的当代社会中很兴盛（Lin，1989）。

如果没有逻辑根据或证据支持关系理性与交易理性得到发展的观点，如何解释一种理性对另一种理性的支配？我认为，一种理性的支配作为意识形态，反映了一个社会为了生存而使用自己的历史经验作为数据的程式化的解释。当理论化的解释嵌入在制度之中时，它也就变成了"真理"（Lin）。

不难用文献证明，在一些社会中，生存和延续是由于财富的发展。财富及其发展的理论支配着交易理性的制度化，因为它描绘了个人财富与集体财富的建立。竞争、开放市场（与在交易中对关系的自由选择）和降低交易成本的思想支配着分析假定与组织化原则。在其他社会中，生存和延续是由于社会团结的发展。群体情感理论支配着关系理性的制度化，因为它描绘了集体团结的建立与个人的忠诚。合作、网络运作和维持关系，甚至以交易为代价的思想，支配着分析假定与组织原则。

一旦一种理性成为占支配地位的意识形态，它就会发展制度来实施与操作化这种理性原则，来强化具体的个体行动与集体行动。此外，它的解释图式会将另一种理性视为非理性、噪声或限制因素。

制度规则与主流意识形态的支配地位，随着历史经验的起伏而消长。自19世纪以来，英美的工业化、技术创新和议会民主经验，已经明显地被作为主流意识形态的解释而理论化。财富集聚和增长占据着政治战略和学术分析的中心舞台。社会交换成为交易的市场。任何牺牲交易收益的关系的发生都被归结为缺乏信息的不完全市场的作用，由于这些不完全性，社会组织和社会网成为必要的限制因素。因此，它们被认为是交易成本，在分析上都以此来看待它们。

另一方面，在很多社会与共同体中，维持社会关系被视为对他人的道德、伦理和义务的高级法则的表达和实践，例如中国人对关系的重视。一个行动者的社会声望和社会地位是最重要的。声望与脸面是政治战略和学术分析的核心概念，交易在交换中只处于第二位。为了交易收益而牺牲关系的做法被视为一种低级理性——被认为是不道德的、无人性的、没有伦理的甚或兽性的。

误识与坏声望

交换、关系、认可和声望的故障可能发生在从交换到资本化过程的每一个环节。如果交易中给予的恩惠不被认可，故障可能在交换层次上就产生了。当借贷关系不被认可的时候，继续交换的唯一基础是交易效用，这种情况下关系与伙伴在选择考虑中处于第二位。当交易成本超过收益时，维持关系的刺激就不复存在了。

当恩惠被认可的时候，如果认可贷方的网络资源不丰富，贷方仍然可能从关系中解脱出来。对时装设计师或学者而言，在搬运工中获得认可是没有意义的。在不适当的网络或群体中被认可，对于贷方来说可能是没有用的，甚至是不受欢迎的。在一本三流杂志上发表的一篇对一位学者的建议予以接受的文章,将不会提高这位学者的声望,如果这种情况出现在油印杂志上,甚至会损坏这个学者的声望。此外,如果认可不能充分反映所接受恩惠的大小,关系也可能中断。例如,如果有人帮助你进行了全部的数据收集与分析工作,而你只是在文章的脚注中提出感谢,你就很难再得到人家的帮助。

如果借方认为贷方提供的恩惠没有满足自己的预期,也可能发生负面认可。在网络中"说坏话"可以导致负面认可和坏的声望(坏名声)。在这种情况下贷方可以决定,是在将来的交易中增加恩惠来扭转认可的方向,还是避开将来的交易。这个决策是一个权衡的过程,贷方要在关系收益(或认可收益)与增加的交易成本之间进行权衡,或者在与借方甚至是这个网络脱离关系的代价与有一个坏声望但是保留在资源丰富的群体中这二者之间进行权衡。

类似的考虑也适合借方或群体方面。为什么贷方会拒绝与借方进行进一步的交换?是因为借方获得交易收益的同时还说贷方的坏话,还是因为只充当借方而从来没有考虑给予对方恩惠?一个群体的团结什么时候开始出现破裂?如果群体团结确实部分地建立在群体成员的声望范围与群体重要人物的声望范围的基础之上,那么是群体的规模、借方与贷方的相对数量,还是这二者的一个函数会导致群体团结的削弱?

简而言之,虽然这一章关注的是交换的正面效用的过程,但是关于社会交换过程的很多阻碍因素也需要被研究。这些研究对于社会交换理论是相当重要的。

社会资本与经济资本之间的互补性以及对二者的选择

前面很程式化的观点指出,经济地位与社会地位都是有意义的生存标准,它们组成了理性选择的基础。为了不让人误以为这两种理性处在一个连续统上的两极,是相互排斥的(一个只能二选一的命题),我要忙不迭加上一句,没有理论的或经验的理由来提出这样的论断。可以想到，关系交换与交易交换在某种条件下是互补性的和相互增强的。在一个理想的情况下，某一关系可能既有利于实现关系目的，又有利于实现交易目的。两个行动者都会获得交易收益，两个行动者可能都会宣传对方对于他们的收益的贡献，从而提高了彼此的社会资本。在这种情况下，据说存在一个对关系和交易都适应的**同构的效用函数**（isomorphic utility function）。同构的效用函数促进了两个行动者之间的交换，因为每个个体与互动群体的生存能力都得到了提高。在这个理想的情况下，这两种类型的理性是共存的、互补的和相互作用的。

这并不能掩盖这两种理性之间的潜在冲突。为了获得更好的交易效用，交易理性会推动着行动者放弃某一关系。交换中的伙伴是次要的；只有这些伙伴关系能够产生交易收益，它们才会存在。很显然，这个原则将关系理性置于第二选择标准的地位。因此，行动者经常要在交易理性与关系理性之间做出选择。① 也即，最优化的交易与最优化的关系并不匹配。因此，根据前面所说明的决策规则，最优化的交易将会导致对替代性关系的搜寻，而最优化的关系将导致不均衡的交易。我们可以推测，这两种交换类型的选择与群体中的公共资本，即财富与声望有关。我们可以提出几个备择假设。首先，当一种集体资本很低时，比如财富，可以预计个体会喜欢获得另一种集体资本，比如声望。在这种情况下，可能存在两个截然不同的假设。一个假设用边际效用原则来解释。那么可以预见的是，在一个拥有丰富的财富但是缺乏声望共识的社区中（比如说，在一个拥有大量的新来者与移民但是物质资源和经济资源很丰富的社区中），对个人而言，声望比财富更有价值。同样地，在一个拥有很好的声望但是缺乏财富的社区中（比如一个物质资源和经济资源缺乏的稳定社区），个人往往喜欢获得财富。另一种观点假设集体效用驱动着个体的需求。当一种

---

① 首要群体似乎首先选择关系理性而不是交易理性（子女对财产的继承；参见第八章）。

第九章 声望与社会资本：社会交换的理性基础

资本形式的集体财产很少，比如说财富，但另一种很高时，比如说声望，集体将侧重于建立在更丰富的资本，即声望基础上的地位。个体也会将更高的价值赋予声望。我推测，集体效用原则会在这里起作用。

第二，当两种类型的公共资本都很丰富时，可以预见这两种类型的资本之间存在很强的一致性和可换算性。也即，当一种类型的资本很多时，更多地占有另一种类型资本的欲望与可能性也会增加。在一个财富与声望都很丰富的社区中，每一个选择——努力获取更多的财富或声望——都是理性的。获得一种类型的资本会提高获得另一种类型的资本的可能性。因此，在一个拥有丰富的物质资源与经济资源的稳定社区中，财富与声望都是重要的，它们之间是互补的。

当一个社区的财富与声望都缺乏时（人口不稳定、物质资源与经济资源都缺乏），可以预见，这个社区对财富与声望的价值评价会陷入意见分裂和争论之中。个人会努力地获取财富或声望，或者二者都获取，这取决于他们所在的社会网的规模（网越大，越可能喜欢获得声望收益）以及他们对物质资源、经济资本的获取能力。集体共识与交换模式的缺乏使这样一个集体在面对混乱和变迁时显得很脆弱。我想应该通过调查研究来检验这些推测。

然而，当勉强的生存都成问题或者资本只被一些成员积累起来的这两种情况被超越之后，需要的经济资本与社会资本都可以在交换关系中获得。一个社会地位很高的行动者与一个很富有的行动者可以互相借用资本，进一步地增加他们自己的那种资本，或增加另一种类型的资本。行动者可以凭借一种类型的资本与其他行动者进行交换，来增加他或她的另一种类型的资本。如果一个银行家向贫困者捐钱，并且这宗交易引起了公众的注意，那么这位银行家会得到社会信用和社会认可。同样地，一位令人尊敬的物理学家可以利用她或他的声望为一个产品做广告，从而获得一笔可观的货币回报。好的资本家知道他们必须既靠本能又通人情，这对人对己都有益。

最后值得注意的是，交易理性与关系理性都是建立在社会性基础之上的。没有社会系统、政治系统及其成员的合法化与支持，建立在符号化和一般化的货币媒介基础上的经济系统是不能存在的。因此，将关系理性置于交易理性之下，在直觉上很吸引人，但从人类角度看是不可能的。

第十章　等级制结构中的社会资本

在前面两章中,我从阐述概念开始,论述了行动动机如何导致某些类型的互动,如何导致社会资本的效用。我认为行动导致位置、权威、规则和代理关系不断复杂的社会结构的生成(第八章)。本章通过考察一个复杂的社会结构(组织)背景中的社会资本的获取和使用,继续扩展这条论述线索。这里我先假定等级制结构(如组织)是稳定的和能够正常运行的,然后确定行动者如何通过他们的位置获取好的社会资本——嵌入在其他位置中的,特别是更高的等级制位置中的资源。因此,这里首先论述的是结构限制,其次说明获取社会资本的行动如何在这些限制下展开。

前面已经提出社会资本理论的基本命题——社会资本可以产生回报,以及影响着社会资本的获取的两个因素(第五章)。地位强度命题假设,在等级制结构中的既定初始位置部分地决定着一个人获得好的社会资本的可能性。与此相对照,(网络)位置强度命题假设了个体行动可以带来收益。既然规范性的互动是由同质性原则支配的,那么超越例行化的频繁互动与寻找弱关系或桥梁则代表着超越大多数互动和结构位置的规范性期待的行动选择。**相对而言,地位强度对社会资本的影响应该比网络位置强度对社会资本的影响大**。这个陈述承认社会结构中无所不在的结构限制的重要性。在后面,我将对这些命题的理论含意进行进一步的讨论。尽管这两个因素的相对影响不同,但在经验体系中,它们都在起作用。

在考察地位获得过程中的社会资本的研究中(第六章),经验证据强有力地支持三个假设中的两个：社会资本假设与地位强度假设。那些有好的初始位置的行动者往往能够在求职中找到好的社会资本来源，联系好的资源来源，或者通过好的社会资本来提高找到一份好工作的可能性。即使将通常的地位获得变量（如教育与首次职业地位）考虑进去，这些关系仍然成立。

然而，关于弱关系假设的证据是不确定的。这里有很多原因；比如，有人会说关系强度不能有效地测量网络位置强度。更有效的测量方法应该测量行动者是否在桥及其附近位置，或者是否在结构洞及其附近位置，或者是否在结构限制更弱的位置上（Burt, 1992, 1997）。还有一种情况是，弱关系强度被作为角色认同（亲属、朋友或熟人）或缺乏亲密性的测量（Marsden and Campbell 1984），而不是网络位置的测量。当前还缺乏经验证据证实，这些替代性的测量方法会得出不同的结论。

另一条理论线索指出，这个结果可能是由于两个外生变量——地位强度与在工具性行动中被使用的网络位置强度（如弱关系）（参见第五章和第六章）——之间的互动导致的。林南、恩赛尔和沃恩（Lin, Ensel, and Vaughn, 1981）提出了弱关系的天花板效应假设。即处于等级制结构顶端位置的行动者，在使用弱关系上并没有优势，因为这些关系可能连接着较低的位置与较差的资源。学者们没有考虑到，对处于结构底部位置的行动者，弱关系同样无效。马斯顿和赫尔伯特（Marsden and Hurlbert, 1988）也发现，最底层的行动者在获取好资源的过程中，从弱关系的交往者那里得到的好处不比强关系多。我们不妨假定地位强度与关系强度之间的相互影响只发生在初始位置极高和极低处。为什么这些相互影响会发生在这些地方？这个问题是非常有趣的。对于等级制结构顶端及其附近的位置，这个现象并不难解释。但是为什么等级制结构底部及其附近位置的行动者不能从弱关系中得到更多的好处？这是很令人费解的；很多理论都提出，通过弱关系获取好的社会资本的可能性提高了，这对于等级制社会结构最底端位置的占据者也应该是适用的。

沿着这条理论线索，我们需要考虑决定着地位强度与网络位置强度之间的相互作用的结构参数。考虑到这些结构特征以后，我们需要对结构限制（由地位强度代表）与个体行动（由网络位置强度代表）的相对重要性做出判断。这些考虑导致了对结构参数的探讨，以及对结构参数对两个命题的影响的估计。这一章剩下的部分要描述一组结构参数，其变化为进一步说明两个理论命题提供了背景。

这里有一些术语需要澄清。我假定社会结构分为不同的层级，每一层级包括一组等价的结构位置。等价的基础首先是每一层级有相似的有价值资源和权威，其次是每一层级有相似的生活方式、态度和其他文化、心理因素。为了论述方便，这里的术语**层级**和**位置**是可以互换的。此外，这里使用的**社会流动**指内部劳动力市场中的自愿流动，而不包括由于工作不满意、缺乏选择自由以及其他"推动"或"不得已"因素所导致的非自愿性社会流动。正如格兰诺维特（Granovetter，1986）所指出的，自愿性社会流动通常会导致工资的增长。同样地，可以认为自愿性社会流动解释了等级制（如组织）中的大部分报酬（更大的权威、好的工资与奖金以及迅速的晋升）。①

结构参数及其影响

我认为等级制可以用四个一般性参数的变化与排列来描述：

---

① 求职的开始阶段经常是无目的性的（参见 Granovetter，1974）。很多工作门路是在偶然场合（如聚会）以及在与熟人的接触中获得的。开始找工作时不一定是有目的性地积极寻找关系。但这并没有否定基本的前提——个体处于结构的不同层级上，因此接触控制着某些类型和某种数量的资源和社会资本的人的偶然场合也不同。事实上，经验已经证明（Campbell, Marsden, and Hurlbert, 1986；Lin and Dumin, 1986），高层位置的占据者比低层位置的占据者有更多的机会接触到等级制结构中多样化的和异质性的层级，对社会资本有更大的控制。因此可以预见，高层位置的偶然场合在就业信息以及其他类型的信息上比低层位置更丰富，影响更大。这个从社会资本理论的金字塔假定推出来的结构优势，在个体最终投身找工作时会产生显著的影响。

等级制的层级数量（层级差异），各层的占据者分布（绝对的与相对的数量）（规模差异），有价值资源在各层与占据者中的分布（资源差异），以及结构中所有的占据者与资源的总量。第一个和最后一个参数是对整个结构的估计；第二个和第三个参数是对整个结构或结构的某些部分的估计。

一般而言，不管这些参数如何变化，社会资本理论的基本命题——社会资本命题应该是有效的。只要结构是等级制的，在任何结构形式下，获取和使用好的社会资本都有助于获得社会经济回报。然而，其他两个假设需要根据结构参数的变化进行具体的说明。在下面部分，我将描述每一个参数，确定它的变化对两个命题的影响。为简单起见，将两个命题确定为**地位效应**（初始位置的强度）和**位置效应**（网络位置的强度）。此外，我们必须注意结构限制具有支配性的影响。尽管每个因素在结构的不同部分可能有所不同，但是地位强度在结构中的任何地方都比位置强度有相对强的影响。

此外，我会笼统地考察一下结构（地位强度）与网络运作（位置强度）的相对影响。对于网络运作的影响，我会使用一般的位置观点来阐述：也即，对于工具性行动而言，在桥梁及其附近的位置——被称为**结构洞**、**弱关系**或**结构性限制更弱的位置**——反映了好的位置强度对于获取好的社会资本的可能性。虽然这里的等级制暗指组织或公司，但我希望这些命题可以推广到所有的等级制结构中。

层级差异

首先，等级制结构可以具体化为它的层级数量。**层级**可以定义为每一个占据者都拥有相似的资源控制与资本（包括社会资本）获取能力的一组社会位置。例如在职业结构中，最原始的分化是建立在某一社会中所达成共识的职业分类基础上的。但是每一个分类体系可能是建立在混合要求的基础上的，包括某些技能、培训、经验、任期、在产业中的位置和资源。一个好的分化将建立在对每一职业位置的资源控制能力与社会资本获取能力的经验考察的基础之上。等价的位置合起来组成结构的一个层级。① 如图 10-1（a）中的两个图形所示，我们可以通过考虑两种极端情况来描述参数的变化。在一种极端情况下，如左图，结构中只有两个层级；在另一种极端情况下，如右图，结构中有很多层级。两层级体系类似于卡斯特体系，其中一个层级拥有全部的或大部分有价值资源，而另一个层级却没有或几乎没有资源。因此，地位的影响应该更强一些。在多层级体系中，层级的分化降低了各层中有价值资源的相对不平等，减少了地位的影响。因此，层级的数目可能与地位效应负相关。

两层结构使层级之间的互动最小化，降低了寻找和使用桥的机会。然而，在多层级结构中，搭桥出现最大化。即使在两层级体系中，当两个层级之间的社会关系建立起来的时候，网络运作的影响就应该存在；这个我们不否认。但在这种卡斯特式的结构中，这些关系很难建立起来并维持下去，因为高层占据者几乎不需要与低层占据者建立关系，所有的报酬（财富、权力和声望）都可以通过层内的社会关系获得。结构中的层级数量可能与网络运作的影响正相关。

因此，结构中层级的数量对结构限制与个体行动有着截然不同的影响。一方面，在两层体系中，结构限制是最强的，它几乎没有为个体行动的影响提供任何机会。另一方面，一个分化为多个层级的结构减少了结构性限制，为获取有价值资源的个体行动提供了更多的机会。这些影响与通常的经验观察是一致的：社会流动与职业结构或劳动力市场中的社会阶层的等级或数目有关。这些子假设不只是用结构的术语来解释这样一种关系，它们使用

---

① 布莱格关于职业分类等级的论述（Breiger, 1981），是建立在流动的内部和外部异质性原则的基础之上。因此，其分类体系是根据流动模式而不是资源和社会资本建立的。我推测，建立在流动和资源标准基础上的经验分类体系之间存在很强的一致性。仅仅是理论的推理难免有同义反复之嫌，因此，建立在资源基础上的等级制需要进行经验的推导和证明。

结构限制的松弛与行动选择的机会增多来解释多层级结构中各层间的高社会流动性。我们在讨论这些影响时是假定每层的占据者数量是相同的，或者说占据者的数量变化没有任何影响。但是在大多数等级制结构中，这是不真实的。因此，我们需要进行进一步的讨论。

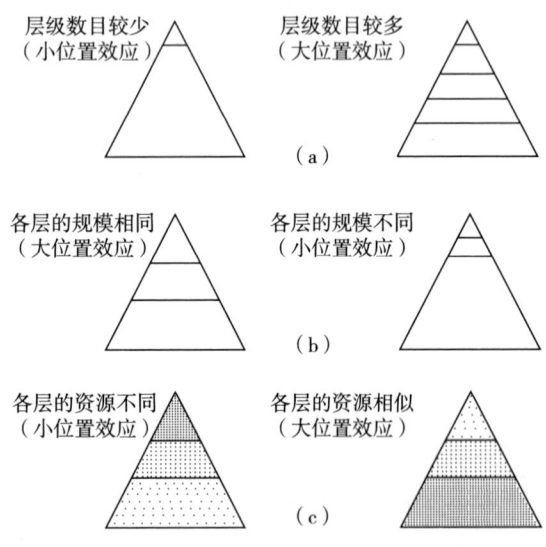

图 10-1　三种差异与位置效应的相对重要性
(a) 层级差异；(b) 规模差异；(c) 资源差异

规模差异

各层占据者的相对数量的变化可能影响到地位效应与位置效应。我们可以像前一部分那样，通过考察两种极端情况来讨论结构与位置的影响，如图 10-1 中间一组（b）的两个图形。在一种极端情况下（左图），每一层级的占据者数量相同；在另一种情况下（右图），每一层级的占据者数量不同，相对数量由结构的底部到顶端逐渐减少。在讨论中，层级的数量保持不变。为方便起见，我们假定有足够的层级数量，以保证地位效应和关系效应可以发生。

在等规模的结构中，对所有占据者而言，异质性互动机会是

第十章 等级制结构中的社会资本

最大的。也即,每个占据者与不同层级的人的交往机会是平等的。在对群际交往的分析中(Blau and Schwartz, 1984; Blau, 1985),布劳假设了一种二群体互动的情况,他发现小群体的群际交往更多(也即,当群体 A 相对于群体 B 的规模下降时,群体 A 中的每个人与群体 B 中的人的交往概率会增大)。如果是在一个等级制结构中,群体的相对规模往往会沿着上行方向逐步减小,那么可以推出,当两个层级的相对规模的差距增大的时候,由低层级(假设是群体 B,其规模更大一些)向高层级(假设是群体 A,其规模更小一些)发起的群际交往会减少。然而,当层级间的相对规模的差距减小时,这样一种上行的交往会增多。因此,在极端情况下,当所有等级制层级的占据者的数量都相似时,各层间的异质性互动机会达到最大化,社会经济回报的机会也会变得平等。换言之,每一层的个体有平等的向上流动的机会。这不意味着结构中的每个人都有获得相同的最高地位的平等机会。这取决于他在结构中的初始位置。但是每个人与各层次的人相互动的机会与向上流动的机会是平等的。

随着各层占据者的数量变化的增大,上行的跨层交往会受到阻碍。随着各层差异的增大,层内的互动机会会增加,因为层级规模比较大的群体中的大多数占据者往往与同层级的人互动。假定结构中规模相对小的层级很多,由低层级占据者发起的层际互动的相对缺乏会降低弱关系的潜在的可能影响。因此,规模差异可能与网络位置的影响负相关。

但是当低层级相对较小时,这种情况可能不存在。在这样一个结构中,低层级占据者与上层占据者的交往机会会增加,从而向上层流动的机会也会相应地增加。例如,在一个农民层级的占据者比非农蓝领部门的占据者相对少的结构中,关系效应在地位获得过程中应该相对较强。

对于地位效应而言,各层占据者数量的变化会产生正效应。随着规模差异的增大,规模很大的低层级的占据者的层内互动会增加。这些层内互动强化了地位效应。似乎矛盾的是,当规模差异增大时,小规模层级上的占据者与更大规模层级上的占据者相交往的机会也相应地增加了。在一个金字塔等级制中(层级越高,占据者越少),层级越靠近顶端,其占据者跨层交往的范围越大;但这些占据者不是从异质性互动中,而是从同层级的交往者中获得社会经济回报。与此相对,在结构的底部及其附近,占据者从异质性互动中获得社会经济回报的机会要受到他们所在层级的规模的限制。

资源差异

等级制结构的第三个特征是不同层级之间的资源分布的差异。因此,层级的分化可以从资源与占据者的数量分布方面来描述。资源差异可以由社会结构中各层的资源变化情况或两层间的对比情况来估计。对于一个社会结构的描述,如图 10-1(c)所示。资源差异可能从右图的最小(每相邻两层的资源差异都是相同的)到左图的最大(每相邻两层的资源差异都是不同的)。对于前者,资源的层级差异是**等距的**。对于后者,我们假定资源差异从结构的底部到顶端逐步增大。也即,越往结构的顶端,相邻两层的资源差异越大,上层的人均资源拥有量比下层多。尽管这个假定依然需要经验检验,但它是建立在一定量资源的边际激励或回报,沿着等级制结构的上行方向降低的理论观点的基础上的。因此,可以通过不断增加上层的资源数量的方式来保持同等程度的激励或回报。

可以预见,等距结构提高了位置发生影响的机会。异质性关系可能被每一层级上的占据者发起。但是在非等距结构中,低层占据者很难克服资源的层级距离,越靠近结构的顶端越是如此。因此,资源差异可能与位置效应负相关。

对于地位效应,情况正好相反。随着资源差异的增大,初始位置对于社会经济回报的重要性也增大。在一个资源差异很大的结构中,任何的向上流动都很困难。但是在这样一个体系中,当向上流动确实发生的时候,应该说是初始地位而不是网络位置的使用起了作用。如果结构是等距的,地位效应应该相对较小。

如果这个假设是有效的,在任何一个经验结构中都可以得出两个结论。首先,既然等级制结构是根据资源来排列层级顺序的,那么可以推论,跨层的互动最经常地发生在相邻的层间,任何两层间的互动数量都取决于它们在结构中的距离。因此,我们可以预测,社会流动(特别是社会经济回报)最可能发生在相邻的层级之间。

此外,跨层互动的障碍是与两层在人均资源拥有量上的相对差异相依的;相邻层级之间的互动可能会随着资源差异的增加而减少或被抑制。在一个资源差异沿着上行方向逐渐增加的结构中,我们预测向上的社会流动会逐渐加难。然而,在靠近结构的底部,层级间的资源差异可能非常细微,因此,跨层互动会相当多。

这些参数变化的一个有趣的方面是,它们同任何的与社会经济回报相关的互动都有关联。讨论到现在已经很清楚,沿着上行的方向发起的跨层互动存在很多有利因素,因为这可以从资源差异中获得很多好处。然而这些主动行动不太可能得到回报,因为高层占据者可以从与低层占据者的互动中得到的东西很少。结果是跨层互动很少,这些互动的影响也很小,因为上层占据者很少对低层占据者发起的行动做出回应。如果互动成功了,最可能的是地位的影响,而且求职者获得的回报应该很大。与此相对,在结构底部,跨层互动有很小的有利因素或者只有不利因素,因为层间的资源差异很小。因此,尽管跨层互动经常发生,但这些互动不会为参与者带来很大的好处。

占据者和资源的总量

社会结构的最后一个特征涉及整个结构(例如工业部门)的占据者和资源的绝对数量。我们将一个结构的存在所要求的绝对的人口与资源数量的最小值称为**临界值**(critical mass)。这些要求是不同的,这取决于与结构互动的外部环境的人口和资源的相对规模。然而,绝对的数量是结构的重要特征。结构内的交往受到在外部环境中获取资源的限制与机会的强烈影响。因此，分析必须扩展到更大的结构，而最初关注的结构只是大结构的子结构。例如，在理解某个劳动力市场的社会流动性的时候，我们要分析这个部门的结构参数。但是，最后的分析必须扩展到对其他部门的考虑，因为其相应的流动模式可能要通过很多部门的考察才能确定。对于更大的结构而言，相似的参数（层级差异、规模差异和资源差异）可以用来考察跨部门的流动。这里就不展开论述了。

结构与个体的意含

总之，对结构参数的考察使我们可以对地位效应和关系效应发生变化的条件做出说明。在理想类型中，地位效应会在结构出现下列特征时达到最大化：(1) 层级数量尽可能少；(2) 各层的占据者差异很大；(3) 各层的资源差异很大。而网络位置的影响会在结构出现相反特征时达到最大化：(1) 层级的数量很多；(2) 各层的占据者差异很小；(3) 各层的资源差异很小。此外，我们必须记住，即使在关系效应最强烈的时候，地位效应仍然处于支配地位。

地位效应可以视为结构影响的指示器，而位置效应（特别是弱关系的使用）则表明了个体行动的作用。如前所述，互动的规范模式是同质性的，参与者拥有相似的社会经济特征。与此相对照，弱关系的使用往往导致拥有非相似社会经济特征的参与者加入互动。异质性互动对于高地位层级的参与者并不是完全没有益处，因为他们可能要求或者说需要低层参与者的服务。然而，低层占据者发起与建立的这些互动代表着行动和努力。从这个方面看，这些原则具有结构限制与个体选择的相对影响的理论含意。它们也激发了我们对一个稳定的社会结构中的纵向（异质性）互动与横向（同质性）互动之间的动态平衡的思考。我会在这里简单地考察一下这些含意。

结构限制 VS 社会资本

由于我的理论描述的是结构限制与个体行动影响社会流动的结构条件，因此对结构影响/行动影响进行讨论是有意义的。在当代社会学中，结构视角占统治地位。过去 30 年中的很多理论发展与经验研究都支持并向前推进了结构理论。我提出的理论不是不同意结构影响居支配地位的观点。例如，我也认为地位效应在整个结构中比关系效应更重要。但是结构参数的具体化使我们能够指出个体行动在何处、在何种程度上是可能的、有意义的。下面的讨论将继续关注我的理论与当前盛行的主要结构理论之间的关系。

布劳的异质性与不平等理论，埃默森和其同事的依赖理论（dependence theory），都很好地展现了结构理论的视角。简单地说，布劳（Blau, 1977, 1985; Blau and Schwartz, 1984）认为一个人口中各群体之间的某一维度（性质）分布与变量数目的差异，支配着群际交往的范围。当某一维度在许多分类群体（nominal group）或等级群体（graded group）中的分布不同时，这些异质性（对于分类群体）与不平等（对于等级群体）促进了群际交往，这也可以在多个维度（性质）中考察。不同的异质性与不平等之间的一致性程度也影响着群际交往。当这些不同特征紧密相关（统一）时，群际交往会很少；当它们不紧密相关（交叉）时，群际交往会很多。

尽管我提出的理论是对布劳理论的阐述与扩展，但这两个理论之间存在几个不同点。首先，我的理论关注两种类型的社会行动：获取有价值资源的工具性行动与维持有价值资源的情感性行动。尽管本章专门论述社会经济回报与流动问题——工具性行动，但工具性行动与情感性行动之间的区别在结构理论中扮演着主要角色，对互动类型有着直接的影响。工具性行动和情感性行动的交往类型是不同的（Lin, 1982）。纵向（异质性）行动与互动可以实现工具性的目的,而横向(同质性)行动与互动可以实现情感性的目的。在布劳的阐述中,两种类型的行动是混合在一起的,但他主要关注后者。例如,群体间的婚姻可能主要是情感性的,然而有些情况下婚姻也具有工具性。对两类行动的说明应该澄清潜在的冲突性的经验结果。应该说布劳的理论对于情感性互动的分类相对更有效。

第二,两种理论用来确定群体与地位的基本要素是不同的。尽管它们都假定这些要素一定可以达成一致,但各自的基本标准是不同的。对于布劳,这些标准是建立在人们在社会关系中所考虑的属性的基础上的。我的理论将它们建立在资源的基础上。尽管布劳令人信服地说明了在微观层次上使用影响社会关系的属性并不必然地影响到群际关系,但是我使用的资源标准不涉及这样一个概念的同义反复。在布劳后来的著作中(如 Blau, 1985),他认识到资源在确定属性中的重要性。象征定义在资源方面的修正可以解决这个困难。

定义群体或地位的标准不同的另一个后果是,布劳的理论既适应于非等级群体,又适应于等级群体(ranked group);而我的理论假定,等级制结构建立在等级位置的基础之上。在我的理论中,社会结构的决定因素是各层所控制的有价值资源的数量。因此,层级是具有等级序列的。

这个更严格的社会结构观具有一个优势,它消除了在排列范畴变量上的很多争论。族群与宗教范畴可能在一些社会系统中可以分等级,但在其他的社会系统中则不能。在我的理论中,尽管一些有价值资源代表着社会范畴(如种族和性别),但有价值资源一定是可分等级的。只要它们被公认为社会系统中的有价值资源,它们就在结构中形成等级制的基础。在其他地方我已经论述过(Lin, 1982, 1986),即使对于情感性行动,这样一个等级制的结构观点有助于说明层内或层际的行动与互动模式。这个观点可能也有助于说明群际交往的不同模式。有人可能会假定,当范畴变量代表着某一个社会中的有价值资源时,异质性假设与不平等假设都会有效,但这些假设未必适合其他的范畴变量。

最后,布劳关注作为结构变化的主要来源的个体数量分布的变化。对于异质性原则与不平等原则而言,不同范畴或不同地位的人口分布都影响着群际交往。尽管他也把子群体的数量作为一个影响因素,但他在大部分著作中都假定,子群体的数量可以在比较分析中标准化(Blau,1985,pp.10-11)。换言之,他的理论倾向于将子群体的数量作为常量。

我的理论特别地确定了层级差异、规模差异和资源差异,它们都作为独立的结构参数。因此,布劳提出的异质性与不平等的影响,可以,也应该从层级(或群体)数量及其层级人数的变化上进一步加以说明。例如,如果把一个金字塔结构与一个倒金字塔结构相比较,不平等系数可能很相似,但层(群)际交往可能有着巨大的不同。前面已经讨论过,倒金字塔结构可能在经验上并不存在,但大多数结构可能都会有一部分,其中低层的占据者比相邻更高层的占据者少(例如农业部门 VS 服务业部门)。对于这样一个结构或子结构,层(群)际交往可能不同于一般的结构——一般结构的上层有更少的占据者。同样,当两个结构有相似的层级差异与占据者差异时,它们的资源差异可能不同;因此,它们的层际交往就可能不同。例如,在一个两层的卡斯特体系中,很少的人控制着大多数资源,两层之间的占据者的交往应该与另一个体系很不同——这个两层体系的层级差异和规模差异与卡斯特体系很相似,但是层间的资源差异很小。

注意到这些差别之后,我们现在可以具体地描述布劳的交往理论。由于等级制结构的差异而引起的各层或各群体的偶遇机会的差异可以由以下因素来预测:层级差异(层级或群体越多,这些偶遇机会的数量越多);规模差异(各层或各群体的占据者的分布越平均,这些偶遇机会的数量越多);资源差异(各层的人均资源差异越小,偶遇机会的数量越多)。但是等级制的作用(特别是资源差异)限制了这些交往的一般原则。在以社会经济回报为目的的工具性行动中，交往的互惠性成了问题。一个来自高层的人可能偶遇上一个来自低层的人（例如，一个银行家遇到一个女清洁工），这在结构中是不可避免的，然而，更多的交往，特别是改变地位的交往（例如婚姻）需要克服结构障碍的努力。个体行动对这种类型的交往的潜在影响，正是我在理论中想努力澄清的。

同样地，埃默森和库克的结构理论可以在我的理论中得到说明。在权力依赖理论（power-dependence theory）中，埃默森和库克认为尽管个体会参与交换，使他们的资源拥有最大化，但是结构参数支配着交换的模式与后果（Emerson, 1962; Cook and Emerson, 1978; Cook, 1982; Cook, Emerson, Gillmore, and Yamagishi, 1983; Emerson, Cook, Gillmore, and Yamagishi, 1983）。他们在对交换的理论阐述中指出，结构依赖或限制（可以进行交换的伙伴数量和到资源拥有者的距离）、交换类型（例如，当网络中只有一对个体只进行一种类型的资源交易时，交换与网络负相关；当网络中的新资源依靠组合两种或多种类型的资源时，交换与网络正相关）与资源特征（每人可以利用的资源数量），导致了资源在个体中的进一步分化。

我把这些参数放在一个等级制结构中加以说明，有助于预测在什么类型的结构中或在结构的什么部分中，依赖增长或者资源分化的速度会加快或放慢。如果假定资源差异沿着结构的上行方向逐渐增加，我们可以预测，靠近结构顶端位置的占据者的权力或资源分化速度会迅速加快。规模差异也可以预测分化速度的不同。差异越大，分化越大；因为低层的大量占据者与高层占据者互动的机会很少。层级差异描述了资源距离，有助于将埃默森—库克的实验研究结果扩展到更大的结构中——其研究中的位置/层级数量与占据者数量不可避免地要受到实验的限制。

此外，我对相似结构位置上的个体所采取的行动的可能差异进行了理论完善。库克和埃默森（Cook and Emerson, 1978）通过说明强公平感与强责任感对资源差异的影响，简单地考察了这些变化；他们发现权力的行使或对资源的需求或者减少了（特别是对于女性）或者增加了（特别是对于男性）。这些数据暗示着个体行动的差异可能超出建立在它们的结构特征基础上的预测。我的理论对预测个体行动变化的结构参数进行了详细的说明，它完全可以对依赖理论的严格的结构解释进行提炼与发挥，以说明行动的这些经验变化。

个体行动 VS 社会资本

前面已经提到，个体化的视角而不是心理学的演绎观，已经出现在美国社会学的文献中。个体行动的影响可以从两个视角进行探讨。第一个视角关注行动所导致的结构形成或变化。例如，科尔曼（Coleman，1986a，1986b，1990）认为，社会行动者为了增进自我的利益而参与到社会关系中来，这取决于所涉及的行动的具体目的；这可以导致市场体系、权威体系或者规范体系的形成。他描述了每个体系演化的过程，强调了规范和认可从为了各自的利益而进行互动的行动者中生成的观点。科尔曼假定理性行动或认知行动是社会关系与结构的塑造力量。与此相对照，柯林斯（Collins，1981）将情感视为互动背后的最终力量，个体在互动中寻找积极的强化与成员身份的认可。这些互动仪式链最终为重复互动形成和提供了文化（交流）资源与能量资源，重复互动最后发展成为正式组织和非正式群体。这些假设关注的是个体行动如何导致结构的形成。

从第二个视角看，个体行动在结构限制下是可能的、有意义的。伯特的著作（Burt，1982，1992）探讨了结构性的行动，或者说在相同或者邻近位置的个体为了保护或促进他们的共同资源和利益而采取的行动。他认为，不同位置的个体可以通过合作的方式来减少结构的限制，在这过程中可以修改关系的结构。

这两个视角与我的理论的整合产生了有趣的结果。在第八章，我提出社会资本提供了个体利益与结构生成的关键连结。为了拥有资源，一个人必须与其他人结成关系，以保护和获得资源。资源的维持和保护被认为是为情感性的力量所驱动，而资源获得需要工具性的和认知性的动机与行动的动员。因此，横向的（同质性的）互动和关系与纵向的（异质性的）互动和关系组成了社会结构的基本要素。社会结构使每个人可以获取和使用不必为个体所拥有的资源。管理与控制社会资本的不同能力有助于说明等级制位置的形成。结构参数的变化是形成过程的演进结果，以及与外部的结构和资源互动。

一旦结构参数成为支配力量，社会资本的获取和使用就会持续地驱动着个体行动，这会发生在等级制结构中的任何可能的时空条件下。参数（层级差异、规模差异和资源差异）假定不同类型的等级制结构与等级制结构的不同部分具有不同的意义。例如，某一层级的占据者的集体行动的范围与这些行动的结果，是由这一层和各层的占据者的相对数量决定的。在什么结构条件下，这些集体行动将会导致某些层级的进一步团结或者结构参数变量的排除？对此进行研究将是很有趣的。在下一部分，我会以此为例进行分析。

动员与团结：一些政策含意

我推测（Lin, 1982），一个稳定的社会系统需要同质性与异质性交换机会的平衡。一个不能为异质性交换提供足够机会的系统会减少流动机会，从而被很强的层内团结所分裂。这种层内团结会促进层（阶级）意识的发展，导致潜在的阶级冲突。与此相对照，一个积极地鼓励异质性交换的系统会产生大量的流动，从而导致结构的不稳定性，因为这样的系统很难维持团结。结果是社会产生混乱，短暂性的互动与群体团结的缺乏威胁着系统自身的整合。

表 10-1　按性别、种族与职业类别划分的美国雇佣工人（1999 年）

职业类别	雇佣工人（千人）			
	白人男性	黑人男性	白人女性	黑人女性
专业管理层	18196	1231	17074	1954
行政辅助业	12069	1273	20652	3032
服务业	5694	1216	8333	2204
制造业	23084	3244	4345	836
农业	2847	164	767	16

来源：美国劳工部，《职业与收入》（1999，p.20）。

这意味着结构必须尽力地调节层级的数量、各层的占据者与资源分布以及占据者与资源的总量。层级分化的扩大可能是工业化过程中无法避免的现象，但其必然伴随着对占据者与资源的重新分配。也即，规模差异与资源差异必须在各层间保持一个合理的比例。显著的规模差异和资源差异通常是结构僵硬的指示器。

举一个很粗糙的例子，让我们假定美国职业结构被性别和种族所分割。我们假定职业流动遵循着性别和种族的规范（例如，一个白人男性离职后由另一位白人男性来充任）。表 10-1 给出了 1999 年美国的雇佣工人在 5 个主要职业类别（专业管理层、技术层、销售与行政辅助业、制造业和农业；不知道这里为什么与表中的分类不同。——中译注）中按性别和种族划分的分布。对于每一个种族—性别组合，我们都可以通过用"更高"类别的雇员规模除以"更低"类别的雇员规模的方式，建立相邻的两个职业类别之间的职业差异。例如，对于白人男性，服务业与制造业之间的职业差异是 0.25（5694/23084），行政辅助业与服务业之间的职业差异是 2.12（12069/5694）。假定这三个职业类别之间的资源差异是相同的，我的理论可以预测，从制造业流动到服务业的结构限制会很高：地位效应会很强，而关系效应会很弱。然而，从服务业流动到行政辅助业的结构限制会很低，这里地位效应很小，而关系效应很大。这些以及其他的职业差异在表 10-2 中已列出。

表 10－2　按性别、种族与职业类别划分的职业差异

职业类别配比	职业差异			
	白人男性	黑人男性	白人女性	黑人女性
管理层:行政辅助业	1.51	0.97	0.83	0.64
行政辅助业:服务业	2.12	1.05	2.48	1.38
服务业:制造业	0.25	0.38	1.92	2.63
制造业:农业	8.11	19.83	5.67	52.00

注意：差异是利用表 10－1 中给出的数据计算的，表中的数字是上一层雇员数量与下一层雇员数量之间的比值。数字小意味着低层占据者流动到更高一层的机会减少了。

现在我们可以比较一下白人男女性与黑人男女性的流动机会模式以及相应的地位效应与关系效应。如表 10－2 所示，对于更高级的白领职业（从服务业到行政辅助业，黑人男性与女性的职业差异分别为 1.05 和 1.38，而白人男性与白人女性分别为 2.12 和 2.48；从行政辅助业到管理层，黑人男性与黑人女性为 0.97 和 0.64，而白人男性与白人女性为 1.51 和 0.83），黑人男性与黑人女性受到的结构限制都相应地比白人男性与白人女性高。因此我们可以预见，黑人男性和女性要流动到这些白领职业，就要遇到相对强的地位效应与相对弱的关系效应。对男性和女性进行比较，我们会发现女性在从服务业流动到行政辅助业时，并没有受到男性那么多的结构限制，但是她们在从行政辅助业流动到管理层时所受到的结构限制却比男性要多（白人男性与黑人男性分别为 1.51 和 0.97，而白人女性与黑人女性分别为 0.83 和 0.64）。在努力向职业金字塔的顶端移动中，女性遇到更强的地位效应与更弱的关系效应。

这是一些非常粗糙的数据。我们不确定，在现实中美国职业结构是否受到种族和性别的严格分割（事实上，我们知道这在某种程度上是一个不真实的假定）。这里的职业分类已经最小化了[例如，Breiger (1981) 将美国职业等级结构划分为 8 种职业]。假设各层（职业类别）间的资源差异是常量（可能没有根据），但是根据这些假定，我们可以得知，在这样一个结构中，种族和性别

第十章　等级制结构中的社会资本

在职业流动上是有差别的。黑人和女性在向白领职业流动时会面临更大的结构限制，他们在动员社会资本克服这些结构缺陷时也会遇到很大的困难。因此，研究日程将关注处于结构劣势地位的黑人和女性如何更多地获取社会资本。

这个例子（在我们的假定所设定的限制内）展示了从结构和个体两个视角出发的社会资本理论的解释力。在宏观结构层次上，对克服这些限制的方法的研究激发了我们对政策的考虑。可以创造出使规模差异变得平等的空职吗？可以使资源差异变得平等吗？可以按某种方式把这些流动结合起来吗？或者结构应该处理跨越性别和种族范畴的空职的再分配问题，从而强调公司间的劳动力市场的视角而不是内部劳动力市场的视角（参见 Granovetter，1986 所坚持的立场）？除非结构能够做出这些调整，否则流动机会仍然是结构性不平等的，不满将会增加。在极端的情况下，这些静止是社会爆发革命的原因。

在个体层次上，对结构限制及其弹性的意识可能反映了认知评价的过程。在某种程度上这些评价会影响行动，个体可以寻找异质性关系与更好的社会资本，主动发起行动。这些关系的性质、范围和质量在等级制的不同层次是不同的，因此使用它们的收益也不同。当结构差距太大时，存在非互惠行动的风险和损失掉原层级的其他占据者的认同的风险。这都会导致一种疏离感。

第十一章　制度、网络与资本建构：社会转型

我在第八章中提出，情感性需要和工具性需要激发的行动推动了与首要群体外的人的互动，这样才能获得社会资本。第九章进一步指出，这些目的性行动维持着两种类型的交换——获得与维持财富和声望这两种基本报偿。这两章描述了从行动到结构的过程。第十章通过说明等级制结构如何限制了获取社会资本的行动，转向从结构到行动过程的论述。这些论述建立的是行动与结构之间关系的理想类型；在现实中，这些过程由于行动者与等级制结构之间的一系列中间过程和结构而变得复杂化。除非我们确定这些中层结构和过程如何运作，否则我们不能理解行动与结构如何互动。此外，这两个过程——从微观到宏观、从宏观到微观——不应该视为孤立的或单向的过程。一个全面的社会资本理论必须抓住以某些中层结构和过程作为中介的行动与结构之间的双向过程。

在本章中，我将指出，两个中层结构——制度和网络——组成了社会的基础结构。制度和网络是引导行动者与等级制结构的互动以及社会资本流动的两种主要社会力量。

很多学者已经使用网络分析来描述这个从微观到宏观的过程，其中包括科尔曼、怀特、格兰诺维特、伯特、布莱格、韦尔曼、埃里克森、马斯顿、弗拉普和很多其他学者。对于进行社会网络分析的那些学者，社会资源或社会资本组成了社会学解释的核心要素。建立在两种动机原则——损失最小化与获得最大化——基础上的目的性行动，导致了情感性与工具性目的的社会网络（首

第十一章 制度、网络与资本建构：社会转型

先是首要群体，其次是关系）的形成。因此，正如前面所指出的，社会网不仅存在于（例如经济的）等级制组织之中（例如经济组织的社会性嵌入；参见 Granovetter，1985），而且存在于个体行动者的相互关系之中（Granovetter，1973，1974；Lin，1982；Burt，1992），因此交易和交换不仅发生在组织内部和组织之间，而且发生在个体行动者之中。

制度分析提出了另一个理解组织与更大环境之间的关系的重要分析工具（DiMaggio and Powell，1983，1991；North，1990；Powell and DiMaggio，1991；Meyer and Scott，1992；Scott and Meyer，1994）。组织的生存和延续不仅依赖于它在市场中的效率或竞争力，而且依赖于它适应与遵从更高级别的社会制度和规则的能力。对这些社会规则的遵从导致多样化组织的结构同构与行为趋同，或者说制度同构现象（DiMaggio and Powell，1983），这是单纯的竞争力或绩效标准所无法解释的。

制度和网络的视角很振奋人心，因为它们明确地提出了分析社会力量与经济力量如何塑造互动和交易的方法。例如，它们澄清了为什么交易成本总是存在的，以及不均衡分布的。它们也解释了为什么个体与组织的行动动机和理性化超出了经济的考虑。不考虑这些力量，很明显我们不能理解个体与组织如何行动或者延续，以及行为的原因是什么。但是概念与将这些概念连接起来的过程之间存在断裂，几个例子将证明这点。

制度分析的一个主要假定是，制度影响着甚至支配着行动者和组织的行为。不清楚的是这个过程是如何发生的。个体如何学习规则？他们为什么要遵从它？与个体行动者相类似的组织如何增加它们的制度资源和它们的生存机会？换言之，使个体行动者和组织顺从制度性的仪式与行为（rituals and behaviors）的社会机制是什么？

另一个问题是制度与网络是如何相联系的。一个很显然的答案是网络强化了制度，因为网络增强了结构的内聚性（Zucker，1988）。那么如何解释社会运动？因为社会运动通常涉及相互联系

的行动者群体，它们通过动员资本的方式来反对现行制度。或者更具体地讲，如何解释社会资本在一些情况下促进了在现行的制度和组织中获得收益的工具性行动，而在另一些情况下成为制度转型的工具？

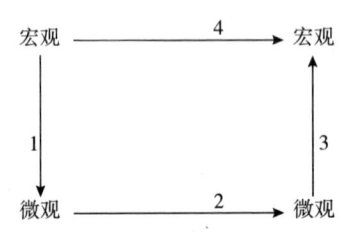

```
宏观 ——— 4 ——→ 宏观

 |                |
 1                3
 ↓                ↓

微观 ——— 2 ——→ 微观
```

图 11 - 1　四种基本的社会过程（来自 Coleman, 1990, p. 8）

这一章试着对这些问题做出回答。我的方法是先提出一个概念框架，以明确我在图 11 - 1 中所给出的双向过程，也即过程 1（从宏观到微观）和过程 3（从微观到宏观）中的关键部分。在短短的一章中完成这个任务是很困难的，因此我做了两个调整。第一，我将关注我所提出的框架中最核心的问题，忍痛割舍掉其他一些也很重要，但是必须暂时放到后面的问题。例如，这一章很少谈到国家或技术，尽管在对各部分如何互动的描述中都要涉及它们。我会在第十二章更多地谈到技术与社会资本的关系。第二，我会关注更一般性的问题，放弃一些特殊性的问题。例如，我将不考虑某些特殊因素，而关注一些一般性的**普遍制度**（prevailing institution），如任何社会都存在的性别和族群现象。

我把制度和网络作为社会的基础结构——连接、控制和黏合社会中的行动者与组织的必不可少的社会力量。它们可能不是最有效率的机制，但是它们解释了行动者与组织的内部团结和外部分化。在这两者之中，制度提供了组织行动与互动的原则，提供了修辞术和理性以及组织与功能的地图。最重要的是，制度维持着个体和集体的认同。而网络提高了可以降低超出组织所能负担的交易成本的弹性。网络也提供了填充与连结社会中所必然存在的断裂的活力。同样重要的是，它们还充当着制度转型的媒介。

第十一章　制度、网络与资本建构：社会转型

这一章剩下的部分将描述制度与网络如何共同起作用。特别地，我还将解释制度如何组织社会的其他主要部分（也即制度化的组织，其他的社会、经济组织和社会网络）并与其互动，如何促进了资本在这些部分中的流动。最后关注社会网络在制度转型中的重要性。

制度场域与组织—社会同构

制度——组织互动的原则——可以简单地定义为一个社会中的博弈规则（North，1990，p.3），分为正式制度和非正式制度。这些规则在行动者——包括个人与组织——之间的物品（物质的和符号的）流动与交易中扮演着交通指挥系统的角色。一些规则比另一些更重要，因为行动者更容易意识到它们，感到需要有意地证明自己在行动与交易中正遵守着这些规则。规则或者制度是如何形成的，它们是如何占据到社会的支配地位的，对此存在不同的解释。它们可能源自战争、革命、叛乱、殖民化、占领、灾难、克里斯玛型与权威型领袖的行动、统治阶级的利益或者事后理性（post facto rationality）。在很大程度上，它们可能是历史的路径依赖的结果（参见 David，1985 对 QWERTY 式键盘的制度化的研究）。[①] 制度是文化性的，而不是科学性的，因为它们并不需要逻辑或者经验证明，或者证伪。这些规则会对某些种类的行动和互动产生价值偏好，通常以道德、信念、意识形态、礼仪或能力的形式出现。

当组织与个体服从同一套制度时，它们就处在一个**制度场域**中（Lin，1994b）。在制度场域之内，行动者（包括个体、网络和

[①] 在 QWERTY 式键盘是否真的比其他形式的键盘，如 Dvorak 系统效率低的问题上存在着很多争论。但是，即使 QWERTY 式键盘的效率相当高，QWERTY 式键盘在历史上的首先出现代表着一个真正的优势，成为它在今天能够得到广泛流行的一个重要因素。（QWERTY 式键盘，即我们现在所使用的键盘。——中译注）

组织）认可、体现和共享着仪式与行为，受到社会制度所施加的限制与激励。这样，它们降低了对行动者之间的行动和互动进行估计（计算能力）与强化的交易成本（North，1990）。

　　制度场域可以界定一个社会。但是，场域可以超越社会的空间边界。例如，我们可以认为世界各地很多城市中的少数族群聚居区中的华人社区属于相同的制度场域——中国社会，在民族国家意义上来界定就是中国。尽管这些社区与它们的成员可能讲不同的语言，生活在不同国家的规则与法律下，具有不同的分层与流动的限制和机会，但是他们遵守着从家庭成员之间的结构化关系扩展而来的相同的基本规则（Lin，1989，1995b）。这些规则指导着人们的家庭生活、节日庆祝、祖先崇拜、尊敬长者、严慈相济的育儿方式、在生意交易中对默许与非正式的协议而不是正式的法律合同方式的偏好、差序格局式的交往方式、特殊的继承规则（对权威施行长子继承制，对财产施行诸子均分制）。因此，制度意义上的中国的范围要大于国家意义上的中国。但是一般而言，制度场域存在于国家的范围内。在下面的讨论中，**社会与制度场域**是等价的。

　　在制度场域中，组织的生存与延续取决于经济的（技术的）和社会的（制度的）绩效。迪马乔和鲍威尔（DiMaggio and Powell，1983，p.148）使用组织场域的概念来指称"制度生活所认可的领域：关键的供应者、资源与产品消费者、管理机构和提供相似服务或产品的其他组织"，并假定制度场域中的组织会变得制度同构起来，由于它们越来越多地共享着互动、信息和对共同事业的参与意识，所以在形式和实践上会变得具有同质性。制度场域也涉及制度定义与结构化的过程（Giddens，1979），但是制度场域的扩展超出了具体的组织类型（如经济性质的企业）或对所有组织的具体互动要求。当组织意识到并且遵守一套具体的制度规则时，它就属于制度场域。组织通过调节内部结构和行为模式，降低了与相同的制度所支配的其他组织相互动的交易成本。因此，**组织—社会的制度同构**（Lin，1994b）是组织同构的先决条件与必要条件。从这个必要条件中可以推出一个假定：在组织执行制度任务的能力与它在社会中的等级制地位之间存在正向的一致性。同样可以假定，建立的大多数社会网络也与组织同构。**组织—网络的制度同构**反映在博弈规则的重叠和网络（与非正式组织，如教堂、商会、老兵群体和保龄球俱乐部）体系对某些资源的价值赋予（意识形态）的重叠上。图 11-2 描述了一个运作的制度场域，在其中，组织、网络和个体在博弈规则与某些资源的价值上是一致的。

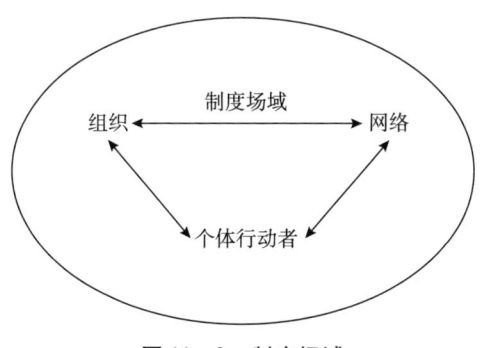

图 11-2 制度场域

资本的流动

考虑到组织—网络—社会的同构以及处于分层体系中的好位置上的有利因素，我们可以断言组织会获得和保留对制度性与技术性交易有用的物品。一种重要的此类物品是工人执行制度和/或技术任务的能力。因此很显然，个体行动者想要在社会中寻求报酬或回报，他们就需要证明他们拥有知识和技能，他们愿意和有能力接受进一步的培训和深造。因此，劳动力市场可以视为个体行动者与组织之间进行这些物品交易的市场。在深入地讨论劳动力市场中的物品交易之前，探讨流入制度场域中的物品的性质是很重要的。

前面已经提到，物品可以是物质的或符号的。当某些物品在目的性行动中被有意地动员起来时，它们就成为资本。资本是为了产生回报的资源投资。行动者首先要满足组织的需要；作为回报，行动者可以获得社会的（声望）、经济的（财富）或政治的（权力）资源。对于作为行动者的组织而言，只有这些资本产生回报，它们才可以在社会或者制度场域中生存和壮大。对个体行动者而言，在劳动力市场中交易的是资本。

两种类型的资本支配着这些交易：**人力资本**和**制度资本**（Lin, 1994b）。人力资本反映了技术性的知识和技能。它是组织在市场中成功地进行竞争所需要的。制度资本反映了制度场域中有关规则的社会文化知识和技能。组织需要行动者在履行代理人职责时运用这些知识和技能。制度资本包括通常描述为文化资本（Bourdieu, 1972/1977）与社会资本（Bourdieu, 1983/1986; Coleman, 1988, 1990; Flap and De Graaf, 1988; Flap, 1991）的因素。文化资本包括居于统治地位的制度场域所认可的价值、规则和规范。社会资本反映了社会联系的范围，社会联系中的嵌入性资源可以用来维持或获得制度场域中有价值资源——包括财富、权力和声望。拥有或者可以获取文化资本与社会资本的个体行动者，是可以帮助组织执行和履行制度场域中的义务的有潜力的劳动者。因此，组织要在劳动力市场中寻找这样的行动者。

个体行动者如何证明他的人力资本与制度资本？当然，人力资本可以通过考试来证明。很多组织使用这个方法来考察技术知识和技能。但是考试很少能够测出人力资本的广度和深度。更经常的是，个体行动者需要证明自己愿意付出努力，做出承诺，以及出示已经获得的证书、文凭或者可信赖的评估。学位、文凭、证明和相当重要的介绍信已经成为人力资本的重要标志。

制度资本的证明更复杂。某些考试或其他的识别方法已经专门为此而设计。例如在中国历史上，马克思列宁主义、毛泽东思想、孙中山思想或者儒家思想的内容都曾出现在考试中，父系祖先、家族和地方性的姻亲关系，或者阶级/意识形态证明也不得不考虑。在很大程度上，这种制度资本反映在证书、文凭和证明上。这些符号性的证明反映了行动者与现行制度的密切关系，不同的制度场域中的符号性证明可能是不同的。即使在当代中国，这些证明可能包括党员身份、家族和少数民族成员身份以及与国有单位的从属关系，而不是教会、寺院或者社会性、职业性社团的成员身份。使情况变得复杂的是，很多社会对制度资本与人力资本使用相同的证明程序。我们马上要回到这个问题上。

现在我们先转向资源如何被动员成资本以及资本如何被证明的问题。

制度化组织与社会网络：置信和强化机构

获得两类资本的过程都始于世代之间的资源转移。转移中要涉及几个过程。第一个过程是社会化，家庭为孩子提供了社会化的环境，（通过模仿和认知训练）对其进行训练，使之掌握有价值资源。第二个过程是通过家庭的社会网。父母的网络为孩子提供了接触拥有有价值资源的行动者的机会。在第三个过程中，父母的资源为孩子获得自己的额外资源创造了机会（例如通过教育）。

个体行动者一旦被赋予不同的资源，他们就需要动员这些资源，将它们转化为资本，这是一种为了从与组织的联系中获得回报的投资。把资源转变成资本的途径有两个：制度化组织的"加工"或者使用嵌入在社会网中的资源。行动者可以通过接受训练的过程来实现，这个过程的结果可以清楚地表明行动者已经获得资本。学位、文凭和证书通常都是标志。另一个方法是用社会关系和联系作为证明。训练是通过社会的一个重要部分来实现的：制度化组织。虽然下面的讨论主要关注的是将资源动员成制度资本的过程，但人力资本的过程也是如此。

制度化组织是一类特别的组织，它的目的或使命是对行动者进行训练与灌输，使之具有符合现行制度的仪式与行为的价值和技能。它们不同于其他的组织，因为它们是"加工"而不是使用或保留行动者。① 尽管一些组织的建立是专门为了进行制度化训练的，但大多数组织也是以学校、研究所（institutes）和学院的形式提供技术训练的（例如行政学院、军官与警察学校、神学院和童子军组织）。通过这些组织而获得的教育和文凭标志着行动者已经获得了人力资本与制度资本。② 理清嵌入在教育文凭中的这两类资本是一项复杂的任务，但粗略的估计是可能的。例如，近期在中国大陆和台湾地区做的研究（Lin，1994a，1994b，1995b）表明教育可以分解为三分之二的人力资本与三分之一的制度资本。

社会与国家机构也使用制度化组织来强化规则和仪式，来控制行动者的行为。这些组织包括监狱、精神病院和劳改所。如果行动者在制度场域中的行为被认为偏离了现行制度的规定，他们就要听任处理。个体行动者可以通过制度化的训练过程获得标示着制度资本的证书或文凭，否则他们就有被收回证件或置疑的危险，被视为不适于在制度场域中行动的博弈者，其投资只能收到低回报。

社会网络提供了将资源转化成资本的另一条途径。行动者在社会关系与网络运作中，通过使用直接和间接关系的资源而获得额外的资源。很多网络的形成是因为行动者共享过制度化的过程与经历（如校友、职业和行业关系）。然而，网络也可以在其他的共享资源或经历的基础上形成（例如，桥牌与保龄球俱乐部、健身俱乐部、埃尔维斯·普雷斯利和迈克尔·杰克逊迷俱乐部，或者是邻里关系）。疏网（loose networks）通过非正式关系和间接关系，使行动者的交往范围超出了邻近的社会圈子。

当行动者为了实现工具性行动的目的，例如找工作，而激活和动员某一关系链的时候，这些社会嵌入性资源可以转化成社会资本。被动员的资源是有用的，因为行动发起者与帮助者都认为它们具有价值。因此，代表行动发起者的这些关系所提供的证明，

---

① 制度化组织有固定的职员作为教员。
② 布迪厄（Bourdieu，1972/1977；Bourdieu and Passeron，1977）用**文化资本**来描述统治阶级用自己的价值对学生进行灌输的过程。我在这里想表明的是，文化资本在组织和市场的环境中应该作为制度资本的一个分类。

第十一章　制度、网络与资本建构：社会转型　201

会使准备接收行动者的组织确信他们具有人力资本。更重要的是，这些证明也可以表明行动发起者拥有制度性知识与技能（可信赖性、社会技巧、同僚、忠诚、愿意服从命令与执行任务以及其他的"适宜"行为）。通过这些证明的影响，行动者可以与组织建立联系。这是一种投资，因为这最终会给行动者带来社会经济回报。

此外，不仅制度化组织与社会网络可以将资源转变成资本，很多组织本身也提供了技术和制度性技能的获取机会，并且会选择一些工人，使之获得这部分额外的资本。**公司内部劳动力市场**（Baron and Bielby，1980）描述了对在职培训的人力资本投资现象。与资源丰富的组织有联系本身标示着制度资本，因为无论在组织内还是组织外的行动者都会因此而获得回报。在组织内部，当组织成功地与制度场域中的其他组织进行交换时，行动者有机会学习和获得额外的制度性技能。从参与这样的交换中获得的经验，是制度性技能训练的一部分。当行动者获得了组织内的权威位置，从而被赋予与执行制度任务所需要的技能和知识相联系的地位与符号时，他们也获得了一些制度资本。在组织外部，与资源丰富的组织有联系标示着行动者具有制度性技能，可以获得对制度场域中的交换具有重要意义的资本。

前面的讨论描述了社会的基础结构——也即制度化组织与社会网络——如何与其他的社会、经济组织协同运作，互相强化与维持。换言之，我描述的是一个稳定的与正在运作的制度场域，如图 11-3 所示。

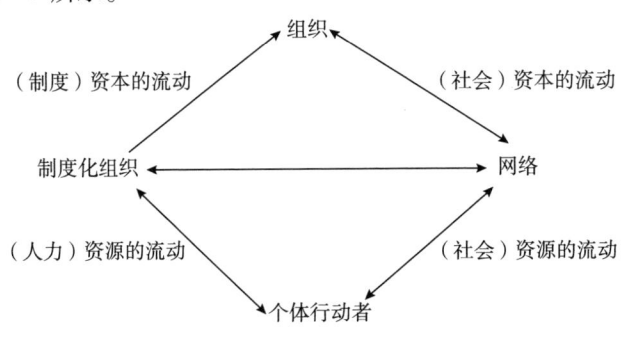

图 11-3　制度场域的运作

作为制度转型媒介的网络

然而，挑战现行制度与生成新制度的潜在根源和过程就嵌入在上面这些要素之中。组织（Zucker，1988）甚或个体行动者（DiMaggio，1988："制度性企业家"）可以引起制度转型。例如，与另类的、外部制度场域同构的组织，可以在现行制度下生存和延续下来，最后甚至可能纳入或者取代现行制度。西方的宗教、流行文化和生活方式对于其他社会的本土文化而言是另类（alternative）制度，只要参与互动的行动者的资本投资产生了预期的回报（例如社会地位），另类制度可以转变成内生制度，因为另类制度场域在资本上赢得了对本土制度的优势。

我认为更有趣的、更有力的内生性转型过程始于社会网络运作。当很多行动者共享另类规则或价值，开始相互联系时，网络可以通过团结与相互强化的方式来维持行动者的共同兴趣。例如，有被剥夺感或者已经被剥夺了获得人力资本或制度资本的行动者，可以形成网络，塑造集体认同。不管这些剥夺是建立在性别、族群、宗教、阶级、家庭出身上，还是其他制度标准上，网络运作都是发展集体意识的第一步和重要的一步。当网络得到扩展，参与的行动者数量增多时，社会资本的储量也会增加。当共享资源增加以后，社会运动的可能性也会增大，这会导致一个或多个现行制度的转型。

通过社会运动的方式来实现制度转型的一个直截了当的方法，是将运动直接转变成反叛或革命。在极端的情况下（例如大规模的饥荒、外部的威胁或者普遍的绝望），社会运动可以势不可挡地迅速发展起来，直接推翻现行制度。俄国十月革命、东欧剧变与苏联解体都是例子。然而在大多数情况下，社会运动只涉及一小部分行动者，为了实现制度转型，它需要更多的合作过程。此外，通常的目标不是拒绝现行制度，而是用

第十一章 制度、网络与资本建构：社会转型

另类制度来替代现行制度，或者将另类制度纳入现行制度的建制之中。

社会运动可以通过将共享资源转变成资本并产生回报的方式来维持。也即，运动必须发展自己的制度化组织，这样才可以传播另类价值与规范，对新成员进行思想灌输。此外，运动必须建立组织或者说服组织招募和留住已经获得这样的资本的行动者。通过这些过程，运动可以维持下去，从而挑战现行制度。

在现行组织或者另类制度化组织中的另类方案的发展与维持，可以产生和"加工"行动者的另类资本。随着拥有另类制度资本的行动者数量的增加，以及通过网络运作而聚集的社会资本的增加，其他组织认识到需要将这另类制度考虑进行动中的可能性也会增加。这个认可引发了一类新的需要——招募和留住拥有履行另类制度所规定的任务的知识与技能的行动者。另类制度资本将逐渐变成劳动力市场中的合法资本形式，另类制度被纳入现行制度的可能性也会增加。

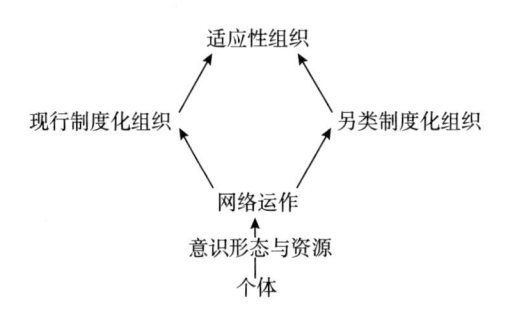

图 11-4 制度转型的过程

制度转型的两条路径如图 11-4 所示。在下面的讨论中，我将提供两个例子，它们各采用了其中的一条路径成功地实现了转型。女性研究在美国学院中形成的例子，说明了当主张实行制度转型的行动者的网络渗透进现行的制度化组织时，一个成功的转型如何发生。

从内部转型：美国的女性研究

美国在1970年代和1980年代的女性研究计划的增多，是一种新制度在几年内成功地渗透进现行制度化组织（学院）中的一个绝好例子。这个过程可以追溯到1960年代，当时的民权运动点燃了女性解放运动的烈火。大学里的很多女性教职人员如Jessie Bernard，Alice Rossi，Gerda Lerner，Anne Firor Scott 和 Sara Evans，开始在社会上和学术界撰写关于女性的险境文章。在1965年，西雅图自由大学（the Free University of Seattle）（Howe and Ahlum，1973），1966年新奥尔良自由学院（New Orleans Free School）、芝加哥大学（University of Chicago）和巴纳德学院（Barnard College）（Boxer，1982），关于女性的课程开始出现。在10年内（到1976年），在1500个不同研究机构中的6500名教职人员，提出了200多个女性研究计划，开设了大约10000门课程。如何解释美国高等教育中的这个轰动性的成功事件？几个关键的外部因素创造了机遇，使这个新的学术制度成为可能。随着反战和反征兵运动扩展到质疑与挑战整个现状，民权运动和女性解放运动在美国大学校园内获得了同情与支持。同时，整个1950年代双职工家庭迅速增加（Kessler-Harris，1982），女学生的大学入学率在数量上和比例上也都增加了（例如，在1965年所有获得博士学位的人中，女性占的比例是10%，到1979年这一比例达到29%；参见Stimpson，1986）。同样，女性教职员的数量也持续增长（例如，到1977年，大学教职员中女性的比例接近32%；参见Stimpson，1986，p.31）。因此，社会变迁的压力与高等教育体系自身的人口统计上的变化，为制度转型提供了有利的结构机会。

如果对实际过程进行更深入的考察，我们可以找到促进女性研究迅速发展的四个要素。最富有革新性的一个要素是希拉·托释厄斯在1969年（最初在韦斯理安，继而在康奈尔；参见Chamberlain，1988，p.134）所发起的课程大纲散发活动。随后，在1969年冬天的一个有关女性的会议上,她收集了 17 门女性课程的教学大纲,并在 1970 年的专业协会年会上散发了这个大纲(*Feminist Studies* I)。这个大纲最初在 Cornell 印制和散发(Stimpson, 1986, p. 4),然后在 1970 年秋天的美国心理学会年会上散发(Chamberlain, 1988, p. 134),由当时匹兹堡的 KNOW 出版(Boxer, 1982)。这个散发非常成功,并被广泛接受,以致《女性研究》增加了 10 卷关于课程大纲和其他与课程有关的材料(Boxer, 1982; Stimpson, 1986)。课程材料的散发与共享极大地促进了女性课程在整个美国大学内的发展。现成的学生市场(也即女学生)对此反应很积极。例如,在 1970 年春天,有 400 名学生选了 Tobias 和其他人在康奈尔大学讲授的一门跨学科的"女性人格"课程(Tobias, 1970)。在同一年的秋天,类似的课程出现在很多校园内。1970 年 9 月,第一个正式的、完整的女性研究计划在圣地亚哥州立大学制定出来。

第二个促进女性研究网络发展的要素,是女性教职人员与学生通过专业学术会议来交流信息、强化制度化过程。美国现代语言协会(MLA)是首先出来推动这项活动的社团,这并不奇怪,因为该协会中的女性成员占了很大的比例。在 1969 年春天,MLA 建立了一个由 Florence Howe 任主席的女性地位与教育委员会(Boxer, 1982, p. 664),并责成其研究女性教职员在 5000 个英语与现代语言系中的地位,考察这些系的课程内容。在 1970 年 12 月的 MLA 年会上,委员会"举办了一个超过 1000 名男性和女性与会者参加的论坛,讨论了女性教职员地位的论文以及文学课程中的男性偏见和女性刻板印象的论文,这两篇论文首次被演讲,它们传达了女性主义文学批评的声音"(Chamberlain 1988, p. 135)。这次论坛还发行了以"女性研究通用手册"(*Current Guide to Female Studies*)为标题的第一本手册,在上面列出的课程超过 110 门。第二本手册只在一年后就出版了,上面列出了 610 门课程和 15 个有组织的女性研究计划,其中 5 个可以授予学位,这 5 个中有一个可以授予硕士学位(Howe, 1977)。女性预备会议(caucuses)很快出现在其他的社会与人文科学协会中,它们的年会为举行会议、讨论会和进行交流提供了便利的机会。协会起到了媒介的作用，它的发展以1977年国家女性研究协会（National Women's Studies Association，NWSA）的建立为高潮。旧金山创建大会（Founding Convention）（1月13～17日）所起草的国家女性研究协会的章程在序言中指出，这一组织是为了"促进和支持教育战略在意识和知识上的突破"，这些意识和知识将使个体、制度、关系乃至整个社会发生转型（Boxer 1982，p. 661）。

第三个促进女性研究在美国大学中的发展和制度化的重要因素，是很多私人基金会对学生、研究计划和研究中心的资助。1972年，福特基金会启动了一个计划，在教育的各个阶段促进女性的发展，消除性别歧视（Stimpson，1986）。到1979年为止，福特基金会提供了超过900万美元的资金来解决这些问题。1980年，福特理事会分配给女性计划的基金是以前的两倍多。1972年，基金会设立了第一个全国性的教师资助计划和关于女性角色研究的博士论文奖学金。在一系列资金的支持下，全国主要的大学和学院都建立了女性研究中心，其中包括斯坦福大学、加州大学伯克利分校、韦尔斯利学院、布朗大学、杜克大学、亚利桑那大学。

根据福特基金会的报告，从1972年到1975年间，它分发了130个关于女性研究的博士后奖学金和博士论文奖学金。它资助过的大学四年级学生中，有50%的人后来成为女性研究的知名学者；在博士论文受到资助的研究生中，至少有1/3的人成为知名学者。从1964年到1979年间，福特基金会总共为女性研究的宣传、开展和课程规划提供了3000万美元的资助（Stimpson，1986，p. 23）。自从1972年资助"代表女性利益的一系列教学计划"以来，到1986年止，福特基金会总共拨出7000万美元的基金，其中包括奖学金资助，对以学院为基础的独立的研究中心的资助，对出版和全国性协会等事项的资助，以及支持使少数民族女性研究进入主流的计划和研究中心（Guy-Sheftall，1995，pp. 5 - 6）。

其他的私人基金会，如卡内基基金会、洛克菲勒基金会、洛克菲勒兄弟基金会、梅隆基金会、鲁宾斯坦基金会、拉塞尔·塞奇基金会、埃克森教育基金会、伊莱·利列基金会和露华浓基金会，也迅速加入了资助的行列（Stimpson，1986，p. 23）。大量的资助可以用于雇用和维持与这些计划有关的教职人员，保证献身于女性研究与女性意识形态的学生的增加。

最后，很多女性研究人员和研究计划所采用的网络运作的方法也值得注意。女性主义运动的革新者做出了清醒的决定，不再重新创建一门学科或者一个系，而是采用协调人/教职员与学生委员会（coordinator and faculty and students' committees）的模式来运作女性研究计划（Merrit，1984）。虽然关于这个模式的争论至今仍在继续，但是各组织普遍地保留了这种协调人/委员会结构。针对可能造成资源损失的情况与通过学院的系来调整教职人员的任期的做法，大多数女性研究计划已经采取了网络运作、集体主义和多学科/跨学科运作的新方式，这种方式的效果更好。传统意义上的系和学科中委派出来的教职员和学生一起工作，共同发展跨越学科分类的女性研究。

女性研究在1960年代后期和1970年代早期的迅速发展，代表着制度对"长时间被否定的知识界的盛餐"和"没有统一的组织或方向的经典运动案例"的回应，其扩展紧随着新女性运动的发展（Howe and Ahlum，1973；Boxer，1982）。但是很显然，通过课程大纲与课程材料的非正式交流，通过协会与会议的集体努力，以及通过协调人/委员会结构等方式积极地发动先锋人物并将之结成网络，与提供资源来维持足够数量的教职员和学生队伍的私人基金会的努力方向是一致的。所有这些都促成了现行制度化组织（处在1960年代和1970年代早期变迁时代的大学）的大量参与和被渗透，展示了一个迅速的转型如何在现行制度化组织内部发生的案例。①

---

① 女性研究计划也不是没有问题和争议。即使在早期，女性主义运动内部已经出现重大的分歧和问题，例如（a）大学内部和大学之间都出现的网络运作的"无结构化"问题，以及潜在地被精英控制的问题（Freeman，1972 – 1973）；（b）"社会主义女性主义"和"文化女性主义"（"马克思主义"和"母权主义"）之间在意识形态上的分歧，或者说女性主义活动派 VS 学院派，或者说实践派 VS 理论派（Boxer，1982）；（c）建构女性主义理论的必要性或可能产生的优势（Boxer，1982）；（d）对女性肤色和女同性恋者的忽视（Guy-Sheftall，1995）。

总之，女性研究计划发展的经过显示了共享相同意识形态与献身精神的行动者，如何结成网络，利用现行组织内外的机会迅速动员有潜力的力量（女学生），并使之制度化的过程。一旦这些积累起来的力量获得了足够数量的资本，无论是制度化组织还是社会都是无法抵挡它们的。我们也应该注意，这个例子驳斥了制度转型的"英雄论"。尽管运动中有一些有名的先锋人物（Tobias，Howe 和其他人），但是很显然，这次运动是通过很多行动者共同营造的网络向前推进和保持住势头的，而没有出现克里斯玛式的领袖或者学术界的领军人物。

这些从内部成功实现制度转型的例子是很少的、不常见的，因为很少有制度能够要求各不相同的内部与外部条件［也即就业女性的参与模式的不断变化、现状的失序、在制度化组织中共享相同的意识形态和知识、希望得到认同和支持的行动者（如女学生的不断出现）可以得到的资源（如私人基金会等来源）］和谐一致。此外，一些新出现的或者另类制度不只是要求整合进现行制度的框架内或者融入主流；它们可能要求推翻和取代现行制度。当另类制度直接挑战或者想颠覆现行制度时，其制度化可能采取直接的路线与过程。

总　结

前面我们论述了制度和网络是社会的基础结构，通过它们的资本建构可以实现社会的维持和转型，下面我们可以总结一下理论的框架和提纲。理论始于几个定义。一个是制度场域，个体与组织行动者在制度场域中可以意识到规则的存在，这些规则是由一套制度规定的，行动者在行动与互动中要遵守或者实践它们。组织—社会的制度同构是指，制度场域中的组织的行动和交易要符合现行制度所规定的规则。同样地，组织—网络的制度同构也维持和强化了现行制度。制度化组织是一个"加工"个体行动者的组织，它用知识和技能来灌输行动者，使之掌握以履行与现行制度所规定的规则相一致的仪式与行为。

我在理论中也用到了几个假定（解释机制）：（1）力求在同构的组织—社会中生存下来，是制度场域中的所有组织的一般倾向；（2）组织的等级（或地位）反映了它与现行制度同构的程度；（3）组织—社会的制度同构的一个暗示是，组织会招募和保留拥有制度资本的行动者。

可以根据这些定义与假定来建立很多命题，我分为两类社会现象来讨论——社会整合与社会变迁。

对于社会整合，我们可以提出下列假设。

假设1（个人资源转移）：个人的（制度和人力）资源存在代际转移现象。也即，父母的个人与社会（制度和人力）资源越多，孩子的个人资源越多。

假设2（社会资源的积累）：个人资源与其在社会关系和社会网络中的资源异质性和丰富性（特别是能够接触到上层）正相关。

假设3（从资源到资本的转化）：个人资源（人力资源和制度资源）和社会资源的获得与被制度化组织所"加工"的可能性正相关。制度化的证书代表着人力资本和制度资本。

假设4（资本在劳动力市场中的流动）：制度资本（包括社会资本）和人力资本的获得与被高等级组织的招募和保留正相关。

对于社会变迁，我们可以提出下列假设：

假设5（另类组织的网络运作）：与另类制度价值相对应的同质性网络，对群体团结和认同有正向的贡献（反映在资源的聚集与共享上）。

假设6（在制度化组织中的另类计划的建立）：适合另类制度发展需要的社会网络资源的聚集规模，与其在现行制度化组织中建立另类计划的努力和成功的可能性正相关。

假设7（组织对另类制度资本的接受）：另类计划和它们所"加工"的行动者的范围，与高级别组织所招募和保留的拥有另类制度资本的行动者数量正相关。

假设8（制度转型）：制度化组织和组织所"加工"出来的另

类制度资本的范围，与这另类制度整合进现行制度（或者是这另类制度替代现行组织）的程度正相关。

结束语

在这一章中，我提出制度与网络是社会的两个基本组成部分，它们为社会中的资本流动提供了基本的规则。我们可以使用这个分析框架来整合一些理论与假设。例如，我们可以对一些理论提出这样的解释：人力资本和制度资本理论是通过制度化组织来解释行动者与组织的连接；社会资本理论是通过社会网络来解释行动者与组织之间的连接；而社会运动（例如资源动员理论）是通过社会网络来解释行动者与制度化组织以及组织与制度本身的连接。

这个理论图式的最根本的贡献可能在于，它可以解释制度和网络这两种主要的社会力量如何为经济市场以及其他市场中的行动与交易提供基础。这两种力量有助于解释为什么在交易成本存在且不均衡分布的情况下社会仍然能够保持稳定。组织与个体行动者可以相互协调并进行交易的原因是，它们在制度场域中通过制度化组织与网络的中介作用而共享相同的规则。这一理论图式同样可以解释制度转型得以发生的机制。一旦制度与网络如何建立、维持和改变行动与交易的规则的过程被阐述清楚，我们就可以将国家与技术的因素纳入到分析中来，考察利益与代理身份在这过程中如何互补或者竞争。下一章将论述技术与社会资本的密切关系。

第十二章　电子网络与地球村：社会资本的兴起

最近，普特南（Putnam，1993，1995a，1995b）在社会资本研究中挑起一场争论：在过去三四十年内，美国的社会资本是否在下降。普特南认为，社会资本与政治参与之间存在正向的关联，他使用社团或第二类/第三类社团，如家长—教师协会、红十字会、工会、与教会有关的团体、体育运动小组、保龄球联合会的参与率来测量社会资本。政治参与通过投票、给国会写信、参加集会和政治会议等形式测量。普特南发现，美国公民的这两种参与率在过去的30年里都是下降的。他由此得出结论，社会资本或公民参与在下降，这可能是由民主和政治参与的下降引起的。此外，他指出这可能要归咎于人们收看电视的增多。因为电视的流行，美国的年轻一代已经不再对公民参与感兴趣。他还提出，即使他们去打保龄球，也是独来独往而不是结伴而行。

普特南的观点和研究已经受到了不同的理论与方法论视角的挑战。这些挑战主要从两个方面质疑普特南的研究。第一，他在测量社会资本上犯了错误。例如，在分析综合社会调查数据（the General Social Survey data）① 中出现的错误（Greeley，1997a），他应该使用"投入在志愿性工作中的时间数量"（Greeley，1997b，1997c；Newton，1997），而不能只用属于某个组织的成员身份；他排除了某

---

① 它是National Opinion Research Center（NORC）所进行的综合性个人访谈调查，其目的是为社会科学研究提供及时的、高质量的、可用于科学研究的数据。——中译注

些类型的社团［特别是美国当代正在出现的组织（Schudson, 1996; Greeley, 1997a, 1997b, 1997c; Minkoff, 1997; Newton, 1997)]；属于某一社团的成员身份不等于热心公民事务（Schudson, 1996）。第二，即使普特南对社会资本的测量是可以接受的，他对社会资本下降的归因也是错误的；其他因素比收看电视更重要（Schudson, 1996; Skocpol, 1996）。[1]

社会资本是上升还是下降，主要取决于如何定义和测量（Greeley, 1997b; Portes, 1998; Lin, 1999a）。此外，还在于选择哪部分结果来分析。如果使用多重概念，如成员身份、规范和信任来测量，就存在将同一事物的多个方面（网络、信任和规范都是对社会资本的测量）混淆为因果命题的危险（例如，网络促进了信任或者信任促进了网络的发展）。如果将适用于集体的原理套在个体身上，就会出现生态谬误（ecological fallacy）（从某一个层次上得出的结论被运用到其他层次）。

根据我前面提出的理论，社会资本应该通过嵌入在社会网络中的资源来测量。这个定义可以确保测量与理论构想的一致性。这样定义也便于通过一系列的过程与机制来考察宏观现象，社会资本就是这样的机制，它是为了实现某些社区或社会层次上的目标而被投资和动员的。如果从这个视角出发，那么关于美国或者任何其他社会中的社会资本是上升还是下降的争论就有待于证实，因为迄今为止还没有研究明确地使用这个定义——社会资本反映在对嵌入在社会网络中资源的投资和动员上。属于某一社团的成员身份或者社会信任，能够、也可能不能够代表社会资本；在进行任何有意义的争论之前，我们必须先搞清楚它们与社会资本之间的联系。

---

[1] 有很多文献批评普特南使用了错误的因变量［例如，好政府的重要性：Skocpol, 1996；政治组织的重要性：Valelly, 1996；国家社区（national community）的重要性：Brinkley, 1996；政治参与中的不平等的重要性：Verba, Schlozman, and Brady, 1995, 1997；国家精英的重要性：Heying, 1997；政治制度的重要性：Berman, 1997；制度激励的重要性：Kenworthy, 1997；文化的重要性：Wood, 1997]。这些文献并没有处理与社会资本直接相关的问题。

根据我对社会资本的定义与测量标准——嵌入在网络中的资源,我认为有明显的证据证明,社会资本在过去的10年内以电子网络空间的形式在不断上升(Lin,1999a)。此外,这种上升已经超越了社区或国家的边界。我的假设有两点:(1)以电子网络形式出现的社会资本在世界各地都有明显的上升;(2)电子网络的兴起跨越了国家或地方社区的边界;因此,必须把它的影响(积极的与消极的)放在全球的背景下考虑。我从电子网络及其所产生的超越时空的社会资本的出现开始谈起。

因特网与电子网络:新社会资本的出现

电子网络可以定义为电子空间中特别是因特网中的社会网络。[①] 这些网络是由个体或一群个体通过电子邮件、聊天室、新闻群组和俱乐部(Jones,1997b;Smith and Kollock,1999)等形式建立起来的,或者是由非正式和正式的(例如经济的、政治的、宗教的、媒体的)组织为了交换(包括资源交易与强化关系)的目的而建立的。到1990年代早期,电子网络已经成为全球性交流的一个主要渠道,对其程度与范围进行透视是很有趣的。

自1970年代晚期和1980年代早期开始,个人电脑已经渗透到全世界的工厂与家庭中。在北美、欧洲和东亚国家中,个人电脑的出现与普及速度超过了其他很多通信产品。根据经济分析局局长史蒂文·兰德费尔德的报告(*USA Today*,March 17,1999),1997年美国消费者购买的电脑数量超过汽车。根据英特尔架构事业群(the Intel Architecture Business Group)的执行副总裁兼总经理保罗·欧德宁的报告(*Intel Developer Forum*,February 25,1999),2000年世界个人电脑销量已经超过电视机。事实上,澳大利亚、加拿大、丹麦和韩国的个人电脑销量在1998年就已经超过电视机。在1999年,50%的美国家庭拥有电脑,33%的家庭可以

[①] 这部分主要选自林南作品(Lin,1999a)。

联网（Metcalfe，1999）。

电子商务已经成为一笔大生意（Irving，1995，1998，1999）。1998年，网上购物的订单达到130亿美元（平均每张订单55美元），1999年预计可以达到300亿~400亿美元（the Boston Consulting Group，引自 *PC Magazine*，March 9，1999，p.9）。预计增长最大的将是旅游（1999年比1998年增加了88%），PC机硬件（46%），图书（75%），食品杂货（137%），音乐（108%）和录像（109%）（Jupiter Communication，引自 *PC Magazine*，March 9，1999，p.10）。估计1999年有2400万美国成年人在网上购物，大约是1998年网上购物人数（780万）的四倍；单是假日网上购物金额，1999年就可以超过130亿美元（International Communications Research，引自 *PC Week*，March 1，1999，p.6）。在1999年，电子商务的增长速度是大多数世界经济体的经济增长速度的30倍，将达到680亿美元（Metcalfe，1999，引自 International Data Corp.）。估计到2002年，在网上购买的物品中，图书和花卉等易携品的价值将达到320亿美元，旅游与电脑等发展性购置将达到560亿美元，食品杂货等补充品将达到190亿美元（Forrester Research Inc.，引自 *PC Week*，January 4，1999，p.25）。另一项估计显示，到2002年将有40%的网络用户成为在线购买者，电子商务交易达到4000亿美元（International Data Corp，引自 ZDNet Radar，Jesse Berst，*Technology of Tommorrow*，January 6，1999）。1998年上半年，1/5的股票零售交易是在网上进行的。现在估计有430万人在线购买股票和基金，预计到2003年在线交易可以占到美国投资市场总量的31%（Wilson，1999，引自 Piper Jaffray，*PC Computing*，March 1999，p.14）。

1999年3月16日，美国商务部废止了使用了60年的工业分类体系，因为这个体系没有包含信息经济（*USA Today*，March 17，1999，p.A1）。例如，计算机甚至不作为一个独立的工业分类，只被归为计算器一类。新分类体系更好地反映了信息革命所产生的新经济类别。随着美国与墨西哥、加拿大这些国家的贸易的持续增长，新体系的设计也类似于这些国家的分类体系（*USA Today*，

March 17，1999，p. A1）。此外，商务部将开始公布网上购物对零售活动影响的数字，这将是国家经济健康发展的一个重要指标。到目前为止，商务部已经将网上购物的数字与分类销售混在一起，纳入了总销售额中。作为独立部分统计的1998年和1999年的因特网销售数据，可以在2000年中看到（*Info World*，February 15，1999，p. 71）。

通过因特网交流与结成社会网络的现象虽然是近年来的事情，但却比个人电脑本身的发展还要快。由于1980年代CERN（在瑞士日内瓦的欧洲粒子物理实验室）的提姆·伯纳斯·李（Tim Berners-Lee）发明超文本技术，以及1991年夏天万维网（World Wide Web）的引入，因特网在过去10年里发生了革命性的变化。1995年，美国3200万家庭中有1410万拥有调制解调器，到1999年的1月，5000万美国家庭中有3770万拥有调制解调器（*USA Today*，March 17，1999，p. 9D）。1997年全球的网络用户有6870万，1998年达到9730万，预计到2001年网络用户数量将超过3亿（World Trade Organization estimate，March 12，1998）。与1999年初相比，2002年将有2/3的在线用户是新用户（Metcalfe，1999，引自International Data Corp.）。

1998年初，美国有超过4500万的个人电脑用户定期上因特网，1998年第一季度比1997年第一季度增长了43%。接近49%的美国家庭至少拥有一台个人电脑（*ZD Market Intelligence*，January，1999）。1999年，美国以外的用户数量首次超过美国，占到全球用户总量的51%（Metcalfe 1999，引自International Data Corp.）。中国的因特网用户数从1997年的60万激增到的1998年的150万（新华社，1999年1月15日）。1999年中国报告的因特网用户达到400万。美国的因特网大师尼古拉斯·尼葛洛庞帝（Nicholas Negroponte）预测，中国的因特网用户数量到2000年将激增到1000万（Reuters，January 15，1999）。

女性上网人数也急剧增长。1996年1月，18岁以上的网络用户中女性只占18%；到1999年1月，女性用户占整整一半（*USA*

Today, March 17, 1999, p. 9D)。预计到1999年底，女性网络用户将占到多数（Metcalfe, 1999, 引自International Data Corp.）。1997年，通过网络发送的电子邮件数量第一次超过了通过邮局寄送的邮件数量。

个人电脑专家惊呼，因特网正在改变一切。《个人电脑杂志》主编迈克尔·J. 米勒（Michael J. Miller）在1999年2月写到，因特网正在改变我们"交流、获取信息、娱乐和做生意的方式"（*PC Magazine*, February 2, 1999, p. 4）。1999年1月，保罗·萨莫森（Paul Somerson）在《电子与电脑》（*PC Computing*）上表达了相同的观点。我们不可能准确地估计出，到底有多少讨论会、论坛和各种类型的俱乐部已经形成和正在形成。但是我们必须要问，电子空间与电子网络的发展对社会网络和社会资本的研究会带来什么影响？一个简单的回答是：其影响难以置信。

对于电子网络的激增，我们可以提出一个基本问题：电子网络承载着社会资本吗？如果是，我们就有充分的证据证明最近关于社会资本下降的论点是不正确的，或者说社会资本的下降趋势已经被阻止住了。实际上我们正在经历着电子网络所代表的**社会资本的革命性上升时代**。也即，我们正在进入一个社会资本在意义与影响上将会很快超过个人资本的新时代。

电子网络所承载的资源超出了单纯的信息用途，从这个意义上讲电子网络提供了社会资本。电子商务就是一个例子。很多网站提供了免费信息，但是网页上的广告会引诱用户购买一些商品或服务，提供了激发用户行动的刺激。因特网也提供了交换与集体形成的渠道（Fernback, 1997; Jones, 1997b; Watson, 1997）。这些"虚拟"的连接使用户与他人的联系几乎不受时间和空间的限制。由于通过电子网络获取信息与互动都很方便，因此电子网络不仅富含社会资本，而且成为参与者在生产和消费市场中的目的性行动的重要投资。

与之相关的一个争论是，电子网络的全球化是否代表着世界体系的再生产——中心国家或者行动者通过将边陲国家/行动者纳入到自己控制的全球经济体系的方式，继续控制和"殖民"着边陲国家/行动者（Brecher and Costello，1998；Browne and Fishwick，1998；Sassen and Appiah，1998）。这个观点为下列证据所支持：国际组织、跨国公司和商品合作生产（commodity chains）等国际经济形式，被处于支配地位的国家的公司与这些国家本身的价值、文化和权威所控制。随着全球的电子空间获取机会的不平等的不断加剧，越来越多的学者开始关注这一现象。富有的国家与行动者获取电子空间的机会逐渐增多，而贫穷的国家与行动者则被拒在电子社区的门外。

但是至少对于那些有机会进入电子空间的人而言，电子网络意味着一个自下而上的全球化过程是可能的，企业家和群体可以在无任何阶级的行动者进行控制的情况下得以形成（Wellman，1998）。电子网络的发展意味着一个新全球化过程的开始吗？虽然不能否认占支配地位的国家和行动者仍然会尽力控制电子空间的发展，但是我认为电子网络代表着民主的和企业家的网络与关系的新时代。其中资源会在大量新参与者中间流动，他们共享资源，他们遵守着新规则，进行着新实践，并且没有殖民式的意图或能力。

随着电脑网络设备价格的降低与网络的跨时空能力的增强，我们正在面对着一个以全球村形式出现的社会网络的新时代。电子网络的全球化是一把双刃剑。在获取嵌入到电子空间中的资本方面，电子网络使富人/富国与穷人/穷国的差别比以前更悬殊。由于社会的（缺乏教育和缺乏语言能力）、经济的（获得电脑与通信设施的能力）和政治的（权威对获取机会的控制）限制，获取电脑、其他设备和因特网上的不平等仍然存在。但是在电子网络内部，不再需要或者不再可能产生中心—边陲的世界体系——核心行动者通过联系和网络，继续控制着信息、资源和边陲行动者的剩余价值。相反，信息在网络时代比在人类历史上的任何其他时代都更容易获得，其流动性更强。随着电脑与通信成本的降低、技术对传统权威控制的削弱，资源获取的限制与控制正在迅速地减少。

有充足的证据表明，越来越多的个体行动者参与到新形式的社会网络和社会关系之中，毫无疑问，其中相当一部分活动涉及社会资本的创造和使用。由于网上可以免费地获取很多信息、数据，联系其他行动者也很方便，因此网络和社会资本以前所未有的速度发展起来。网络是具扩展性的，同时也具亲密性。网络的运作可以超越时间（一个人可以在任何喜欢的时间里建立连接）和空间（可以直接或间接地访问遍布全球的网站）。随着这些网络（例如"村庄"）的建立，规则与实践正在形成，制度——通过借鉴过去的实践，有意地偏离过去的实践，或者通过参与者的共同发展——也正在被创造出来。

如果我们的视野能够超越传统的人际网络，对1990年代刚出现的电子网络进行分析，我们就可以大胆地驳斥社会资本正在下降的观点。我们正在进入一个社会资本的意义与影响远远超过个人资本的新时代。我们需要搜集个体花费在电子网络中与他人进行"交往"的时间和精力的基本数据和信息，从而与个体用在人际交往、其他娱乐活动（例如看电视、旅游、外出就餐、看电影和看戏剧）、参加公民集会与地方集会等事情上的时间和精力做一个比较。我们也需要对通过电子网络所收集的有用信息数量进行估计，以与传统媒体进行比较。

研究日程

电子空间的发展以及电子空间中的社会、经济和政治网络的出现，预示着社会资本的建构与发展的新时代的到来。社会资本不再为时间或空间所限制；电子网络开启了社会资本全球化的可能性。社会关系现在可以超越地理政治边界的限制，行动者可以在想交换的时候迅速地实现交换。这些新情况为行动者获取社会资本提供了新的机会与挑战，从而也提醒我们要重新考虑社会资本的理论与假设——迄今为止仍然主要建立在对地方化的、受时间限制的社会联系的观察与分析的基础之上。要理解和评价这种新形式的社会资本，必须进行系统的研究。这里我提出几个值得研究人员注意的矛盾和假设。

1. 我们如何将地方化的社会资本概念和理论扩展为全球性的、在电子网络中获得的社会资本的概念和理论？例如，全球村中的市民社会是个什么样子？我们如何将理论扩展到对诸如民主社会和政治参与等国家性社会资本的分析？我们如何将理论扩展到对诸如信任和凝聚力等集体性社会资本的分析？与此相对的全球性社会资本是什么？我们需要发展新概念吗？或者说我们是否可以利用我们已有的理论和方法来理解一个全球性的市民社会或全球式参与？即使我们可以进行这样的扩展——我对没有修改的扩展效果是感到怀疑的，我们如何对地方化与全球化社会资本及其影响进行比较？传统的地方性嵌入资源失去效应了吗（例如地方凝聚力可能不再单纯地依靠地方性社会资本）？或者说它们能够保证地方社区的回报吗？如果这些地方性的网络仍然有意义，在这种情况下电子网络意味着什么？如何看待国家在更大的地球村中的参与（Ananda Mitra，1997 in Jones，1997a）？[①] 电子网络代表了追加的社会资本，还是对地方性社会资本的取代？做一个社区或者国家的公民优越于做一个地球村的居民吗？或者相反？各在什么条件下成立？如果一个行动者获取地方性社会资本与获取全球性社会资本的利益或者忠诚性存在冲突，那么这个行动者如何在每一方所带来的好处与要承担的责任之间进行选择呢？

2. 在某种意义上，电子网络为行动者获取社会资本提供了一个平等化的机会。由于电子网络的低成本与易获取性，世界上越来越多的人可以使用电子网络，从而信息变得更丰富、流动性更强，另类渠道的来源与合作伙伴变得多样化，行动者对短暂性交易的需要不断增加，也更喜欢这种交易，这样权力差异必然会减小。多个路径意味着可以减少对某些节点的依赖，减少这些节点的权力。这些另类的路径降低了网络位置或桥梁的重要性了吗？

[①] 我使用"村"的概念，是想表达电子网络的规则、实践和制度仍然在变动，并处于发展过程中。

那么这意味着电子网络中将会出现平等化与民主化的进程吗？与此相联系的是，权威将会很难行使吗？

上面的过程已经出现在经济部门中。例如，像戴尔和 Gateway 这样的公司很早就进入因特网世界，它们通过减少中间商与减少存货的方式来降低交易成本，因此它们销售电脑的速度很快，价格也很便宜。这使它们具有重要的竞争优势，因为像 IBM、康柏和惠普等传统的电脑公司主要靠第三方销售与服务。这些传统的电脑公司要么转变经营战略，要么就会失掉生意与竞争，因此它们面临巨大的任务：一方面要继续采用传统的方法做生意；另一方面还要适应直接与顾客互动的新经营策略。在股票交易中，像 Charles Schwab、E-Trade 和 Datek 等电子交易公司使个人交易的成本降低、交易速度加快，而迫使美林（Merrill Lynch）冒着失掉与地方和地区证券商的生意关系的风险，去适应新的规则。传统公司与行业的压力非常大。旅行社、汽车商、保险公司、银行和股票经纪人都面临挑战，要么迅速采用电子网络做生意，要么面临死亡（Taylor and Jerome, 1999）。这是电子网络夷平权力的力量。

然而，权力会消失吗？几乎不可能（Reid, 1999）。电子空间中资源丰富的行动者将获得更多的资源，他们会与其他资源丰富的行动者结成联盟、合并，或者吞掉后者，并且会用所有的硬件和软件资源封锁其他的路径，以使自己成为电子网络中的重要桥梁或结构洞。各种公司正在发展新规则与新实践，以应付和利用信息经济（Breslow, 1997; Kelly, 1998; Shapiro and Varian, 1999）。微软垄断操作系统与主要应用程序的做法就是一个例子。美国在线也是一个例子，它正在尽力地阻止用户使用其他公司的网络。电话公司、电报公司和卫星通信公司都在竞争或者合并，以在因特网中赢得竞争优势。著名的大学和研究机构已经建立了自己的超级计算机与因特网体系。政府以及其他机构与公司可以通过网络获得个人的全面信息，有权限的、已经支付信息费用的或者专门获取这些信息的行动者与机构也可以利用这些个人信息。1999年6月，美国联邦电子商务咨询委员会举行会议，负责设计电子商务的税收方案。2000年4月，联邦电子商务咨询委员会建议国会6年后再推行因特网税收政策。

同时，电子空间的获取本身已经扩大了富人/富国与穷人/穷国之间的差距。对于北美、欧洲、澳大利亚、新西兰和东亚的公民而言，因特网可能具有平等化的效应，有助于他们对社会资本的获取。但是因特网也可能扩大这些社会及其公民，与世界的其他社会特别是非洲社会之间的差距。根据1999年国际数据集团（International Data Corporation）/世界时报的全球资讯社会指标（World Times Information Society Index）的数据（*PC magazine* June 8，1999，p.10），通过追踪占全球国民生产总值（GNP）的97%和全球信息技术支出的99%的55个国家，富国与穷国之间的信息差距在继续扩大。① 占世界人口40%的150个左右的国家不包括在这个指标体系中；它们只占世界国民生产总值的3%，不足世界信息技术支出的0.5%。由于没有电脑、语言设备、电和电话，世界上的很多公民将被挡在因特网世界之外，不能在电子网络中获取资源、相互参与和进行交换。

社会资本的数字化区隔，可能会沿着社会经济地位、种族、宗教和居住地的方向使人们产生进一步的分化。即使在处于世界信息经济领头羊位置的美国，人们使用计算机与因特网上的机会也存在很大的不平等。美国商务部（Irving，1999）在1999年的《从网络中跌落：界定数字化区隔》（*Falling Through the Net：Defining the Digital Divide*）报告中，以收入、城市—农村、种族/血统、教育和婚姻地位为分类，指出各类别的家庭在使用电子邮件上存在巨大的差别。从1994年到1998年，这些差距一直在扩大。如图12-1所示，在1998年，收入超过75000美元的美国家庭使用电子邮件的比例是40%~45%，而收入在10000~14999美元的家庭使用电子邮件的比例只有4%~6%。图12-2显示，在1998

---

① 信息技术支出排在前10位的国家依次是美国、瑞典、芬兰、新加坡、挪威、丹麦、荷兰、澳大利亚、日本和加拿大。

年超过 1/5（21.5%）的白人家庭使用电子邮件，而黑人与西班牙裔家庭的这一比例不足 8%。教育分类（图 12-3）表明了同样的情况：到 1998 年，拥有大学以上学历成员的家庭，使用电子邮件的比例接近 2/5（38.3%），而拥有高中以下学历成员的家庭使用电子邮件的比例不足 4%。地区（图 12-4）差别也表现出了不平等：居住在城市与中心城市的家庭比住在农村的家庭更多地使用电子邮件（东北地区除外）。夫妻家庭（有孩子或者孩子未满 18 岁）比其他类型的家庭更可能使用电子邮件（图 12-5）。

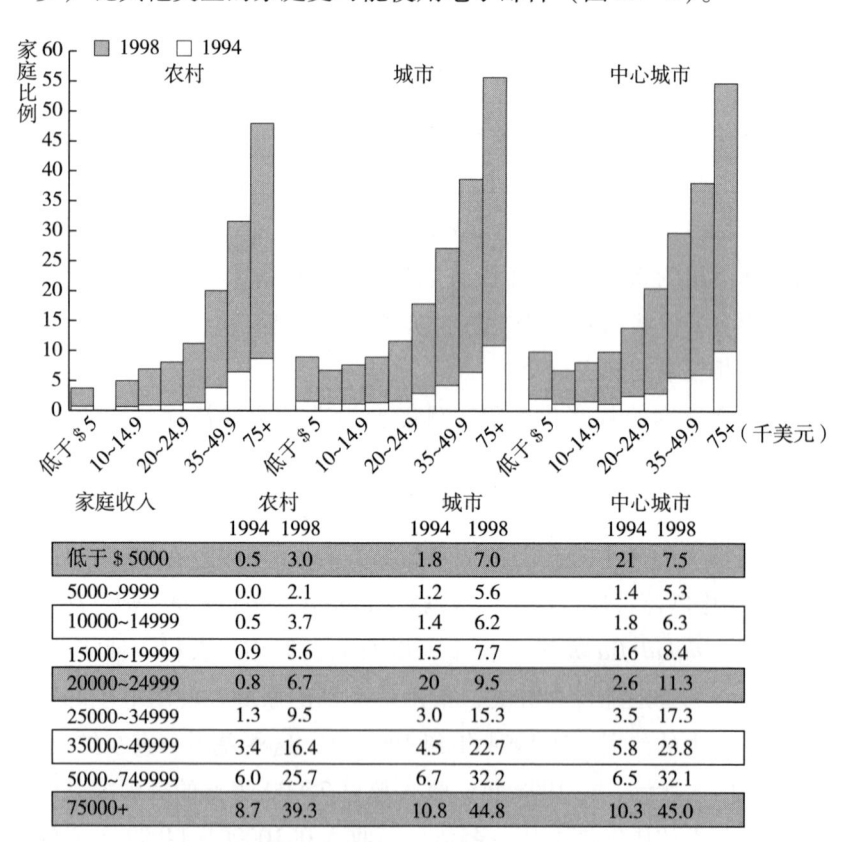

家庭收入	农村 1994	农村 1998	城市 1994	城市 1998	中心城市 1994	中心城市 1998
低于 $ 5000	0.5	3.0	1.8	7.0	21	7.5
5000~9999	0.0	2.1	1.2	5.6	1.4	5.3
10000~14999	0.5	3.7	1.4	6.2	1.8	6.3
15000~19999	0.9	5.6	1.5	7.7	1.6	8.4
20000~24999	0.8	6.7	20	9.5	2.6	11.3
25000~34999	1.3	9.5	3.0	15.3	3.5	17.3
35000~49999	3.4	16.4	4.5	22.7	5.8	23.8
5000~749999	6.0	25.7	6.7	32.2	6.5	32.1
75000+	8.7	39.3	10.8	44.8	10.3	45.0

图 12-1 根据收入与农村、城市、中心城市的交叉分类，使用电子邮件的美国家庭所占的比例（1994 年和 1998 年）

数据来自美国国家电信与资讯管理局（National Telecommunications and Information Administration [NTIA]）和美国人口统计局（U. S. Census Bureau）、美国商务部（U. S. Department of Commerce）；使用的是 1994 年 11 月和 1998 年 12 月的当期人口调查数据（Current Population Surveys）。

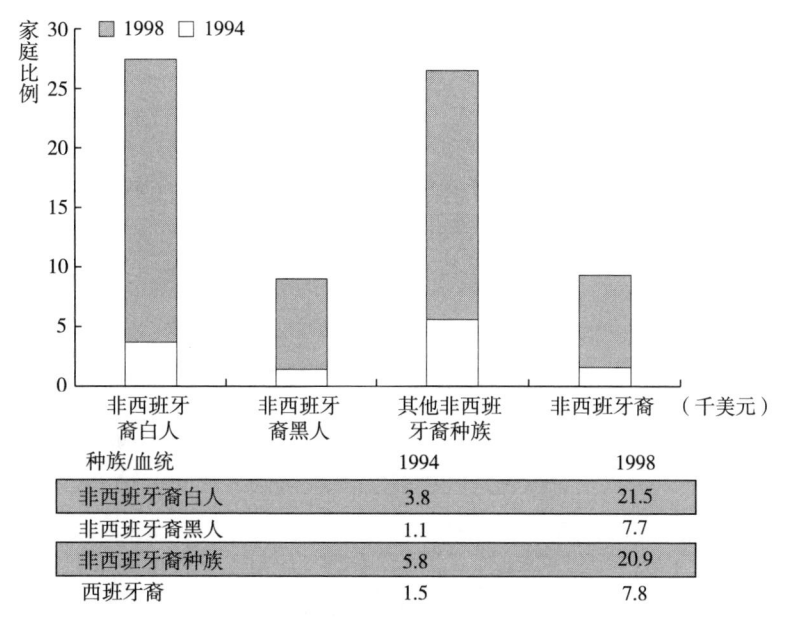

第十二章　电子网络与地球村：社会资本的兴起

	1994	1998
非西班牙裔白人	3.8	21.5
非西班牙裔黑人	1.1	7.7
其他非西班牙裔种族	5.8	20.9
西班牙裔	1.5	7.8

图 12-2　根据种族/血统的分类，使用电子邮件的美国家庭所占的比例（1994 年和 1998 年）

数据来自美国国家电信与资讯管理局和美国人口统计局、美国商务部；使用的是 1994 年 11 月和 1998 年 12 月的当期人口调查数据。

与发达国家相比，发展中国家的富人与穷人、城市与农村、受教育程度高与受教育程度低、占优势地位的族群/种族/宗教群体与其他群体之间的差距更大。例如最近的调查（CNNIC，1999）显示，美国有将近一半的因特网用户是女性，而中国的女性因特网用户只占 15%。

因此，因特网使用上的族群与性别差异（Poster, 1998；Sassen, 1998，第五章和第九章），以及国家技术发展层次上的差异都增加了不平等性（Castells, 1998，第二章）。换言之，由于各国在技术能力与各类资本上存在差异，社会资本的不平等在电子网络中迅速发展。在发达国家中，各社会阶级在获取电子网络性社会资本上的差异正在变小，但不发达国家的情况可能恰恰相反。以语言为例，计算机、因特网与全球性交流都被英语垄断了，这种情况从编码的发展到常用的用户命令程度各异。英语世界通过 19

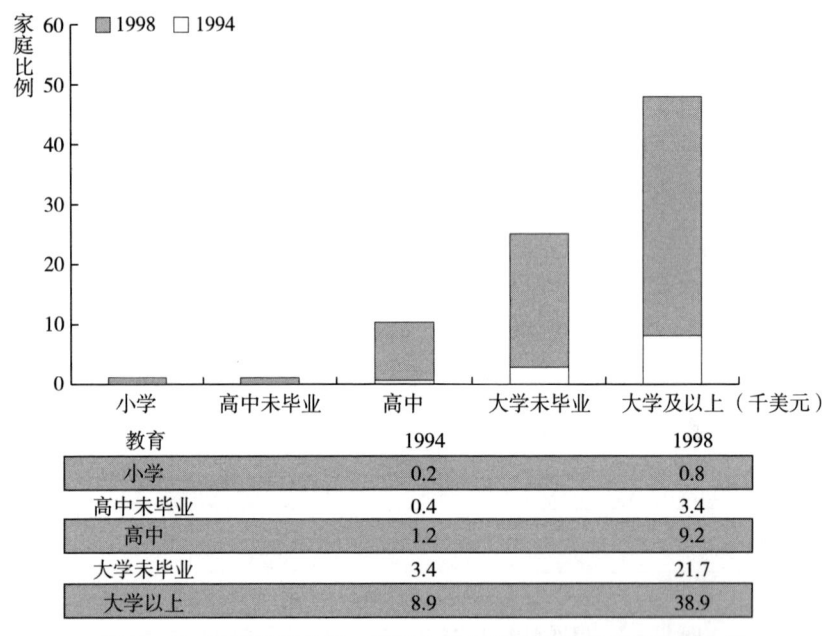

教育	1994	1998
小学	0.2	0.8
高中未毕业	0.4	3.4
高中	1.2	9.2
大学未毕业	3.4	21.7
大学以上	8.9	38.9

图 12-3　根据教育分类，使用电子邮件的美国家庭所占的比例（1994 年和 1998 年）

数据来自美国国家电信与资讯管理局和美国人口统计局、美国商务部；使用的是 1994 年 11 月和 1998 年 12 月的当期人口调查数据。

世纪和 20 世纪的早期工业发展而处于世界体系的有利地位，现在它们通过发展计算机与因特网，继续在世界体系中占据优势地位。其他国家（例如中国）由于庞大的人口原因，可能要发展自己的语言电子社区，但是语言差距仍然会扩大电子网络中的社会资本的不平等性。社会资本的不平等性分析，必然要涉及国家、地区或社区等亚单位的对比。在这个意义上，只要社会资本的差距在传统社区与国家的维度上存在，社区和国家就仍然具有意义。

数字化区隔所涉及的不仅仅是技术的使用。随着电脑成本的降低与卫星服务所覆盖地区的增多，很多资源的获取都需要付出更大的努力；要获得利用电子空间和电子网络的能力（教育、语言能力和社会政治限制），也更加困难。

3. 在电子网络中，作为社会资本的物质商品和思想商品的混合达到了前所未有的程度。信息可能是免费的，但其成本强加在

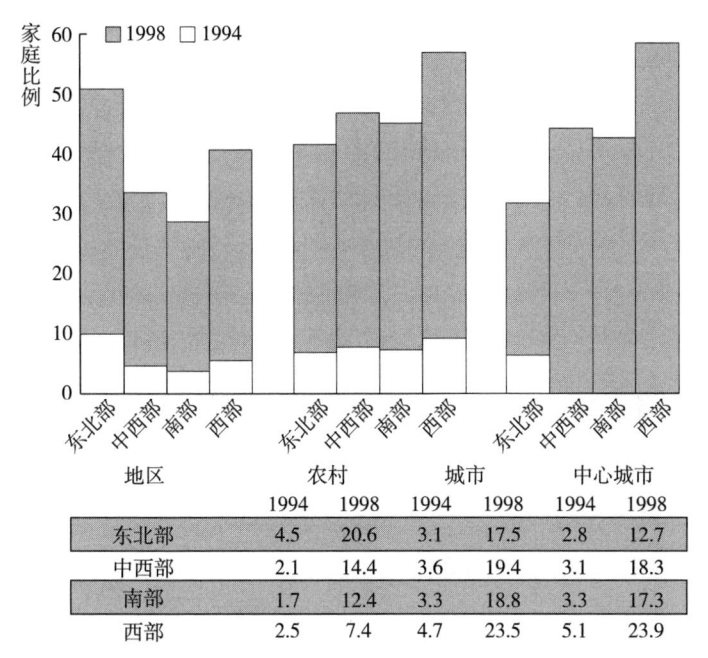

第十二章 电子网络与地球村：社会资本的兴起

地区	农村 1994	农村 1998	城市 1994	城市 1998	中心城市 1994	中心城市 1998
东北部	4.5	20.6	3.1	17.5	2.8	12.7
中西部	2.1	14.4	3.6	19.4	3.1	18.3
南部	1.7	12.4	3.3	18.8	3.3	17.3
西部	2.5	7.4	4.7	23.5	5.1	23.9

图 12-4 根据地理区域与农村、城市和中心城市的交叉分类，使用电子邮件的美国家庭所占的比例（1994 年和 1998 年）

数据来自美国国家电信与资讯管理局和美国人口统计局、美国商务部；使用的是 1994 年 11 月和 1998 年 12 月的当期人口调查数据。

人们眼前的思想/物质信息，特别是商业信息上面。虽然这个成本是传统性的——这与已经诞生了几个世纪的印刷媒体和诞生了几十年的电视一样，但是电子网络中的经济信息和市场营销信息的整合更加彻底。对于这些混合的信息，根本不存在发送者与接受者的明确划分；所有的交换都是这些信息的潜在（自愿的或非自愿的）传递者。尽管这些交换在当时主要是商业性/物质性的，但是它们可以扩展到政治的、宗教的和其他内容/思想的领域中。因此，电子网络中的免费信息可能变得越来越"贵"。屏蔽这些不想要的信息的技术能跟得上培植它们的技术手段与政治手段的步伐吗？

4. 电子空间的免费获取与网络运作已经模糊了社会资本——隐私权（个人资源）和获取信息的自由（社会资源）——的边界。

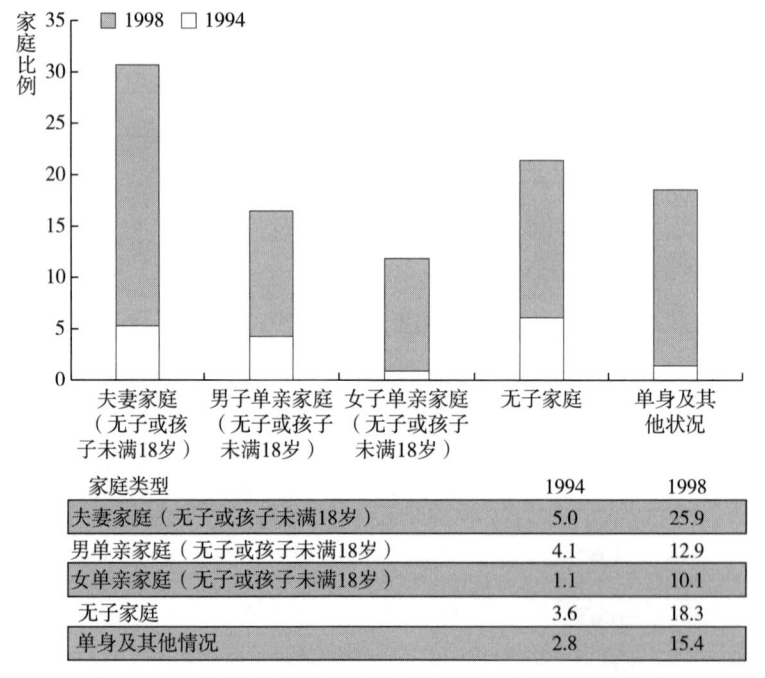

家庭类型	1994	1998
夫妻家庭（无子或孩子未满18岁）	5.0	25.9
男单亲家庭（无子或孩子未满18岁）	4.1	12.9
女单亲家庭（无子或孩子未满18岁）	1.1	10.1
无子家庭	3.6	18.3
单身及其他情况	2.8	15.4

图 12-5　根据家庭类型分类，使用电子邮件的美国家庭所占的比例（1994 年和 1998 年）

数据来自美国国家电信与资讯管理局和美国人口统计局、美国商务部；使用的是1994 年 11 月和 1998 年 12 月的当期人口调查数据。

电子空间在传递信息上获得了前所未有的自由，从而隐私问题也突显出来，因为网络搜索他人信息的能力以惊人的速度发展起来（Burkhalter，1999；Donath，1999）。例如，通过因特网获取色情作品比通过印刷媒体与视觉媒体要容易得多。攻击性信息（Zickmund，1997；Thomas，1999）、犯罪性信息（Castells，1998；第三章）以及爱情或恋爱信息的传播带来了机遇，也带来了悲剧（参见 Jeter，1999；对因特网浪漫爱情的完结的描述）。

更严重的是信息自由与隐私权之间的冲突。现在已经不是阻止孩子获取某些信息的问题，而是一个人获取他人信息的权力问题。例如，在美国人们完全可以免费或者以最低的成本，获取他人的银行存款、抵押借款、股票账户、犯罪记录、驾驶执照、违章行为和吸毒记录的数字化信息，以及更多的与社会安全号码

(Social Security Number 在美国是个相当重要的个人索引号码，类似于身份证号码。——中译注）相联系的信息。一个人获得信息的自由，可能正是对他人隐私的侵犯。社会资本有一个明确的边界吗？如果有，谁来设置这个边界？在传统的社会网络中，人际关系限制了共享资源的流动与容量，与此不同的是，电子网络将这些关系与限制降到了最低水平。

在电子网络上提供信息的自由，也引起了前所未有的社会法律问题。什么时候社区可以将自认为是色情作品的东西，标定为社区的污损物？足以伤害一些个体的仇恨信息什么时候能被禁止？什么时候能将暴力视为鼓动性的行动？至于法庭，可能要裁决某些社会禁忌的信息是否以及在什么程度上可以在因特网上传播（MacKinnon, 1997; Morrow, 1999）。对于那些为了获利而在股票市场上散布假信息的行为，可能或者需要采取什么法律措施（Jarvis, 1999）？

信息的传播什么时候会跨越社区与国家的边界？谁有权规范它们？如果像国家这样的法律实体参与电子战（例如窃取其他国家的数据，或者散布攻击性的信息、煽动革命的信息），国际组织有能力调解和规范它们吗？如何在加强社会控制与保障电子网络新获得的自由之间进行平衡？这个问题目前还存在着很大的争论与执行的困难。[1]

在经济与商业部门，为了解决产权和管理的问题（例如税收），一些国家和国际政策纷纷出台。1997年7月1日，克林顿政府发布了《全球电子商务纲要》（*A Framework for Global Electronic Commerce*），它代表着美国政府促进电子商务发展的战略。随后，国会通过了多个法案，实现了克林顿提出的四个目标：（1）《因特网免税法案》（*Internet Tax Freedom Act*）决定三年内不对电子商务征收新税种和有失公平的税种；（2）《数字千年版权法案》（*Digit-*

---

[1] 根据1999年的乔治敦因特网隐私政策研究（*Georgetown Internet Privacy Policy Study*）提供的数据，排在前100位的网站中，94%的有隐私政策；随机抽取的网站中，66%的有隐私政策。但是哪些政策执行了，以及这些政策的执行效果如何，都有待于进一步研究。

al Millennium Copyright Act），正式批准和执行《世界知识产权组织版权条约》（World Intellectual Property Organization Copyright Treaty；简称 WIPO Copyright Treaty）与《世界知识产权组织表演和录音条约》（WIPO Performances and Phonograms Treaty），保护在线材料的产权；（3）《政府文书简化法案》（Government Paperwork Elimination Act），鼓励迅速采用联邦政府的电子签字与记录保持系统。（4）《儿童在线隐私保护法案》（Children's Online Privacy Protection Act），保护在线幼小儿童的隐私。1998 年 5 月，世界贸易组织（WTO）的成员国达成了一项协议，决定继续对电子商务的在线交易实施零关税政策。1998 年 10 月，经济合作与发展组织（Organization for Economic Cooperation and Development；简称 OECD）和各相关产业团体发布联合声明，支持克林顿在《全球电子商务纲要》中提出的税收原则，对因特网和电子商务实行区别税收政策。但是目前电子网络的发展速度，已经大大超过了这些国家的与国际政策的规划速度。

5. 在电子网络中，行动似乎在与结构的互动中占了上风（McLaughlin, Osborne, and Ellison, 1997; Smith, 1999; Wellman and Gulia, 1999）。个体、群体和组织可以通过建立聊天室、俱乐部和限制松散的团体等方式来创造制度与资本。随着这些"村庄"（villages）的形成，新的规则与实践也逐渐被创造出来并得以实施（Agre, 1998）。在电子空间中，扩展网络的动机是什么，其目标和回报又是什么（Kollock, 1999）？在这些"村庄"中，财富回报会被声望、权力或情感回报所取代吗？这些共享资源有身份的限制、边界的控制以及交换与承诺的规则吗？

以证书为形式的资本正在被创造和授予，其市场也正在扩大。例如，1999 年美国的高等教育在线课程（telecampus. edu）达到几万门，估计到 2002 年，在因特网上至少上过一门大学课程的人数将会增至三倍，达到 220 万（PC World, July 1999, p. 39）。虚拟学位（virtual degrees）已经可以在线授予［例如美国北部地区大学认证委员会（North Central Association of Colleges and Schools）所

第十二章　电子网络与地球村：社会资本的兴起

承认的虚拟大学（virtual university）——琼斯国际大学（Jones International University），1999，www.jonesinternational.edu；杜克大学（Duke University）可以授予虚拟工商管理硕士学位。这样的虚拟学位还有很多]。

挑战现行制度的社会运动已经开始利用电子网络所提供的机会去动员社会资本。电子网络提高了和平过渡与转型的机会吗？或者说它们加速了社会制度的剧烈变迁吗（Gurak，1999；Uncapher，1999）？它们是补充还是会替代社会资本的面对面的交换？它们有助于弱势群体的集体行动吗（Schmitz，1997；Mele，1999）？

这些电子空间中的各个"村庄"之间必然存在紧张、冲突、暴力、竞争与合作。"村庄"如何以及在什么时候进行自我保护、维护自己的利益与侵占其他"村庄"的资源？"村庄"如何成为帝国或者获得殖民权力？电子空间中会出现"联合国"吗？在什么样的规则与实践下会出现？这样一个全球体会被核心"村庄"所控制吗？

结束语

得出美国以及任何其他地方的社会资本正在下降的结论未免太早，甚至可以说是错误的。因特网与电子网络的兴起标志着社会资本的革命性增长。如果我们接受普特南的观点——看电视导致人们更少地参与传统形式的社团与社会团体，从而导致社会资本的下降，那么这种交流形式开始表现出一种"矫正"的趋势。1999年7月的尼尔森调查（Nielsen Survey）显示，自1998年8月开始跟踪调查以来，因特网与在线服务的使用使家庭的电视收看时间持续降低。入网家庭收看电视的时间比其他家庭平均要少13%（每天大约有1小时）——每月加起来有32个小时。入网家庭的数量从1997年的2200万增加到1999年3500万，在不到两年内增加了60%。据内布拉斯加州林肯市的Fairfield Research的首席执行官Gary Gabelhouse报告（*USA Today*，July 20, 1999），美国人每天收看电视的时间已经从1995年的4个半小时降到了1999年6月的2个小时左右，这是他根据一项1000名美国成年人参加的调查统计出来的数据。他指出，"人们正在改变被动的电视娱乐方式"。他的数据还表明，人们平均每天上网64分钟，其中70%的时间用于网上查阅资料与交流，而不是娱乐。**终日懒散在家看电视**这一术语用在某些年龄群体身上仍然合适，但是入网群体在周末、放学和下班后（下午4：30～下午6：00）——比其他群体收看电视的时间要少17%，甚至是在黄金时段（晚上8：00～晚上11：00）入网家庭的电视使用率要比其他家庭低6%，他们收看电视的时间都大大降低。这一事实表明，一个在线新生代正在迅速形成，他们喜欢通过电子网络互动与搜索信息。

这个建立在"资本主义、英语和技术的胜利"之基础上的革命（Bloomberg，1999，p.11），以令人震惊的速度和方式，使个体、群体和整个世界发生了转型（Miller，1999；Zuckerman，1999）。但同时，这个革命也导致了资本在社会与个体中的分配更加不平等。似乎矛盾的是，虽然这场革命加深了那些可以获取更多和更丰富的资本的人与其他正在被排除在这些机会和好处的人之间的分化，但是随着完全开放的竞争降低了群体和个体中的权力与资本差异，电子网络中的人们已经看到了机会与利益的平等化。

随着技术的不断发展与商业利益的不断出现，电子网络逐渐将社会—经济—技术要素融入到社会关系和社会资本之中。这个新特征使社会资本的获取和使用产生了新问题。现在技术已经可以创造虚拟现实（例如视听、三维、触控）与超越时空（通过便宜的无线设备即可实现），网络爱情、激情、仇恨和谋杀也正在"现实化"与人格化（例如，因特网浪漫爱情和谋杀已经发生：*Washington Post*，March 6，1999，p. A2；规则与言论自由正在发生冲突：*Time*，February 15，1999，p. 52；个人的材料和历史逐渐变得公共化：*USA Today*，January 18，1999，p. 3B；在科索沃冲突期间，南斯拉夫的网站使用电子邮件进行"电子战"：*Wall Street*

Journal, April 8, 1999),那么电子网络会打破精英阶层的统治、消除社会资本的分化效应吗？但是技术需要资源和技能。全球化正在进行之中，电子网络可能将很多不发达社会与社会的弱势群体排除在外。事态的发展会使社会资本的分配更加不平等吗？在什么条件下会出现这种情况？事态的发展会进一步地将世界分割为富人/富国和穷人/穷国吗？理论必须分析社会资本的不同方面（信息、影响、社会信任和强化）与不同结果（工具性的和情感性的）会出现什么样的新情况。

我猜想，所有形式的资本的全部发展形态与效应形式都可以在电子网络中得以考察。电子网络从根本上讲是关系和嵌入性资源，即一种社会资本。我们现在需要收集地球村式电子网络的各种数据。地球村是指社会群体与社会组织（"村庄"）的形成和发展，特别是：（1）每一群体及其领地如何界定或者根本就无法界定（封闭性 VS 开放性）；（2）成员身份如何获取、界定或确认（例如居民和市民身份）；（3）成员身份是由什么组成的（例如人口统计学特征：个体、家庭、人口群、年龄、性别、种族、语言和社会经济特征）；（4）资源如何在"村庄"内和"村庄"之间进行分配："村庄"中的阶级与不平等。简言之，我们迫切需要搞清楚电子网络是如何建立起来的，它们如何分割社会资本。这一章为学者们理解刚出现的新制度与新文化，以及人力资本与社会资本之间的互动提供了参考和数据。最重要的是，我的论述为理解下述问题提供了线索：社会资本是否以及如何超过了个人资本的意义和影响；市民社会没有消亡，而是在逐渐扩大，变得全球化。

第三部分 总　结

第十三章 理论的未来

本书并不打算论述社会资本理论的所有方面。社会资本理论的未来发展取决于理论本身及其概念测量的精致化。序言中已经提到，我将关注社会资本的工具性，而只对情感性进行简单的讨论，当然并不是我忽视后者（Lin, Simeone, Ensel, and Kuo, 1979; Lin, Dean, and Ensel, 1986; Lin and Ensel, 1989; Lin and Lai, 1995; Lin and Peek, 1999）。论述社会支持、社会网络和社会资源对心理健康与生活幸福的影响的文献非常多。要"公平地对待"社会资本的情感性，可能需要再写一本同样规模的专著。我也缩短了关于社会资本集体性的论述，因为我认为一本专著的理论和研究价值在于它的整体架构，而不是看它的某一部分（参见第二章、第八章和第十二章）。我想在最后一章里对社会资本理论进行简单的综合，这里当然包括上面谈到的这些方面。

社会资本的模型化

一个全面的社会资本模型应该包括下列内容：（1）社会资本中的投资；（2）对社会资本的获取和动员；（3）社会资本的回报。前面我们已经澄清了社会资本的定义、组成要素和测量，现在简单地讨论一下社会资本的回报类型。我认为主要有两种回报类型：（1）工具性行动的回报；（2）情感性行动的回报（Lin, 1986, 1990, 1992a）。行动者采取工具性行动是为了获得自己所没有的资源，而采取情感性行动是为了维持已经拥有的资源。

对于工具性行动，我们可以确定三种可能的回报类型：经济回报、政治回报和社会回报。每一种回报可以视为行动者新增加的资本。经济回报很简单，就是关于收入、财产等财富的回报。政治回报同样很简单，它由集体中的等级位置来表示。社会回报需要进行澄清。我将声望作为社会回报的指标（第九章）。声望可以定义为集体对一个人的评价。如第九章所描述的，进行社会资本交易的社会交换存在一个重要的问题——交易可能是非对称性的，例如自我可能受到他人的恩惠。这样自我得到了便利，但是给予自我恩惠的他人会得到什么回报？参加经济交换的行动者期待着在短期或长期内实现互惠性与对称性交易，与此不同的是，行动者在社会交换中不需要这样的期待。在社会交换中，自我与他人期待的是双方都能够承认这个非对称性交易，也即他人获得社会信任，而自我要承担社会债务。自我要继续维持与他人的关系，必须在公众场合公开地承认自己所欠下的社会债务。网络会传播他人的声望。债务越多，网络越大，自我与他人维持关系的欲望越强烈；网络"传话"的倾向越明显，他人获得的声望越高。在这个过程中，他人通过获得声望而得到了满足。因此，声望与物质资源（例如财富）和等级位置（例如权力）一道构成了工具性行动的三种基本回报。

对于情感性行动而言，社会资本是加强对资源的控制与防止可能的资源损失的一种手段（Lin，1986，1990）。情感性行动的原则是，接触和动员那些与自我利益相同、控制着类似资源的他人，这样可以集聚与共享嵌入性资源，从而有利于维持和保护现存的资源。在这个过程中，他人可能愿意与自我共享他们的资源，因为这样可以提高和增强他人索取类似资源的合法性。我们可以将情感性回报具体化为三种类型：身体健康、心理健康和生活满意。身体健康包括正常的身体机能的维持与抵御疾病、伤害的能力。心理健康反映了承受压力与维持认知、情绪平衡的能力。同质性原则告诉我们，拥有相似特征、态度与生活方式的人，倾向聚集在相似的居住环境、社会环境和工作环境中，这样可以有利于互动和交往。而高互动频率与互动强度反过来促进了相似的态度与生活方式的形成。

我们可以根据社会资本理论,对维持心理健康过程的某些因素做一些分析;例如,我们可以推测出强关系与同质性关系的获取和使用会促进心理健康。不管是工具性行动引起的问题——如失去工作,还是情感性行动引起的问题如与配偶吵架,要保持心理健康,就需要向理解你、支持你的密友倾诉心事,与他分担痛苦。同样我们可以推测,强关系与同质性关系促进了资源的共享,从而会提高生活满意度,这里的生活满意指行动者对家庭、婚姻、工作、社区和邻里环境等生活领域的乐观情绪与满足。

工具性行动的回报与情感性行动的回报常常是互相增强的。身体健康才能承受沉重的工作负担,才能承担起经济、政治和社会地位赋予行动者的责任。同样地,经济、政治和社会地位提供了维持身体健康的资源(如锻炼、饮食和健康护理)。心理健康和生活满意与经济性、政治性和社会性回报同样是相互促进的关系。但是导致工具性回报与情感性回报的因素是不同的。前面我已经提到,开放的网络与关系更有利于接近和使用桥梁,从而可以获取自己的社会圈子所缺乏的资源,提高获得工具性回报的机会。另一方面,成员间的亲密关系与互惠关系比较多的密网,有利于动员拥有相似利益与资源的那些人,从而可以获得情感性回报与保护自己的既有资源。此外,社区安排与制度安排以及激励方式(规范性 VS 竞争性)等外生因素的不同,会相应地导致网络与关系的紧密性或开放性、工具性行动或情感性行动。

由于社会资本的核心要素、回报类型和因果关系类型都已经确定,现在我们就可以建立分析模型(Lin,1999a)。如图 13-1 所示,这个模型包括三组变量,它们之间存在因果关系。第一组代表着社会资本的先决条件与先兆:社会结构因素与个体在社会结构中的位置,它们促进或限制了行动者的社会资本投资。第二组代表着社会资本要素。第三组代表着社会资本可能产生的回报。

从第一组到第二组的过程描述了社会资本不平等的形成:结

图 13-1 社会资本理论的模型

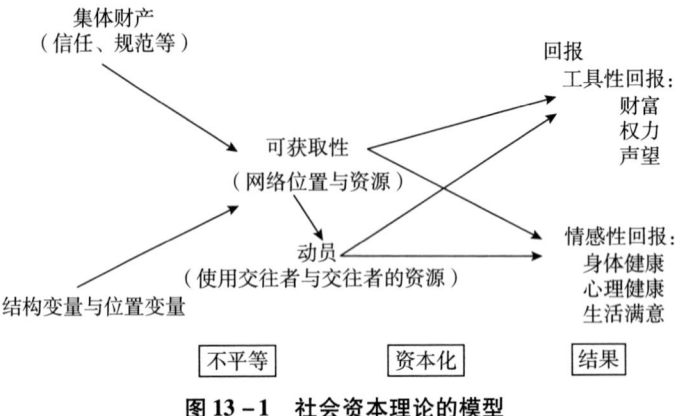

构要素与结构中的位置要素影响了建构和维持社会资本的机会。也即,这个过程描述了嵌入性的、被获取的或被动员的社会资源在行动者中的不同分配(资本欠缺,参考第七章)。我们要找出决定这些不同分配类型的社会力量。也就是说,社会资本理论应该描述社会资本的三要素的相互作用模式与决定因素,或者说作为集体财产、可获取的社会资源与可动员的社会资源的**社会资本的不平等**。学者们在分析中特别关注两类社会力量:结构变量与位置变量。结构本身也可以描述为很多变量,例如文化与意识形态的多样性、工业化与技术的层次、教育层次、物质与自然资源的范围、经济生产力等。在结构内部,个体可以视为占据着不同的社会、文化、政治和经济层级的结构位置。这些变量会影响到个体的投资(也即规范鼓励或者阻止某些成员的社会资本投资)与机会(也即位置会提供或好或坏的社会资本获取机会)。

在第二组内部,有一个过程连接着社会资本的两个要素——社会资本的获取与社会资本的使用。这个过程是社会资本的动员。也即,如果社会资本的分配是不平等的,那么个体在什么时候能、什么时候不能动员这些资本?我的社会资本模型,一方面承认结构在社会资本的不平等过程中的作用,另一方面也强调选择与行动在社会资本动员中的效果。

社会资本理论需要说明三成分之间的相互关系。也即,我们需要提出因果关系，解释嵌入性资源是如何限制或促进了个体的选择与行动。我认为获取的嵌入性资源越好，它们越可能被个体在目的性行动中动员。

最后，连接第二组（社会资本）与第三组（结果）的过程，代表着社会资本产生回报的过程。这里要说明的是社会资本如何成为资本，或者说社会资本如何产生回报。也即我们应该解释，社会资本的要素如何直接或间接地影响了个体的经济、政治和社会资本（资源），或者他的身体、心理和生活健康。还有更引人入胜的问题：（1）为什么个体对好的嵌入性资源的位置拥有或好或坏的认知地图；（2）如果行动者都能够很好地感知好的位置，为什么行动者更愿意或者更不愿意动员最佳的关系与资源；（3）为什么中间代理人愿意或不愿意付出努力帮助求助者；（4）为什么组织愿意接受或不愿意接受社会资本的影响。

宏观与微观之间的关联

本书所讨论的个体要素与过程并不是新东西，它们只是综合了学术界所积累的一些知识和发现。已有研究（参见 Lin，1999b 的评论）已经证实了下述命题：社会资本可以提高个体的地位，如职业地位、权威以及在单位中的地位。地位提高以后，经济收入也相应会有所提高。上面的结论在考虑了家庭背景和教育以后仍然有效。伯特（Burt，1997，1998）和其他学者（Podolny and Baron，1997）提出，那些在非正式网络中处于战略位置的个体，也可以提高行动者在组织中的地位与经济报酬。那些靠近结构洞或桥梁位置的行动者（受到的结构限制要少一些），似乎可以获得更好的回报，因为这些位置给予了这些个体更好的机会去获得组织中的某些资本。

目前，一些学者正在研究组织如何使用社会资本招募和保留成员。费尔南德斯和其同事（Fernandez and Weinberg，1997）已经证明，推荐可以增加来组织应聘的人数，使组织能够招募到合适的成员,并且可以降低甄别成本。普特南在民间社团参与(例如,教会、教师协会、红十字会)和社会团体参与(保龄球联合会)的研究中(Putnam, 1993, 1995a, 1995b),也得出了同样的结论。科尔曼(Coleman, 1990)提供了下列例子:激进的韩国学生通过社会圈子来传播信息与进行动员(作为资本的网络);一位母亲为了让她的孩子安全地步行去操场或学校,从底特律迁到了耶路撒冷(作为资本的规范);纽约的钻石商利用非正式关系和非正式协议做生意(作为资本的网络与信任)。波茨(Portes, 1998)也阐述过社会资本"最终实现的结果"(consummatory consequences)与工具性结果(参见 Portes and Sensenbrenner, 1993, 移民群体的社会资本所最终实现的结果,即团结与相互支持)。这里主要关注的是集体财产的发展、维持或下降。

在中观的网络层次上,学者们的关注点转移到个体如何获取嵌入在集体中的资源。这里的问题是,为什么集体中的某些个体比其他个体能够更好地获取嵌入性资源。社会网络与社会关系的性质成为分析的焦点。格兰诺维特(Granovetter, 1973, 1974, 1982, 1985, 1995)认为,桥梁——通常出现在弱关系中——提供了获取信息的好机会。伯特(Burt, 1992, 1997, 1998)指出,网络中的战略位置(结构洞或限制)意味着获取信息、影响或控制的好机会或坏机会。林南(Lin, 1982, 1990, 1994a, 1995a, 1999a)提出,等级位置与网络位置促进或妨碍了嵌入性资源的获取,嵌入性资源指行动者的社会关系所具有的财富、地位和权力。

在微观行动层次上,社会资本是指行动者在工具性行动中用来获取嵌入性资源的实际联系。例如,很多文献都讨论过非正式关系及其资源(交往者的资源)在求职中如何被动员起来,以及它们对社会经济地位获得的影响(Lin, Ensel, and Vaughn, 1981; De Graaf and Flap, 1988; Marsden and Hurlbert, 1988)。

关于情感性行动回报的研究领域也很广泛。其中很多研究关注的是网络对心理健康和生活满意的间接影响(Berkman and Syme, 1979; Wellman, 1981; Kadushin, 1983; Berkman, 1984;

Hall and Wellman, 1985; Lin, 1986; House, Umberson, and Landis, 1988; Lin, Ye, and Ensel, 1999)。也即, 好的网络位置提高了获得社会支持的可能性, 而社会支持反过来又促进了身体健康和心理健康。另一个可以关注的理论与研究领域是, 为了实现个体和社会福祉的工具性行动与情感性行动之间的协同作用与张力。不管是为了情感性目的还是工具性目的, 在社会中是否能够取得成功, 关键在于你认识谁和你用到了谁。这个结论修改了社会流动的功能性解释与个体行为的结构决定主义。虽然结构特征规定了行动者可能的行为范围, 包括行动者的交流机会, 但是个体在社会结构对自身利益的控制下仍然具有一定程度的自由。这些自由的程度是由个体在结构中的位置与个体自身的战略选择决定的。

社会资本理论告诉我们, 在一个更高层次上, 工具性行为与情感性行为都具有结构意义。情感性行为在过去受到了更多的研究关注, 它是指促进具有相似特征与生活方式的个体之间横向联系的社会互动类型。这些行为增强了社会群体的团结与稳定性。然而, 工具性行为支配着相当一部分导致纵向联系的社会互动。这些行为大大促进了社会流动与社会资源的共享。

这两种类型的行为之间存在着内在互补性与张力。过多的工具性行动——人们都企图从一个结构位置移动到另一个结构位置——有丧失群体认同与群体团结的危险。另外, 过多的情感性行动会促进社会分割的固化, 以及阶级意识与阶级冲突的发展。我认为, 一个社会中的工具性互动与情感性互动的频率与强度比, 决定着社会的稳定与变迁。一个社会结构的维持, 取决于其成员中实际发生的情感性互动与工具性互动的相对数量。这两种互动之间的最优比例, 应该成为将来的理论探讨与经验探讨的关注点。

参考文献

Abell, Peter. 1992. "Is Rational Choice Theory a Rational Choice of Theory?" Pp. 183–206 in *Rational Choice Theory: Advocacy and Critique*, edited by J. S. Coleman and T. J. Fararo. Newbury Park, CA: Sage.

Agre, Philip E. 1998. "Designing Genres for New Media: Social, Economic, and Political Contexts." Pp. 69–99 in *Cybersociety* 2.0: *Revisiting Computer–Mediated Communication and Community*, edited by S. G. Jones. Thou–sand Oaks, CA: Sage.

Alchian, Armen. 1965. "Some Economics of Property Rights." *Il Politico* 30 (4): 816–829.

Alchian, Armen and Harold Demsetz. 1973. "The Property Right Paradigm." *Journal of Economic History* 33: 16–27.

Allen, Franklin. 1984. "Reputation and Product Quality." *Rand Journal of Economics* 15: 311–327.

Angelusz, Robert and Robert Tardos. 1991. "The Strength and Weakness of "Weak Ties." Pp. 7–23 in *Values, Networks and Cultural Reproduction in Hungary*, edited by P. Somlai. Budapest: Coordinating Council of Programs.

Barber, Bernard. 1983. *The Logic and Limits of Trust*. New Brunswick, NJ: Rutgers University Press.

Barbieri, Paolo. 1996. "Household, Social Capital and Labour Market Attain–ment." Presented at the ECSR Workshop, August 26–27, Max

Planck Insti-tute for Human Development and Education, Berlin.

Baron, James N. and William T. Bielby. 1980. "Bringing the Firm Back In: Stratification, Segmentation, and the Organization of Work." *American Sociological Review* 45 (October): 737-765.

Becker, Gary S. 1964/1993. *Human Capital*. Chicago: University of Chicago Press.

Beggs, John J. and Jeanne S. Hurlbert. 1997. "The Social Context of Men's and Women's Job Search Ties: Voluntary Organization Memberships, Social Resources, and Job Search Outcomes." *Sociological Perspectives* 40 (4): 601-622.

Ben-Porath, Yoram. 1980. "The F-Connection: Families, Friends, and Firms and the Organization of Exchange." *Population and Development Review* 6: 1-29.

Berkman, Lisa F. 1984. "Assessing the Physical Health Effects of Social Networks and Social Support." *Annual Review of Public Health* 5: 413-432.

Berkman, Lisa F. and S. Leonard Syme. 1979. "Social Networks, Host Resistance, and Mortality: A Nine-Year Follow-up Study of Alameda County Residents." *American Journal of Epidemiology* 109: 186-204.

Berkman, Sheir. 1997. "Civil Society and Political Institutions." *American Behavioral Scientist* (March-April) 40 (5): 562-574.

Bian, Yanjie. 1994. *Work and Inequality in Urban China*. Albany: State University of New York Press.

——1997. "Bringing Strong Ties Back In: Indirect Connection, Bridges, and Job Search in China." *American Sociological Review* 62 (3, June): 366-385.

Bian, Yanjie and Soon Ang. 1997. "Guanxi Networks and Job Mobility in China and Singapore." *Social Forces* 75: 981-1006.

Bielby, William T. and James N. Baron. 1986. "Men and Women at Work: Sex Segregation and Statistical Discrimination." *American*

Journal of Sociology 91: 759–799.

Blau, Peter M. 1964. *Exchange and Power in Social Life*. New York: Wiley.

1977. *Inequality and Heterogeneity*. New York: Free Press.

1985. "Contrasting Theoretical Perspectives," Department of Sociology, Columbia University.

Blau, Peter M. and Otis Dudley Duncan. 1967. *The American Occupational Structure*. New York: Wiley.

Blau, Peter M. and Joseph E. Schwartz. 1984. *Crosscutting Social Circles*. Orlando, FL: Academic Press.

Bloomberg, Michael R. 1999. "Ties That Bind." *Bloomberg*, June: 11.

Bose, Christine and Peter H. Rossi. 1983. "Gender and Jobs: Prestige Standings of Occupations as Affected by Gender." *American Sociological Review* 48: 316–330.

Bourdieu, Pierre. 1972/1977. *Outline of a Theory of Practice*. Cambridge: Cambridge University Press.

1980. "Le Capital Social: NotesProvisoires." *Actes de la Recherche en Sciences Sociales* 3: 2–3.

1983/1986. "The Forms of Capital." Pp. 241–258 in *Handbook of Theory and Research for the Sociology of Education*, edited by J. G. Richardson. Westport, CT: Greenwood Press.

1990. *The Logic of Practice*. Cambridge: Polity.

Bourdieu, Pierre and Jean-Claude Passeron. 1977. *Reproduction in Education, Society, Culture*. Beverly Hills, CA: Sage.

Boxer, Marilyn J. 1982. "For and About Women: The Theory and Practice of Women's Studies in the United States." *Sings: Journal of Women in Culture and Society* 7 (3): 661–695.

Boxman, E. A. W. 1992. "Contacts and Careers." Ph. D. diss., University of Utrecht, the Netherlands.

Boxman, E. A. W., P. M. De Graaf, and Henk D. Flap. 1991. "The Impact of Social and Human Capital on the Income Attainment of

Dutch Managers. " *Social Networks* 13: 51-73.

Boxman, E. A. W. and Hendrik Derk Flap. 1990. "Social Capital and Occupa-tional Chances. " Presented at the the International Sociological Association XII World Congress of Sociology, July, Madrid.

Brecher, Jeremy and Tim Costello. 1998. *Global Village or Global Pillage*. Boston: South End Press.

Breiger, Ronald L. 1981. "The Social Class Structure of Occupational Mobility. " *American Journal of Sociology* 87 (3): 578-611.

Breslow, Harris. 1997. "Civil Society, Political Economy, and the Internet. " Pp. 236-257 in *Virtue Culture*, edited by S. G. Jones. London: Sage.

Brewer, Anthony. 1984. *A Guide to Marx's Capital*. Cambridge: Cambridge University Press.

Bridges, William P. and Wayne J. Villemez. 1986. "Informal Hiring and Income in the Labor Market. " *American Sociological Review* 51: 574-582.

Brinkley, Alan. 1996. "Liberty, Community, and the National Idea. " *The American Prospect* 29: 53-59.

Browne, Ray Broadus and Marshall William Fishwick, eds. 1998. *The Global Village: Dead or Alive*. Bowling Green, OH: Bowling Green State University Popular Press.

Burkhalter, Byron. 1999. "Reading Race Online: Discovering Racial Identity in Usenet Discussions. " Pp. 60-75 in *Communities in Cyberspace*, edited by M. A. Smith and Peter Pollock. London: Routledge.

Burt, Ronald S. 1982. *Toward a Structural Theory of Action*. Orlando, FL: Academic Press.

1992. *Structural Holes: The Social Structure of Competition*. Cambridge, MA: Harvard University Press.

1997. "The Contingent Value of Social Capital. " *Administrative Science Quarterly* 42: 339-365.

1998a. "The Gender of Social Capital." *Rationality and Society* 10 (1): 5-46.

1998b. "Trust Reputation, and Third Parties." Unpublished paper. Chicago: University of Chicago.

Campbell, Karen E. and Barrett A. Lee. 1991. "Name Generators in Surveys of Personal Networks." *Social Networks* 13: 203-221.

Campbell, Karen E., Peter V. Marsden, and Jeanne S. Hurlbert. 1986. "Social Resources and Socioeconomic Status." *Social Networks* 8 (1): 97-116.

Castells, Manuel. 1998. *End of Millennium*. Malden, MA: Blackwell.

Chamberlain, Mariam K., ed. 1988. *Women in Academe: Progress and Prospects*. New York: Russell Sage Foundation.

China Internet Network Information Center (CNNIC). 1999. "The Development of the Internet in China: A Statistical Report" (translated by the China Matrix).

Cleverley, John. 1985. *The Schooling of China: Tradition and Modernity in Chinese Education*. Sydney: George Allen & Unwin.

Coase, Ronald H. 1984. "The New Institutional Economics." *Journal of Institutional and Theoretical Economics* 140: 229-231.

Coleman, James S. 1986a. *Individual Interests and Collective Action*. Cambridge: Cambridge University Press.

1986b. "Social Theory, Social Research: A Theory of Action." *American Journal of Sociology* 91: 1309-1335.

1988. "Social Capital in the Creation of Human Capital." *American Journal of Sociology* 94: S95-S121.

1990. *Foundations of Social Theory*. Cambridge, MA: Harvard University Press.

Collins, Randall. 1981. "On the Microfoundations of Macrosociology." *American Journal of Sociology* 86: 984-1014.

Comte, Auguste. 1848. *General View of Positivism*. Stanford, CA: Academic Reprintes.

Cook, Karen S. 1982. "Network Structure from an Exchagne Perspective." Pp. 177–199 in *Social Structure and Network Analysis*, edited by P. V. Marsden and N. Lin. Beverly Hills, CA: Sage.

Cook, Karen S. and Richard M. Emerson. 1978. "Power, Equity and Commitment in Exchange Networks." *American Sociological Review* 43: 721–739.

Cook, Karen S. , Richard M. Emerson, Mary R. Gillmore, and Toshio Yamagishi. 1983. "The Distribution of Power in Exchange Networks: Theory and Experimental Results." *American Journal of Sociology* 89 (2): 275–305.

Dahrendorf, Ralf. 1959. *Class and Class Conflict in Industrial Society*. Stanford, CA: Stanford University Press.

David, Paul. 1985. "Clio and the Economics of QWERTY." *American Economic Review* 75: 332–337.

DeGraaf, Nan Dirk, and Hendrik Derk Flap. 1988. "With a Little Help from My Friends." *Social Forces* 67 (2): 452–472.

Diamond, Douglas W. 1989. "Reputation Acquisition in Debt Markets." *Journal of Political Economy* 97: 828–862.

DiMaggio, Paul J. 1988. "Interest and Agency in Institutional Theory." Pp. 3–22 in *Institutional Patterns and Organizations: Culture and Environment*, edited by L. G. Zucker. Cambridge, MA: Ballinger.

DiMaggio, Paul. J. and Walter W. Powell. 1983. "The Iron Cage Revisited: Institutional Isomorphism and Collective Rationality in Organizational Fields." *American Sociological Review* 48 (April): 147–160.

1991. "Introduction." Pp. 1–38 in *The New Institutionalism in Organizational Analysis*, edited by Walter W. Powell and Paul J. DiMaggio. Chicago: University of Chicago Press.

Donath, Judith S. 1999. "Identity and Deception in the Virtual Community." Pp. 29–59 in *Communities in Cyberspace*, edited by M. A.

Smith. London: Routledge.

Durkheim, Emile (trans. G. Simpson). 1964. *The Division of Labour in Society*. New York: Free Press.

——1973. *Moral Education: A Study in the Theory and Application of the Sociology of Education*. New York: Free Press.

Ekeh, Peter P. 1974. *Social Exchange Theory: The Two Traditions*. Cambridge, MA: Harvard University Press.

Elias, Norbert. 1939/1978. *History of Manners*. New York: Pantheon.

Emerson, Richard M. 1962. "Power-Dependence Relations." *American Sociological Review* 27: 31-40.

Emerson, Richard M., Karen S. Cook, Mary R. Gillmore, and Toshio Yamagishi. 1983. "Valid Predictions from Invalid Comparisons: Response to Heckathorn." *Social Forces* 61: 1232-1247.

England, Paula. 1992a. *Comparable Worth: Theories and Evidence*. New York: Aldine de Gruyter.

——1992b. "From Status Attainment to Segregation and Devaluation." *Contemporary Sociology* 21: 643-647.

England, Paula, GeorgeFarkas, Barbara Kilbourne, and Thomas Dou. 1988. "Explaining Occupational Sex Segregation and Wages: Findings from a Model with Fixed Effects." *American Sociological Review* 53: 544-558.

Ensel, Walter M. 1979. "Sex, Social Ties, and Status Attainment." Albany: State University of New York at Albany.

Erickson, Bonnie H. 1995. "Networks, Success, and Class Structure: A Total View." Presented at the Sunbelt Social Networks Conference, February, Charleston, SC.

——1996. "Culture, Class and Connections." *American Journal of Sociology* 102 (1, July): 217-251.

——1998. "Social Capital and Its Profits, Local and Global." Presented at the Sunbelt XVIII and 5th European International Conference on

Social Networks, Sitges, Spain, May 27-31.

Fei, Xiaotong. 1947/1992. *From the Soil.* Berkeley: University of California Press.

Fernandez, Roberto M. and Nancy Weinberg. 1997. "Sifting and Sorting: Personal Contacts and Hiring in a Retail Bank." *American Sociological Review* 62 (December): 883-902.

Fernback, Jan. 1997. "The Individual within the Collective: Virtual Ideology and the Realization of Collective Principles." Pp. 36-54 in *Virtual Culture*, edited by Steven G. Jones. London: Sage.

Fisher, Irving. 1906. *The Nature of Capital and Income.* New York: Macmillan.

Flap, Henk D. 1991. "Social Capital in the Reproduction of Inequality." *Comparative Sociology of Family, Health and Education* 20: 6179-6202.

——1994. "No Man Is an Island: The Research Program of a Social Capital Theory." Presented at the World Congress of Sociology, Bielefeld, Germany, July.

——1996. "Creation and Returns of Social Capital." Presented at the European Consortium for Political Research on Social Capital and Democracy, October 3-6, Milan.

Flap, Henk D. and Ed Boxman. 1996. "Getting Started. The Influence of Social Capital on the Start of the Occupational Career," University of Utrecht, the Netherlands.

——1998. "Getting a Job as a Manager," University of Utrecht, the Netherlands.

Flap, Henk D. and Nan Dirk De Graaf. 1986. "Social Capital and Attained Occupational Status." *Netherlands Journal of Sociology* 22: 145-161.

Forse, Michel. 1997. "Capital Social et Emploi." *L' Année Sociologique* 47 (1): 143-181.

Freeman, Jo. 1972–1973. "The Tyranny of Structurelessness." *Berkeley Journal of Sociology* 17: 151–164.

Giddens, Authory. 1979. *Central Problems in Social Theory: Action, Structure, and Contradiction in Social Analysis.* Berkeley: University of California Press.

Gilham, Steven A. 1981. "State, Law and Modern Economic Exchange." Pp. 129–152 in *Networks, Exchange and Coercion*, edited by D. Willer and B. Ander. New York: Elsevier/Greenwood.

Goldthorpe, John H. 1980. *Social Mobility and Class Structure in Modern Britain.* New York: Oxford University Press.

Granovetter, Mark. 1973. "The Strength of Weak Ties." *American Journal of Sociology* 78: 1360–1380.

———. 1974. *Getting a Job.* Cambridge, MA: Harvard University Press.

———. 1982. "The Strength of Weak Ties: A Network Theory Revisited." Pp. 105–130 in *Social Structure and Network Analysis*, edited by Nan Lin and Peter V. Marsden. Beverly Hills, CA: Sage.

———. 1985. "Economic Action and Social Structure: The Problem of Embeddedness." *American Journal of Sociology* 91: 481–510.

———. 1986. "Labor Mobility, Internal Markets, and Job Matching: A Comparison of the Sociological and Economic Approaches." *Research in Social Stratification and Mobility* 5: 3–39.

———. 1995. *Getting a Job* (rev. ed.). Chicago: University of Chicago Press.

Greeley, Andrew. 1997a. "Coleman Revisited: Religious Structures as a Source of Social Capital." *American Behavioral Scientist* 40 (5, March–April): 587–594.

———. 1997b. "The Other Civic America: Religion and Social Capital." *The American Prospect* 32 (May–June): 68–73.

———. 1997c. "The Strange Reappearance of Civic America: Religion and Volunteering," Department of Sociology, University of Chicago.

Green, Gary P., Leann M. Tigges, and Irene Browne. 1995. "Social

Resources, Job Search, and Poverty in Atlanta." *Research in Community Sociology* 5: 161–182.

Grief, Avner. 1989. "Reputation and Coalitions in Medieval Trade: Evidence of the Haghribi Traders." *Journal of Economic History* 49 (December): 857–882.

Gurak, Laura J. 1999. "The Promise and the Peril of Social Action in Cyberspace: Ethos, Delivery, and the Protests Over Marketplace and the Clipper Chip." Pp. 243–263 in *Communities in Cyberspace*, edited by M. A. Smith and P. Kollock. London: Routledge.

Guy – Sheftall, Beverly. 1995. *Women's Studies: A Retrospective*. New York: Ford Foundation.

Hall, Alan and Barry Wellman. 1985. "Social Networks and Social Support." Pp. 23–42 in *Social Support and Health*, edited by S. Cohen and S. L. Syme. Orlando, FL: Academic Press.

Han, Minmo. 1987. *History of Chinese Sociology*. Tianjin: Tianjin Renmin Press.

Hannan, Michael T. 1992. "Rationality and Robustness in Multilevel Systems." Pp. 120–136 in *Rational Choice Theory: Advocacy and Critique*, edited by J. S. Coleman and T. J. Fararo. Newbury Park, CA: Sage.

Hardin, Russell. 1998. "Conceptions of Social Capital." Presented at the International Conference on Social Networks and Social Capital, October 30–November 1, Duke University.

Hechter, Michael. 1983. "A Theory of Group Solidarity." Pp. 16–57 in *The Microfoundations of Macrosociology*, edited by M. Hechter. Philadelphia: Temple University Press.

Heying, Charles H. 1997. "Civil Elites and Corporate Delocalization." *American Behavioral Scientist* (March–April) 408 (5): 657–668.

Homans, George C. 1950. *The Human Group*. New York: Harcourt, Brace.

1958. "Human Behavior as Exchange." *American Journal of Sociology* 63 (6, May): 597–606.

1961. *Social Behavior: Its Elementary Forms*. New York: Harcourt, Brace & World.

House, James, Debra Umberson, and K. R. Landis. 1988. "Structures and Processes of Social Support." *Annual Review of Sociology* 14: 293–318.

Howe, Florence. 1977. *Seven Years Later: Women's Studies Programs in 1976*. Washington, DC: National Advisory Council on Women's Educational Programs.

Howe, Florence and Carol Ahlum. 1973. "Women's Studies and Social Change." Pp. 393–423 in *Academic Women on the Move*, edited by A. S. Rossi and A. Calderwood. New York: Russell Sage Foundation.

Hsung, Ray-May and Hwang, Yih-Jib. 1992. "Social Resources and Petit Bourgeois." *Chinese Sociological Quarterly* 16: 107–138.

Hsung, Ray-May and Ching-Shan Sun. 1988. *Social Resources and Social Mobility: Manufacturing Employees*. Taiwan: National Science Council.

Irving, Larry. July 1995, 1998, 1999. *Falling Through the Net: Defining the Digital Divide*: I, II, III. Washington, DC: U. S. Department of Commerce.

Jacobs, Jerry. 1989. *Revolving Doors: Sex Segregation and Women's Careers*. Stanford, CA: Stanford University Press.

Jarvis, Craig. 1999. "Engineer Admits Securities Fraud." *News & Observers*, June 22, pp. 1–2.

Jenkins, Richard. 1992. *Pierre Bourdieu*. Long: Loutledge.

Jeter, Jon. 1999. "Internet Romance Ends with Death." *The Washington Post*, March 6, p. A2.

Johnson, Harry G. 1960. "The Political Economy of Opulence." *Canadian Journal of Economics and Political Science* 26: 552–564.

Jones, Steven G. , ed. 1997a. *Virtual Culture.* London: Sage.

Jones, Steven G. 1997b. "The Internet and Its Social Landscape." In *Virtual Culture*, edited by S. G. Jones. London: Sage.

Kadushin, Charles. 1983. "Mental Health and the Interpersonal Environment: A Re-Examination of Some Effects of Social Structure on Mental Health." *American Sociological Review* 48: 188-198.

Kalleberg, Arne L. 1988. "Comparative Perspectives on Work Structures and Inequality." *Annual Review of Sociology* 14: 203-225.

Kalleberg, Arne L. and James R. Lincoln. 1988. "The Structure of Earnings Inequality in the United States and Japan." *American Journal of Sociology* 94 (Supplement): S121-S153.

Kelley, Jonathan. 1990. "The Failure of a Paradigm: Log-Linear Models of Social Mobility." Pp. 319 - 346, 349 - 357 in *John H. Goldthorpe: Consensus and Controversy*, edited by J. Clark, C. Modgil, and S. Modgil. London: Falmer Press.

Kelly, Kevin. 1998. *New Rules for the New Economy.* New York: Penguin.

Kelman, H. C. 1961. "Processes of Opinion Change." *Public Opinion Quarterly* 25: 57-78.

Kenworthy, Lane. 1997. "Civil Engagement, Social Capital, and Economic Corporation." *American Behavioral Scientist* (March-April) 40 (5): 645-656.

Kessler-Harris, Alice. 1982. *Out to Work: A History of Wage-Earning Women in the United States.* New York: Oxford University Press.

Kilbourne, Barbara Stanek, Paula England, George Farkas, Kurt Beron, and Dorothea Weir. 1994. "Returns to Skill, Compensating Differentials, and Gender Bias: Effects of Occupational Characteristics on the Wages of White Women and Men." *American Journal of Sociology* 100 (3, November): 689-719.

Klein, B. and K. Leffler. 1981. "The Role of Market Forces in Assuring

Contractual Performance." *Journal of Political Economy* 81: 615–641.

Kollock, Peter. 1999. "The Economics of Online Cooperation: Gifts and Goods in Cyberspace." Pp. 220–239 in *Communities in Cyberspace*, edited by Marc A. Smith and Peter Kollock. London: Routledge.

Kornai, Janos. 1992. *The Socialist System: The Political Economy of Communism*. Princeton, NJ: Princeton University Press.

Kreps, David and Robert Wilson. 1982. "Reputation and Imperfect Information." *Journal of Economic Theory* 27: 253–279.

Krymkowski, Daniel H. 1991. "The Process of Status Attainment Among Men in Poland, the U. S., and West Germany." *American Sociological Review* 56: 46–59.

Lai, Gina Wan-Foon, Nan Lin, and Shu-Yin Leung. 1998. "Network Resources, Contact Resources, and Status Attainment." *Social Networks* 20 (2, April): 159–178.

Laumann, Edward O. 1966. *Prestige and Association in an Urban Community*. Indianapolis: Bobbs-Merrill.

Lazarsfeld, Paul F. and Robert K. Merton. 1954. "Friendship as Social Process: A Substantive and Methodological Analysis." Pp. 298–348 in *The Varied Sociology of Paul F. Lazarsfeld*, edited by P. L. Kendall. New York: Colum-bia University Press.

Ledeneva, Alena. 1998. *Russia's Economy of Favours: Blat, Networking, and Informal Exchange*. New York: Cambridge University Press.

Levi-Strauss, Claude. 1949. *Les Structures Elementaires de la Parente*. Paris: Presses Universitaires de France.

1989. *The Elementary Structure of Kinship*. Boston: Beacon Press.

Li, Hongzhi. 1993 and 1994 (2nd ed.). *Zhong-Guo Fa-Lun Gong (Chinese Cultivation of the Wheel of the Law)*. Beijing: Military

Literature Press.

1996. *Fa-Lun Da-Fa Yi Jie* (*Explicating the Principles of the Wheel of the Law*). Changchun: Changchun Press.

Lin, Nan. 1973. *The Study of Human Communication*. Indianapolis: Bobbs-Merrill.

1982. "Social Resources and Instrumental Action." Pp. 131-145 in *Social Structure and Network Analysis*, edited by P. V. Marsden and N. Lin. Beverly Hills, CA: Sage.

1986. "Conceptualizing Social Support." Pp. 17-30 in *Social Support, Life Events, and Depression*, edited by N. Lin, A. Dean, and W. Ensel. Orlando, FL: Academic Press.

1989. "Chinese Family Structure and Chinese Society." *Bulletin of the Institute of Ethnology* 65: 382-399.

1990. "Social Resources and Social Mobility: A Structural Theory of Status Attainment." Pp. 247-271 in *Social Mobility and Social Structure*, edited by R. L. Breiger. New York: Cambridge University Press.

1992a. "Social Resources Theory." Pp. 1936-1942 in *Encyclopedia of Sociology*, Volume 4, edited by E. F. Borgatta and M. L. Borgatta. New York: Macmillan.

1992b. *The Struggle for Tiananmen: Anatomy of the 1989 Mass Movement*. Westport, CT: Praeger.

1994a. "Action, Social Resources, and the Emergence of Social Structure: A Rational Choice Theory." *Advances in Group Processes* 11: 67-85.

1994b. "Institutional Capital and Work Attainment." Unpublished manuscript, Durham, NC.

1995a. "Les Resources Sociales: Une Theorie Du Capital Social." *Revue Française de Sociologie* XXXVI (4, October-December): 685-704.

1995b. "Persistence and Erosion of Institutional Resources and Institutional Capital: Social Stratification and Mobility in Taiwan. " Presented at the International Conference on Social Change in Contemporary Taiwan, June, Academia Sinica, Taipei, Taiwan.

1999a. "Building a Network Theory of Social Capital. " *Connections* 22 (1): 28-51.

1999b. "Social Networks and Status Attainment. " *Annual Review of Sociology* 25: 467-487.

Forthcoming. "Guanxi: A Conceptual Analysis. " In *The Chinese Triangle of Mainland, Taiwan, and Hong Kong: Comparative Institutional Analysis*, edited by A. So, N. Lin, and D. Poston. Westport, CT: Greenwood.

Lin, Nan and Yanjie Bian. 1991. "Getting Ahead in Urban China. " *American Journal of Sociology* 97 (3, November): 657-688.

Lin, Nan, Paul Dayton, and Peter Greenwald. 1978. "Analyzing the Instrumental Use of Relations in the Context of Social Structure. " *Sociological Methods and Research* 7: 149-166.

Lin, Nan, Alfred Dean, and Walter Ensel. 1986. *Social Support, Life Events, and Depression*. Orlando, FL: Academic Press.

Lin, Nan and Mary Dumin. 1986. "Access to Occupations Through Social Ties. " *Social Networks* 8: 365-385.

Lin, Nan and Walter M. Ensel. 1989. "Life Stress and Health: Stressors and Resources. " *American Sociological Review* 54: 382-399.

Lin, Nan, Walter M. Ensel, and John C. Vaughn. 1981. "Social Resources and Strength of Ties: Structural Factors in Occupational Status Attainment. " *American Sociological Review* 46 (4, August): 393-405.

Lin, Nan and Gina Lai. 1995. "Urban Stress in China. " *Social Science and Medicine* 41 (8): 1131-1145.

Lin, Nan and M. Kristen Peek. 1999. "Social Networks and Mental Health. " Pp. 241-258 in *The Sociology of Mental Health and Illness*, edited by A. Horwitze and T. L. Scheid. New York: Cambridge University Press.

Lin, Nan, R. S. Simeone, W. M. Ensel, and W. Kuo. 1979. "Social Support, Stressful Life Events, and Illness: A Model and an Empirical Test." *Journal of Health and Social Behavior* 20: 108–119.

Lin, N., Vaughn, John C., and Ensel, Walter M. 1981. "Social Resources and Occupational Status Attainment." *Social Forces* 59 (4): 1163–1181.

Lin, Nan and Xiaolan Ye. 1997. "Revisiting Social Support: Integration of Its Dimensions." Presented at the International Conference on Life Events/ Stress, Social Support and Mental Health: Cross-Cultural Perspectives, June 17–19, Taipei, Taiwan.

Lin, Nan, Xiaolan Ye, and Walter M. Ensel. 1999. "Social Support and Mental Health: A Structural Approach." *Journal of Health and Social Behavior* 40: 344–359.

Lindenberg, Siegwart. 1992. "The Method of Decreasing Abstraction." Pp. 3–20 in *Rational Choice Theory: Advocacy and Critique*, edited by J. S. Coleman and T. J. Fararo. Newbury Park, CA: Sage.

Loury, G. 1977. "A Dynamic Theory of Racial Income Differences." Pp. 153–186 in *Women, Minorities, and Employment Discrimination*, edited by P. A. Wallace and A. LeMund. Lexington, MA: Lexington Books.

———. 1987. "Why ShouldWe Care About Group Inequality?" *Social Philosophy and Policy* 5: 249–271.

Luhmann, Niklas. 1979. *Trust and Power*. Chichester, UK: Wiley.

———. 1988. "Familiarity, Confidence, Trust: Problems and Alternatives." Pp. 94–107 in *Trust: Making and Breaking Cooperative Relations*, edited by D. Gambetta. New York: Basil Blackwell.

MacKinnon, Richard C. 1997. "Punishing the Persona: Correctional Strategies for the Virtual Offender." Pp. 206–235 in *Virtue Culture*, edited by S. G. Jones. London: Sage.

Malinowski, Bronslaw. 1922. *Argonauts of the Western Pacific*. London: Rout-ledge & Kegan Paul.

Mao, Zedong. 1940. "On New Democracy." Pp. 106–156 in *Selected Works of Mao Tse-Tung*, Vol. III. London: Lawrence Wishant, 1954.

——1942. "Talks at the Yenan Forum on Literature and Art." Pp. 250–286 in *Selected Readings from the Works of Mao Zedong*. Peking: Foreign Language Press, 1971.

——1949. "On the People's Democratic Dictatorship." Pp. 371–388 in *Selected Works of Mao Zedong*. Peking: Foreign Language Press, 1971.

Marini, Margaret Mooney. 1992. "The Role of Models of Purposive Action in Sociology." Pp. 21–48 in *Rational Choice Theory: Advocacy and Critique*, edited by J. S. Coleman and T. J. Fararo. Newbury Park, CA: Sage.

Marsden, Peter V. and Karen E. Campbell. 1984. "Measuring Tie Strength." *Social Forces* 63 (December): 482–501.

Marsden, Peter V. and Jeanne S. Hurlbert. 1988. "Social Resources and Mobility Outcomes: A Replication and Extension." *Social Forces* 66 (4): 1038–1059.

Marx, Karl. 1933 (1849). *Wage-Labour and Capital*. New York: International Publishers.

——1935 (1865). *Value, Price and Profit*. New York: International Publishers.

Marx, Karl (David McLellan, ed.). 1995 (1867, 1885, 1894). *Capital: A New Abridgement*. Oxford: Oxford University Press.

McLaughlin, Magaret L., Kerry K. Osborne, and Nicole B. Ellison. 1997. "Virtual Community in a Telepresence Environment." Pp. 146–168 in *Virtual Culture*, edited by S. G. Jones. London: Sage.

Mele, Christopher. 1999. "Cyberspace and Disadvantaged Communities: The Internet as a Tool for Collective Action." Pp. 290–310 in *Communities in Cyberspace*, edited by M. A. Smith and P. Kollock.

London: Routledge.

Merrit, Karen. 1984. "Women's Studies: A Discipline Takes Shape." Pp. 253–262 in *Women and Education: Equity or Equality*, edited by E. Fennema and M. J. Ayer. Berkeley, CA: McCutchan.

Merton, Robert K. 1940. "Bureaucratic Structure and Personality." *Social Forces* 18: 560–568.

——. 1995. "Opportunity Structure: The Emergence, Diffusion, and Differentiation of a Sociological Concept, 1930s–1950s." Pp. 3–78 in *Advances in Criminological Theory: The Legacy of Anomie Theory*, edited by F. Adler and W. S. Laufer. New Brunswick, NJ: Transaction Books.

Metcalfe, Bob. 1999. "The Internet in 1999: This Will Prove to Be the Year of the Bills, Bills, and Bills." *Infoworld*, January 18, p. 90.

Meyer, John W. and Brian Rowan. 1977. "Institutionalized Organizations: Formal Structure as Myth and Ceremony." *American Journal of Sociology* 83: 340–363.

Meyer, John W. and W. Richard Scott. 1992. *Organizational Environments: Ritual and Rationality*. Newbury Park, CA: Sage.

Miller, Michael J. 1999. "The Net Changes Everything." *PC Magazine* (February 9): 4.

Minkoff, Debra C. 1997. "Producing Social Capital: National Social Movements and Civil Society." *American Behavioral Scientist* 40 (5, March–April): 606–619.

Misztal, Barbara A. 1996. *Trust in Modern Societies: The Search for the Bases of Social Order*. Cambridge: Polity Press.

Mitra, Ananda. 1997. "Virtual Commonality: Looking for India on the Internet." Pp. 55–79 in *Virtue Culture*, edited by S. G. Jones. London: Sage.

Mobilization Society of Wuhan. 1939. *K'ang-Ta Ti Chiao-Yu Fang-Fa (Pedagogical Methods of K'ang-Da)*. Wuhan: Mobilization

Society of Wuhan.

Moerbeek, Hester, Wout Ultee, and Henk Flap. 1995. "That's What Friends Are For: Ascribed and Achieved Social Capital in the Occupational Career." Presented at the The European Social Network Conference, London.

Morrow, James. 1999. "Watching Web Speech." *U. S. News & World Report*, February 15, p. 32.

Newton, Kenneth. 1997. "Social Capital and Democracy." *American Behavioral Scientist* 40 (5, March–April): 575–586.

North, Douglass C. 1990. *Institutions, Institutional Change and Economic Performance*. Cambridge: Cambridge University Press.

Parsons, Talcott. 1963. "On the Concept of Influence." *Public Opinion Quarterly* 27: 37–62.

Paxton, Pamela. 1999. "Is Social Capital Declining in the United States? A Multiple Indicator Assessment." *American Journal of Sociology* 105 (1, July): 88–127.

Pepper, Suzanne. 1996. *Radicalism and Education Reform in 20th–Century China*. New York: Cambridge University Press.

Pizzorno, Alessandro. 1991. "On the Individualistic Theory of Social Order." Pp. 209–231 in *Social Theory for a Changing Society*, edited by P. Bourdieu and J. S. Coleman. Boulder, CO: Westview Press.

Podolny, Joel M. and James N. Baron. 1997. "Social Networks and Mobility." *American Sociological Review* 62 (October): 673–693.

Portes, Alejandro. 1998. "Social Capital: Its Origins and Applications in Modern Sociology." *Annual Review of Sociology* 22: 1–24.

Portes, Alejandro and Julia Sensenbrenner. 1993. "Embeddedness and Immigra – tion: Notes on the Social Determinants of Economic Action." *American Journal of Sociology* 98 (6, May): 1320–1350.

Poster, Mark. 1998. "Virtual Ethnicity: Tribal Identity in an Age of

Global Communications." Pp. 184–211 in *Cybersociety* 2.0: *Revisiting Computer–Mediated Communication and Community*, edited by S. G. Jones. Thousand Oaks, CA: Sage.

Powell, Walter W. and Paul J. DiMaggio, eds. 1991. *The New Institutionalism in Organizational Analysis*. Chicago: University of Chicago Press.

Putnam, Robert D. 1993. "The Prosperous Community: Social Capital and Public Life." *The American Prospect* 13 (Spring): 35–42.

——1995a. "Bowling Alone: American's Declining Social Capital." *Journal of Democracy* 6 (1, January): 65–78.

——1995b. "Tuning In, Tuning Out: The Strange Disappearance of Social Capital in America." *P. S.: Political Science and Politics* 28 (4, December): 1–20.

Qiu Shi. 1999. "Insisting on Atheism and Criticizing Falun Gong." Editorial, *Seeking the Truth*, 15, August 1, pp. 2–4.

Qu, Shipei. 1985. *Higher Education in the Liberated Areas in the Period of the War of Resistance Against Japan*. Beijing: Beijing University Press.

Radcliffe-Brown, A. R. 1952. *Structure and Function in Primitive Society*. New York: Free Press.

Reid, Elizabeth. 1999. "Hierarchy and Power: Social Control in Cyberspace." Pp. 107–133 in *Communities in Cyberspace*, edited by M. A. Smith and P. Kollock. London: Routledge.

Requena, Felix. 1991. "Social Resources and Occupational Status Attainment in Spain: A Cross–National Comparison with the United States and the Netherlands." *International Journal of Comparative Sociology* XXXII (3–4): 233–242.

Reskin, Barbara. 1988. "Bringing the Men Back In: Sex Differentiation and the Devaluation of Women's Work." *Gender and Society* 2: 58–81.

1993. "Sex Segregation in the Workplace." *Annual Review of Sociology* 19: 241-270.

Reskin, Barbara and Patricia Roos. 1990. *Job Queues, Gender Queues: Explaining Women's Inroads Into Male Occupations*. Philadelphia: Temple University Press.

Ruan, Danching. 1998. "The Content of the General Social Survey Discussion Networks: An Exploration of General Social Survey Discussion Name Generator in a Chinese Context." *Social Networks* 20 (3, July): 247-264.

Rus, Andrej. 1995. "Access and Mobilization-Dual Character of Social Capital: Managerial Networks and Privatization in Eastern Europe." Unpublished manuscript, Columbia University.

Sassen, Saskia and Kwame Anthony Appiah. 1998. *Globalization and Its Discontents*. New York: New Press.

Scheff, Thomas J. 1992. "Rationality and Emotion: Homage to Norbert Elias." Pp. 101-119 in *Rational Choice Theory: Advocacy and Critique*, edited by J. S. Coleman and T. J. Fararo. Newbury Park, CA: Sage.

Schmitz, Joseph. 1997. "Structural Relations, Electronic Media, and Social Change: The Public Electronic Network and the Homeless." Pp. 80-101 in *Virtue Culture*, edited by S. G. Jones. London: Sage.

Schram, Stuart R. 1963. *The Political Thought of Mao Tse-Tung*. New York: Praeger.

Schudson, Michael. 1996. "What If Civic Life Didn't Die?" *The American Prospect* 25 (March-April): 17-20.

Schultz, Theodore W. 1961. "Investment in Human Capital." *The American Economic Review* LI (1, March): 1-17.

Scott, W. Richard and John W. Meyer. 1994. *Institutional Environments and Organizations: Structural Complexity and Individualism*. Beverley Hills, CA: Sage.

Sewell, William H., Jr. 1992. "A Theory of Structure: Duality, Agency, and Transformation." *American Journal of Sociology* 98 (1, July): 1-29.

Sewell, William H., Jr. and Robert M. Hauser. 1975. *Education, Occupation and Earnings: Achievement in the Early Career*. New York: Academic Press.

Seybolt, Perter J. 1973. *Revolutionary Education in China*. White Plains, NY: International Arts and Sciences Press.

Shanghai Jiaoyu Chubanshe (Shanghai Educational Press). 1983. *Hunan Diyi Shifan Xiaoshi* 1903-49 (*History of Hunan #1 Normal School* 1903-49). Shanghai: Shanghai Jiaoyu Chubanshe.

Shapiro, Carl and Hal R. Varian. 1999. *Information Rules: A Strategic Guide to the Network Economy*. Boston: Harvard Business School Press.

Simmel, Georg (trans. and ed. Kurt H. Wolff). 1950. *The Sociology of Georg Simmel*. Glencoe, IL: Free Press.

(ed. Donald N. Levine). 1971. *Georg Simmel on Individuality and Social Forms*. Chicago: University of Chicago Press.

1978. *The Philosophy of Money*. London: Routledge.

Skocpol, Theda. 1996. "Unravelling from Above." *The American Prospect* 25 (March-April): 20-25.

Smith, Adam. 1937. *The Wealth of Nations*. New York: Modern Library.

Smith, Marc A. 1999. "The Economies of Online Cooperation: Gifts and Public Goods in Cyberspace." Pp. 220-242 in *Communities in Cyberspace*, edited by M. A. Smith and P. Kollock. London: Routledge.

Smith, Marc A. and PeterKollock, eds. 1999. *Communities in Cyberspace*. London: Routledge.

Smith, Michael R. 1990. "What Is New in 'NewStructuralist' Analyses of Earnings?" *American Sociological Review* 55 (December): 827-841.

Sprengers, Maarten, Fritz Tazelaar, and Hendrik Derk Flap. 1988. "Social Resources, Situational Constraints, and Reemployment." *Netherlands Journal of Sociology* 24: 98–116.

Stanton-Salazar, Ricardo D. 1997. "A Social Capital Framework for Understanding the Socialization of Racial Minority Children and Youths." *Harvard Educational Review* 67 (1, Spring): 1–40.

Stanton-Salazar, Ricard D. and Sanford M. Dornbusch. 1995. "Social Capital and the Reproduction of Inequality: Information Networks Among Mexican-Origin High School Students." *Sociology of Education* 68 (April): 116–135.

Stimpson, Catharine R. 1986. *Women's Studies in the United States*. New York: Ford Foundation.

Tam, Tony. 1997. "Sex Segregation and Occupational Gender Inequality in the United States: Devaluation or Specialized Training?" *American Journal of Sociology* 102 (6, May): 1652–1692.

Tardos, Robert. 1996. "Some Remarks on the Interpretation and Possible Uses of the 'Social Capital' Concept with Special Regard to the Hungarian Case." *Bulletin de Methodologie Sociologique* 53 (December): 52–62.

Taylor & Jerome. 1999. "Karma." *PC Computing*, June, p. 87.

Thomas, Karen. 1999. "Hate Groups Snare Youths with Web Games." *USA Today*, July 8, p. D1.

Tobias, Sheila. 1970. "Female Studies – an Immodest Proposal," Ithaca, NY: Cornell University.

Tomaskovic-Devey, Donald. 1993. *Gender and Race Inequality at Work: The Sources and Consequences of Job Segregation*. Ithaca, NY: ILR Press.

Treiman, Donald. 1970. "Industrialization and Social Stratification," Pp. 207–234 in *Social Stratification: Research and Theory for the 1970s*, edited by E. O. Laumann. Indianapolis: Bobbs-Merrill.

Treiman, Donald and Kermit Terrell. 1975. "Women, Work, and Wages – Trends in the Female Occupational Structure Since 1940." Pp. 157–200 in *Social Indicator Models*, edited by K. C. Land and S. Spilerman. New York: Russell Sage Foundation.

Uncapher, Willard. 1999. "Electronic Homesteading on the Rural Frontier: Big Sky Telegraph and Its Community." Pp. 264–289 in *Communities in Cyberspace*, edited by M. A. Smith and P. Kollock. London: Routledge.

Verba, Sidney, Schlozman, Kay Lehman, and Henry E. Brady. 1995. *Voice and Equality: Civil Voluntarism in American Politics*. Cambridge, MA: Harvard University Press.

——1997. "The Big Tilt: Participatory Inequality in America." *The American Prospect* 32: 74–80.

Volker, Beate and Henk Flap. 1999. "Getting Ahead in the GDR: Social Capital and Status Attainment Under Communism." *Acta Sociologica* 41 (1, April): 17–34.

von Thunen, H. (trans. B. F. Hoselitz). 1875. *Der Isolierte Staat*. Chicago: Comparative Education Center, University of Chicago.

Wacquant, L. D. 1989. "Toward a Reflexive Sociology: A Workshop with Pierre Bourdieu." *Sociological Theory* 7: 26–63.

Watson, Nessim. 1997. "Why We Argue About Virtual Community: A Case Study of the Phish. Net Fan Community." Pp. 102–132 in *Virtual Culture*, edited by S. G. Jones. London: Sage.

Weber, Max. 1946. *Max Weber: Essays in Sociology* (trans. H. H. Gerth and C. Wright Mills). New York: Oxford University Press.

——1947. *The Theory of Social and Economic Organizations*. New York: Oxford University Press.

Weber, Max. (ed. G. Roth and C. Wittich). 1968. *Economy and Society*. Berkeley: University of California Press.

Wegener, Bernd. 1991. "Job Mobility and Social Ties: Social Resources, Prior Job and Status Attainment." *American Sociological Review* 56 (February): 1–12.

Wellman, Barry. 1981. "Applying Network Analysis to the Study of Social Support." Pp. 171–200 in *Social Networks and Social Support*, edited by B. H. Gottlieb. Beverly Hills: Sage.

Wellman, Barry, ed. 1998. *Networks in the Global Village*. Boulder, CO: Westview Press.

Wellman, Barry and Milena Gulia. 1999. "Virtual Communities as Communities: Net Surfers Don't Ride Alone." Pp. 167–194 in *Communities in Cyberspace*, edited by M. A. Smith and P. Kollock. London: Routledge.

Willer, David. 1985. "Property and Social Exchange." Pp. 123–142 in *Advances in Group Processes*, edited by E. J. Lawler. Greenwich, CT: JAI Press.

Williamson, Oliver E. 1985. *Markets and Hierarchies: Analysis and Antitrust Implications*. New York: Free Press.

——. 1993. "Calculativeness, Trust, and Economic Organization." *Journal of Law and Economics* 36 (1–2, April): 453–486.

——. 1985. *The Economic Institutions of Capitalism*. New York: Free Press.

Wilson, Beth. 1999. "Vital Signs." *PC Computing*, March, p. 14.

Wood, Richard L. 1997. "Social Capital and Political Culture." *American Behavioral Scientist* (March–April) 40 (5): 595–605.

Wright, Erik Olin. 1979. *Class Structure and Income Determination*. New York: Academic Press.

Yamagishi, Toshio, Mary R. Gillmore, and Karen S. Cook. 1988. "Network Connections and the Distribution of Power in Exchange Networks." *American Journal of Sociology* 93 (4, January): 833–851.

Zhou, Xueguang. 1999. "Reputation as a Social Institution: A Macrosociological Approach." Unpublished manuscript, Duke University.

Zickmund, Susan. 1997. "Approaching the Radical Other: The Discursive Culture of Cyberspace." Pp. 185–205 in *Virtue Culture*, edited by S. G. Jones. London: Sage.

Zucker, Lynne G. 1988. "Where Do Instituional Patterns Come From? Organizations as Actors in Social Systems." Pp. 23–49 in *Institutional Patterns and Organizations: Culture and Environment*, edited by L. G. Zucker. Cambridge, MA: Ballinger.

Zuckerman, Mortimer B. 1999. "The Time of Our Lives." *U. S. News & World Report* (May 17): 72.

译名对照表

Abell, P. 埃布尔

Access, to social capital 社会资本的获取: and inequalities of social capital in China 与中国的社会资本不平等; and social capital theory 与社会资本理论。See also bridges 参见桥梁 accessed social capital model 社会资本获取模型, and status attainment 与地位获得

accumulation rates 积累速度, for human and social capital 人力资本和社会资本的

actions 行动: hierarchical structures and individual 等级制结构和个体; and neo-capital theories 与新资本理论; and postulates of social capital theory 与社会资本理论的假设; primary forces accounting for in social capital theory 社会资本理论中解释行动的主要驱动力量; sociology and theory of 的社会学和理论; and value of resources 与资源的价值。See also expressive action; instrumental action; interactions; motivation; purposive actions 参见情感性行动; 工具性行动; 互动; 动机; 目的性行动

actors 行动者: and knowledge of resources 与资源知识; and value of resources 与资源的价值。See also actions 参见行动

Advisory Commission on Electronic Commerce 电子商务咨询委员会

Africa 非洲, and information technology 与信息技术

age 年龄, and job experience and tenure in Chinese context 中国情境中的工龄和任期

agents 代理人, and social structure 与社会结构

American Online 美国在线

Andrew W. Mellon Foundation 梅隆基金会

anthropology 人类学, and theories of exchange 与交换理论

ascribed position 先赋地位

ascribed resources 先赋资源

Associated Press 美联社

asymmetric exchanges 非对称性交换

attained position 自致地位

authority 权威, and social structure 与社会结构

Barbieri, P. 巴比里

Baron, J. 巴伦

Becker, G. 贝克尔

Berkman, S. 伯克曼

Bernard, J. 伯纳德

Berners – Lee, T. 伯纳斯 – 李

Bian Yanjie 边燕杰

Blau, P. 布劳

Bloomberg, M. 布隆伯格

Bourdieu, P. 布迪厄

Boxman, E. 博克斯曼

Brady, H. 布雷迪

Breiger, R. 布莱格

bridges 桥梁, between social networks 在社会网之间的, and access to social capital 与社会资本的获取。See also access 参见获取

Brinkley, A. 布林克利

Brown University 布朗大学

Buddhism 佛教

Burt, R. 伯特

Cable companies 电报公司, and Internet 与因特网

Campbell, K. 坎贝尔

Canada 加拿大, and studies of status attainment 与地位获得研究

Capital 资本：cultural capital theory of 的文化资本理论；definition of 的定义；institutions and flow of 的制度和流动；Marxian or classical theory of 马克思的或古典的资本理论；neo – capital of 的新资本理论。See also economic capital; human capital; political Capital; social capital 参见经济资本；人力资本；政治资本；社会资本

capital deficit 资本欠缺：definition of 的定义, and gendered labor market 与性别劳动力市场；gender and inequalities of social capital in China 性别与中国的社会资本的不平等。See also return deficit 参见回报欠缺

Carnegie Foundation 卡内基基金会

causality 因果关系, and models of social capital 与社会资本模型

children 儿童, and Internet use 与因特网的使用

Children's Online Privacy Protection Act 《儿童在线隐私保护法案》

China 中国：Communist Revolution and institutionalization 共产主义革命与制度化；education and human versus institutional capital 教育与人力资本 vs 制度资本；ethnic Chinese communities in other countries and institutional field concept 国外的华人社区与制度场域概念；exchange relations and *guanxi* 交换关系与"关系"；gender and inequlities in social capital 性别与社会资本的不平等；Great Cultural Revolution and institutional transformation "文化大革命"

与制度转型；and institutional capital 与制度资本；and Internet users 与因特网用户；and studies of status attainment 与地位获得研究；and traditional system of inheritance 与传统的继承体系

choice 选择，and neo-capital theories 与新资本理论。*See also* rational choice 参见理性选择

civic engagement 公民参与，and social capital 与社会资本

civil rights movement 民权运动

class 阶级，socioeconomic 社会经济的：and cultural capital 与文化资本；and hierarchy of occupations 与职业等级制；and inequalities of social capital in China 与中国的社会资本不平等；and power in social structure 与社会结构中的权力；and social interaction 与社会互动

classic theory of capital 古典资本理论：explanation of 的解释；and human capital 与人力资本；and structural constraints or opportunities 与结构限制或机会

coercion 强制，and value of resources 与资源的价值

Coleman, J. 科尔曼

collective goods 集体物品，and social capital 与社会资本

collectivity 集体，rational choice and public capital 理性选择与公共资本。*See also* community 参见社区

Collins, R. 柯林斯

Commerce Department (U. S.) 商业部（美国）

Communist Party 共产党。*See also* Chinese Communist Party 参见中国共产党

community 社区：and social exchange 与社会交换；and status of actors possessing valuable resources 与拥有有价值资源的行动者的地位。*See also* collectivity 参见集体

compliance 顺从，and collective obligations and and rewards 与集体的义务和报酬

computer hacking 计算机窃取

computers 电脑、计算机。*See also* cybernetworks 参见电子网络

Comte, A. 孔德

consumption 消费，and Marxian view of capital 与马克思的资本观

control 控制，and social capital theory 与社会资本理论

Cook, K. 库克

Cornell University 康奈尔大学

cost 成本，of accumulation and use of social capital 社会资本的积累和使用的

critical mass 临界值，and hierarchical structures 与等级制结构

cultural capital 文化资本：and differentiation of social capital 与社会资本的区分；and institutions 与制度；and structural constraints or opportunities

与结构限制或机会; and theories of capital 与资本理论
culture 文化: and context of kin ties in Chinese society 与中国社会中的亲属关系情境; and inequalities of social capital 与社会资本的不平等
cybernetworks 电子网络; and growth of social capital 与社会资本的增长; and research on social capital 与社会资本研究; and social networks 与社会网络
David, P. 戴维
Dayton, P. 戴顿
De Graaf, N. 德格拉夫
differential obligations and rewards 有差别的义务与报酬, and collectivity 与集体
differential values, assignment of to resources 赋予资源不同的价值
Digital Millennium Copyright Act 《数字千年版权法案》
DiMaggio, P. 迪马乔
Duke University 杜克大学
Dumin, M. 杜明
Duncan, O. 邓肯
Durkheim, E. 涂尔干
Eastern Europe 东欧, and collapse of communist states 与社会主义国家的瓦解
e-commerce 电子商务
economic capital 经济资本: and social capital 与社会资本; and social exchange 与社会交换

economic exchange 经济交换, and social exchange 与社会交换
education 教育: and Communist Revolution in China 与中国的共产主义革命; gender and Inequalities of social capital in China 性别与中国的社会资本的不平等; and human capital analysis 与人力资本分析; and institutionalizing organizations 与制度化组织; and Internet use 与因特网的使用。See also universities 参见大学
ego resources 自我资源
Eli P. Lilly Foundation 伊莱·利列基金会
e-mail 电子邮件
Emerson, R. 埃默森
Ensel, W. 恩赛尔
equidistant structure 等距结构, and resource differentials in hierarchies 与等级制中的资源差异
Erickson, B. 埃里克森
esteem 自尊, and social recognition 与社会认可
Evans, S. 埃文斯
exchange 交换: and acquisition of personal resources 与个人资源的获得; definition of 的定义。See also social exchange 参见社会交换
exchange value 交换价值
Exxon Education Foundation 埃克森教育基金会
expressive action 情感性行动: and homophilous interactions 与同质性互

动; and motives for maintenance of valued resources 与维持有价值资源的动机; and social capital theory 与社会资本理论; and types of returns 与回报类型

family 家庭: Chinese definition of 中国家庭的定义; and primacy of primordial group 与首要群体的优先性。See also kin ties; relationships 参见亲属关系;关系

feminist theory 女性主义理论, and women's studies programs 与女性研究计划

Fernandez, R. 费尔南德斯

First Hunan Provincial Normal School 湖南省立第一师范

Flap, H. 弗拉普

Ford Foundation 福特基金会

formal job search channels 正式的求职渠道

Framework for Global Electronic Commerce, A (U. S. government)《全球电子商务纲要》(美国政府)

Gender 性别: and inequalities of social capital 与社会资本的不平等; and Internet use 与因特网的使用; labor market and differential earnings 劳动力市场与收入差异; occupations and hierarchical structures 职业与等级制结构; status of and assigned value of resources 性别的地位与资源被赋予的价值; and status attainment 与地位获得

General Social Survey data 一般性社会调查数据

Georgetown Internet Privacy Policy Study 乔治敦因特网隐私政策研究

Germany 德国, and studies of status attainment 与地位获得研究

globalization 全球化, and cybernetworks 与电子网络

government 政府, and Internet 与因特网。See also state 参见国家

Government Paperwork Elimination Act《政府文书简化法案》

graded groups 等级群体, and hierarchical structure 与等级制结构

Granovetter M. 格兰诺维特

Great Cultural Revolution "文化大革命"

Greenwald, P. 格林沃尔德

gross national product (GNP) 国民生产总值, and information technology 与信息技术

Hannan, M. 汉南

hate information 攻击性信息, and Internet 与因特网

Hechter, M. 赫克特

Helena Rubinstein Foundation 鲁宾斯坦基金会

heterophilous interactions 异质性互动: and acquisition and maintenance of resources 与资源的获得和维持; and social capital theory 与社会资本理论

He, Zhuo – xiu 何祚庥

hierarchies and hierarchical structure 等

级制与等级制结构：and assumptions of social capital theory 与社会资本理论的假定；implications of structure for individuals 结构对个体的意义；and individual action 与个体行动；and macrostructure of resources 与资源的宏观结构；and strength-of-position proposition 与地位强度命题；and structural constraints versus social capital 与结构限制 vs 社会资本；and structural parameters 与结构参数；and weak ties 与弱关系

Homans, G. 霍曼斯

homophilous interactions 同质性互动：and acquisition and maintenance of resources 与资源的获得和维持；and assumptions of social capital theory 与社会资本理论的假定

homophily hypothesis and homophily principle 同质假设和同质原则：and access to social capital 与社会资本的获取；and social networks 与社会网络；and weak ties 与弱关系

household type 家庭类型, and Internet use 与因特网的使用

Howe, F. 豪

Hsung Ray-May, 熊瑞梅

Human capital 人力资本：and choice behavior in capitalization 与资本化中的选择行为；definition of 的定义；flow of in institutions 在制度中的流动；and inequalities of social capital 与社会资本的不平等；and neo-capital theory 与新资本理论；and personal resources 与个人资源；and purposive action 与目的性行动；and rational choice 与理性选择；and social capital 与社会资本。See also capital 参见资本

Hungary 匈牙利, and studies of status attainment 与地位获得研究

Hurlbert, J. 赫尔伯特

identification 认同, and collective obligations and rewards 与集体的义务和报酬

ideology 意识形态：social exchange and rationality as dominant 社会交换与统治阶级的理性；women's studies programs and feminist theory 女性研究计划与女性主义理论

income 收入：and Internet use 与因特网的使用；and study of gender and inequalities of social capital in China 与性别研究与中国的社会资本的不平等。See also wages 参见工资

individual goods 个人物品, and social capital 与社会资本

individuals 个体。See also actions; actors 参见行动；行动者

inequality 不平等, of social capital 社会资本的；and gender in China 与中国的性别；and Internet use 与因特网的使用；and status attainment 与地位获得；and structural and positional variations 与结构和位置变量

and theoretical considerations 与理论关照

influence 影响, and social capital theory 与社会资本理论

informal job search channels 非正式求职渠道

information 信息, social capital theory and flow of 社会资本理论与信息的流动。See also Internet 参见因特网

inheritance 继承: Chinese traditional system of 中国传统继承体系; of personal resources 个人资源的。See also succession 参见继承

institutional analysis 制度分析

institutional capital 制度资本: flow of in institutions 在制度中的流动; and inequalities of social capital 与社会资本的不平等

institutional field 制度场域

institutionalizing organization 制度化组织

institutions 制度: cybernetworks and creation of 电子网络与制度的创造; definition of 的定义; and flow of capital 与资本的流动; framework and outline of theory on networks and 关于网络和制度的理论框架和提纲; and infrastructure of society 与社会的基础结构; and institutional field 与制度场域; networks and transformation of 网络与制度的转型; and social exchange 与社会交换; and social networks 与社会网络; and women's studies programs in U. S. universities 与美国大学中的女性研究计划

instrumental action 工具性行动: and heterophilous interactions 与异质性互动; and motives for seeking and gaining valued resources 与寻找和获得有价值资源的动机; and social capital theory 与社会资本理论; and types of returns 与回报类型

interactions 互动: and homophily principle 同质原则; and postulates of social capital theory 与社会资本理论的假设; rational choice and principles of 理性选择与互动原则; and social networks 与社会网络。See also heterophilous interactions; homophilous interactions 参见异质性互动; 同质性互动

internal firm labor market 公司内部劳动力市场

internalization 内化, and collective obligations and rewards 与集体的义务和报酬

International Data Corporation/ World Times Information Society Index 国际数据集团/世界时报的全球资讯社会指标

Internet 因特网; and growth of social capital 与社会资本的增长; and research on social capital 与社会资本研究; and social networks 与社会网络

Internet Tax Freedom Act《因特网免税法案》

investment 投资：and human capital 与人力资本 and Marxian theory of capital 与马克思的资本理论

involuntary social mobility 非自愿性社会流动

isomorphic utility function 同构的效用函数

Italy 意大利，and studies of status attainment 与地位获得研究

Japan 日本，World War Ⅱ and kamikaze missions 二战与自杀性使命

job prestige 职业声望，and study of gender and inequalities of social capital in China 与性别研究与中国的社会资本不平等

job searches 求职：and selectivity bias 与选择的偏差；status attainment and informal versus formal 地位获得与非正式的 vs 正式的；unplanned versus purposive actions 无目的性行动 vs 目的性行动。*See also* labor 参见劳动力

Johnson，H. 约翰逊

Joint accessed/mobilized social capital model 社会资本的获取-动员联合模型，of status attainment 地位获得的

kin ties 亲属关系，and inequalities of social capital in China 与中国的社会资本的不平等。*See also* family；relationships 参见家庭；关系

labor 劳动力：gendered market and differential earning 性别市场与收入差异；and human capital theory 与人力资本理论。*See also* job searches；occupations 参见求职；职业

Landefeld，S. 兰德费尔德

language 语言，and Internet use 与因特网的使用

lateral positions 横向位置

least-effort interactions 默契互动

levels 层级：hierarchical structures and differentials in 等级制结构与层级差异；use of term 术语的使用

Levis-Strauss，C. 列维-斯特劳斯

life satisfaction 生活满意，and expressive action 与情感性行动

Lin，Nan 林南

location effect 位置效应：and structure of hierarchies 与等级制结构；use of term 术语的使用

location-by-position proposition 位置-地位交叉命题，and access to social capital 与社会资本的获取

Lo，Gan 罗干

Luhmann，N. 卢曼

macrotheory 宏观理论，and sociology 与社会学

Malinowski，B. 马林诺斯基

Mao Zedong 毛泽东

Marsden，P. 马斯顿

Marxism 马克思主义：and classic theory of capital 与古典资本理论；and cultural capital theory 与文化资本

理论

maximization of gain 收益最大化, and theory of rational choice 与理性选择理论

media 媒体, and social recognition 与社会认可

mental health 心理健康, and expressive action 与情感性行动

Merton, R. 默顿

Microsoft 微软

microtheory 微观理论, and sociology 与社会学

Miller, M. 米勒

minimization of loss 损失最小化, and theory of rational choice 与理性选择理论

Misztal, Barbara A.

mobility 流动: and hierarchical structures 与等级制结构; and solidarity in social systems 与社会系统中的团结。See also social mobility 参见社会流动

mobilized social capital model 社会资本动员模型, of status attainment 与地位获得

models and modeling 模型与模型化, of social capital theory 社会资本理论的

Modern Language Association (MLA) 现代语言协会

motivation 动机: labor and human capital 劳动力与人力资本; and purposive actions 与目的性行动

mutual recognition 相互认可

name generator methodology 定名法, and studies of status attainment 与地位获得研究

National Women's Studies Association (NWSA) 国家女性研究协会

negative recognition 负面认可, and social exchange 与社会交换

Negroponte, N. 尼葛洛庞帝

neo-capital theory 新资本理论: description of 的描述; and social capital theory 与社会资本理论

neo-Darwinian theory 新达尔文主义理论, and social exchanges 与社会交换

Netherlands 荷兰, and studies of status attainment 与地位获得研究

network analysis 网络分析

networks and networking 网络和网络运作: and access to social capital 与社会资本的获取; and formulation of reputation 与声望公式; framework and outline of theory on institutions and 关于制度和网络的理论框架和提纲; and infrastructure of society 与社会的基础结构; and institutional transformation 与制度转型; and macrostructure of resources 与资源的宏观结构; and postulates of social capital theory 与社会资本理论的假设; structural constraints on 网络和网络运作的结构限制; and women's studies 与女性研究。See also cyber-networks; social networks 参见电子

网络；社会网络

Nielsen survey 尼尔森调查

nominal groups 分类群体，and hierarchical structures 与等级制结构

occupations 职业，and hierarchical structures 与等级制结构。See also job searches; labor 参见求职；劳动力

Organization for Economic Cooperation and Development (OECD) 经济合作与发展组织

organization-network institutional isomorphism 组织-网络的制度同构

organizations 组织；and institutional fields 与制度场域

organization-society institutional isomorphism 组织-社会的制度同构

Otellini, Paul 保罗·欧德宁

Overseas Coordinating Office (FDRS) 海外辅导总站

ownership 所有权，of personal resources 个人资源的

Parsons, T. 帕森斯

parties 政党，and power in social structure 与社会结构中的权力

personal computers (PCs) 个人电脑 (PC机)。See also Internet 参见因特网

personal resources 个人资源：as human capital 作为人力资本的；and status attainment 与地位获得

persuasion 劝服，and value of resources 与资源的价值

petition 请愿，and value of resources 与资源的价值

physical capital 物质资本，and neo-capital theory 与新资本理论

physical health 身体健康，and expressive action 与情感性行动

Poland 波兰，and studies of status attainment 与地位获得研究

policy 政策，and mobility and solidarity in hierarchical social structures 与等级制社会结构中的流动和团结。See also state 参见国家

political capital 政治资本，and study of inequalities of social capital in China 与中国的社会资本不平等研究

political participation 政治参与，and social capital 与社会资本

pornography 色情作品，and Internet 与因特网

Portes, A. 波茨

positional effect 地位效应：and inequality of social capital 与社会资本的不平等；and resource differentials in hierarchical structures 与等级制结构中的资源差异；and size differentials in hierarchical structure 与等级制结构中的规模差异；and structure of hierarchies 与等级制结构；use of term 术语的使用。See also positions; social position 参见位置；社会位置

positional resources 位置资源

position generator methodology 定位法：

and studies of inequalities in social capital in China 与中国的社会资本不平等研究; and studies of status attainment 与地位获得研究

position of origin 初始地位

position 位置, use of term 术语的使。See also positional effect; social position 参见地位效应; 社会位置

Powell, W. 鲍威尔

power 权力: dimensions of in social structure 社会结构中的权力维度; and social exchange 与社会交换; use of term 术语的使用

predictions 预测, formation of for heterophilous interactions 对异质性互动的一些预测

prestige 声望: hypothesis and principle of 声望假设和声望原则; and reputation 与声望

prevailing institutions 现行制度

primary rewards 初级奖赏, and exchange 与交换

primordial group 首要群体: size of and accumulation of social capital 的规模与社会资本的积累; and transfer of resources 与资源的转移

privacy 隐私, and Internet 与因特网

production 生产, and Marxian view of capital 与马克思的资本观

profit 获利、利润, and rational choice 与理性选择

propagation of indebtedness 宣传恩惠, and social exchange 与社会交换

property rights 产权: and Internet 与因特网; and status of individuals in community 与个体在社区中的地位

protest movement 抗议运动

public capital 公共资本, rational choice and collectivity 理性选择与集体

purposive actions 目的性行动: and human capital 与人力资本; motives for 的动机; and job searches 与求职; and social capital theory 与社会资本理论

Putnam, R. 普特南

pyramids 金字塔, and hierarchical structures 与等级制结构

race 种族: and inequalities of social capital 与社会资本的不平等; and Internet use 与因特网的使用; occupations and hierarchical structures 职业与等级制结构

Radcliffe-Brown 拉德克利夫·布朗

rational choice 理性选择: collectivity and public capital 集体与公共资本; and emergence of structure 与结构的生成; minimization of loss and maximization of gain 损失最小化与收益最大化; recognition and profit 认可与获利; resources and primacy of primordial group 资源与首要群体的优先性; and social contracts 与社会契约; and social systems 与社会系统; and sociological theorizing 与社会学的理论说明

reciprocity 互惠, and exchange 与交换

recognition 认可: multiplicity and complexity of social relations and rules 社会关系和规则的多样性与复杂性; and rational choice 与理性选择; and social exchange 与社会交换

recruitment 招聘, and relationship between status attainment and social capital 与地位获得与社会资本之间的关系

regions 地区, and Internet use 与因特网的使用

regulation 管理, of Internet 因特网的

reinforcements 强化, and social capital theory 与社会资本理论

relationships 关系, and social exchange 与社会交换。See also family; kin ties; social relations 参见家庭; 亲属关系; 社会关系

reputation 声望: definition of 的定义; and social exchange 与社会交换; use of term 术语的使用

Requena, F. 雷克纳

resources 资源: definition of 的定义; extensity of in structural hierarchy 在结构等级制中的广泛性; heterogeneity of in structural hierarchy 在结构等级制中的异质性; hierarchical structures and differentials in 等级制结构与资源差异; homophilous and heterophilous interactions 同质性互动与异质性互动; macrostructure of 的宏观结构; microstructure of 的微观结构; and motives for purposive actions 与目的性行动的动机; and rational choice 与理性行动; social allocation of 的社会分配; and social structures 与社会结构; and status attainment 与地位获得; structural constraints and opportunities in capitalization of 资源资本化中的结构限制与机会; structural foundation for social capital 社会资本的结构基础

return, to social capital 社会资本的回报: expressive and instrumental actions and 情感性行动与工具性行动与; and social-capital proposition 与社会资本命题; and study of gender and inequalities of social capital in China 与性别研究与中国的社会资本不平等

return deficit 回报欠缺, and inequalities in social capital 与社会资本的不平等。See also capital deficit 参见资本欠缺

Revlon Foundation 露华浓基金会

robustness 刚性, social systems and principle of 社会系统与刚性原则

Rockefeller Foundation 洛克菲勒基金会

rules 规则: of recognition and complexity of social relations 认可的规则与社会关系的复杂性; and social structure, 与社会结构

rural areas 农村地区, and Internet use 与因特网的使用

Russell B. 罗素
Russell Sage Foundation 拉塞尔·塞奇基金会
Russia 俄国: and collapse of communism 与共产主义的失败; exchange relations and *blat* 交换关系与拉关系
Russian Revolution of 1917 俄国十月革命
San Diego State University 圣地亚哥州立大学
satellite firms 卫星通讯公司, and Internet 与因特网
Schultz, T. 舒尔茨
Scott, A. 斯科特
selectivity bias 选择的偏差, and job searches 与求职
self-reporting 自我报告, of social capital 社会资本的
sentiment-interaction hypothesis 情感-互动假设
Sheperd, G. 谢泼德
shopping 购物, and Internet 与因特网
Simmel, G. 齐美尔
Singapore 新加坡, and studies of status attainment 与地位获得研究
size differentials 规模差异, and hierarchical structures 与等级制结构
Skocpol, T. 斯高士伯
Smith, A. 斯密
social allocation, of resources 资源的社会分配
social approval and social attraction 社会赞同与社会吸引

social behavior, 社会行为, definition of 的定义
social capital 社会资本, theory of 的理论: and assumptions 与假定; central theme of 的中心主题; and civic engagement 与公民参与; and clarification of issues 与问题的澄清; cybernetworks and research on 电子网络与社会资本理论研究; definition of 的定义; description of 的描述; embedded resources in networks and measurement of 网络中的嵌入性资源与社会资本的测量; explanations for operation of 对社会资本为什么能够运作的解释; Internet and cybernetworks 因特网与电子网络; macro- and microimplications of 的宏观与微观含义; models and modeling of 的模型与模型化; perspectives on and conceptualizations of 的视角与概念化; and purposive actions 与目的性行动; and structural contingency of action effects 与行动效果的结构相依性; summary of major points in 的要点总结. *See also* access, to social capital; hierarchies and hierarchical structure; inequality, of social capital; institutions; rational choice; resources; reputation; return, to social capital; social exchange; status attainment 参见社会资本的获取; 等级制与等级制结构; 社会资本的不平等; 制

度；理性选择；资源；声望；社会资本的回报；社会交换；地位获得

social-capital proposition 社会资本命题

social change 社会变迁，and hypotheses for institutional transformation 与制度转型假设

social contracts 社会契约，and rational choice 与理性选择

social credentials 社会信任

social exchange 社会交换：and economic exchange 与经济交换；and institutionalization of rationalities 与理性的制度化；and reputation 与声望；social and economic elements of 的社会要素与经济要素；and social recognition 与社会认可；and transactional and relational rationalities 与交易理性与关系理性。See also exchange 参见交换

social integration 社会整合，and institutional transformation 与制度转型

social mobility 社会流动：definition of 的定义；and hierarchical structures 与等级制结构

social networks 社会网络：and concept of social capital 与社会资本的概念；and institutions 与制度；and macrostructure of resources 与资源的宏观结构；and rational choice 与理性选择；and status attainment 与地位获得。See also networks and networking 参见网络与网络运作

social position 社会位置：and macrostructure of resources 与资源的宏观结构。See also positional effect；positions 参见地位效应；位置

social processes 社会过程，components of 的组成部分

social recognition 社会认可，and social exchange 与社会交换

social relations 社会关系：and human capital theory 与人力资本理论；multiplicity and complexity of and rules of recognition and legitimation 的多样性和复杂性与认可和合法化的规则。See also relationships 参见关系

social reproduction 社会再生产，and cultural capital 与文化资本

social resources 社会资源，as social capital 作为社会资本的

social structure 社会结构：and assumptions of social capital theory 与社会资本理论的假定；definition of 的定义；and human capital theory 与人力资本理论；and individual use of resources 与资源的个人使用；and macrostructure of resources 与资源的宏观结构；resources and transactions in complex 复杂社会结构中的资源和交易；and social capital 与社会资本

social systems 社会系统：and institutional fields 与制度场域；institutions and networks as basic components of

作为社会系统基本要素的制度和网络；and principle of robustness 与刚性原则；and rational choice 与理性选择

sociology 社会学：and individual perspective 与个体视角；and structural perspective 与结构视角；and theories of exchange 与交换理论；and theory of rational choice 与理性选择理论

solidarity 团结：and hierarchical structures 与等级制结构；and mobility in social systems 与社会系统中的流动；and social exchange 与社会交换

Spain 西班牙：and studies of status attainment 与地位获得研究

Stanford University 斯坦福大学

state 国家：and institutional field 与制度场域。See also government；policy 参见政府；政策

status attainment 地位获得：definition of 的定义；formative studies and theoretical foundations of 形成的研究和理论的基础；relationship between social capital and human capital 社会资本与人力资本之间的关系；social resources and theory of social capital 社会资源与社会资本理论；and study of inequalities of social capital in China 与中国的社会资本不平等研究

status groups 地位群体，and power in social structure 与社会结构中的权力

strength‐of‐location proposition 位置强度命题：and access to social capital 与社会资本的获取

strength‐of‐networking proposition 网络运作强度命题 and access to social capital 与社会资本的获取；and status attainment 与地位获得

strength‐of‐position proposition 地位强度命题：and access to social capital 与社会资本的获取

strength‐of‐strong‐tie proposition 强关系强度命题：and access to social capital 与社会资本的获取；and status attainment 与地位获得

strength‐of‐weak‐tie proposition 弱关系强度命题：and access to social capital 与社会资本的获取；and status attainment 与地位获得。See also weak tie 参见弱关系

structural advantage 结构优势，and access to social capital 与社会资本的获取

structural contingency proposition 结构相依命题：and networking effects 与网络运作效应；and social capital theory 与社会资本理论

structural hole 结构洞，and access to social capital 与社会资本的获取

structure 结构。See also hierarchies and hierarchical structure; social structure 参见等级制与等级制结构；社会结构

success 成功, of action associated with social capital 行动的成功与社会资本相关。See also return, to social capital 参见社会资本的回报

succession 继承, primordial group and rules of 首要群体与继承规则。See also inheritance 参见继承

surplus value 剩余价值, and Marxian theory of capital 与马克思的资本理论

symbolic rewards, 符号报酬, and collectivity 与集体

symbolic utility 符号效用, and social resources 与社会资源

symbolic violence 符号暴力

Taiwan 台湾：education and human capital versus institutional capital 教育与人力资本 vs 制度资本；and studies of status attainment 与地位获得研究

Taoism 道教

telephone companies 电话公司, and Internet 与因特网

television 电视, and civic engagement 与公民参与

transactional rationality 交易理性, and social exchange 与社会交换

trust 信任：and recognition 与认可；and social exchange 与社会交换

universities 大学：and Internet systems 与因特网体系；and women's studies as example of institutional transformation 与作为制度转型例子的女性研究。See also education 参见教育

University of Arizona 亚利桑那大学

University of California (Berkeley) 加州大学伯克利分校

urban areas 城市地区, and Internet use 与因特网的使用

values 价值, assignment of to resources 资源的价值赋予

Vaughn, J. 沃恩

village 村庄：and Internet 与因特网；use of term 术语的使用。See also globalization 参见全球化

voluntary social mobility 自愿性社会流动

wage 工资, and human capital analysis 与人力资本分析。See also income 参见收入

weak ties 弱关系：ceiling effect for 的天花板效应 and homophily principle 与同质原则。See also strength-of-weak-ties proposition 参见弱关系强度命题

wealth 财富, and social exchange 与社会交换

Weber, M. 韦伯

Wellesley College 韦尔斯利学院

Wellman, B. 韦尔曼

Williamson, O. 威廉姆森

women 女性。See also gender; women's studies 参见性别；女性研究

women's liberation movement 女性解放运动

women's studies 女性研究, and institutional transformation in U. S. 与美国的制度转型

Wood, R. 伍德

World Intellectual Property Organization (WIPO) 世界知识产权组织

World Trade Organization (WTO) 世界贸易组织

World Wide Web 万维网。*See also* Internet 参见因特网的使用

Wright, E. 赖特

译者谢辞

在翻译这本书的过程中，我得到了很多老师和朋友的帮助。首先要感谢李康老师的推荐和渠敬东老师的信任。没有这两位老师的鼓励与帮助，我恐怕不能完成这本书的翻译工作。感谢导师张静教授的支持与关心，她经常问及翻译的进度，并着手组织"社会资本"问题的讨论，给予我很大的帮助。感谢林南教授的莫大支持与鼓励，译者有幸在北大社会学系建系20周年纪念活动期间见到林南教授，并请林南教授亲自核对了此书的索引与第一章的译文；此后他还为我解答了很多疑难问题，并且向我提供了与这本书有关的一些文章。感谢沈原老师，他帮我做了很多联系工作。感谢刘世定老师和阮丹青老师对一些问题的解答。

感谢我的朋友王玉彬，他帮我认真地阅读了全部译文，几近校了一遍，并提出了许多宝贵的修改意见。感谢俞弘强，他慷慨地将还没有出版的译文供我参考，这部分译文与本书的第六章有关，译者在第六章中参考了他的一些译法。感谢王光龙、李峰和胡军，他们帮我解答了书中的一些历史学与经济学的问题。

此外，还要感谢其他关心和帮助过我的朋友：吴新利、孙飞宇、郑恩营、欧阳景根、张立鹏等，这里就不一一致谢了。

最后，由于时间紧促，译者能力有限，错误与疏漏之处在所难免。为此，谨请学术界同仁批评指正。

张 磊
2003 年 5 月 26 日于万柳

新版译者谢辞

最初为世纪出版集团上海人民出版社翻译这本书是在2003年"非典"时期。无法想象,重新翻译出版时又赶上了"新冠肺炎"。相似的是人类社会再次受到此类病毒的袭扰,不同的是中国的发展突飞猛进,已不可同日而语,进入新的历史阶段。在中国经济腾飞、社会进步的过程中,人力资源或者说某种社会资本发挥了重要作用。今日中国拥有世界上规模最大的人力人才资源,中国人才的发展、中国企业家的成功召唤与时俱进的社会资本理论和经验研究,林南教授的《社会资本》一书在当下更加弥足珍贵。

《社会资本》一书能够重新出版,欣喜万分。感谢尊敬的林南教授,上次相见还是在十几年前北大社会学系建系20周年庆期间,正是林教授的肯定和指导才有第一版的译稿。感谢社科文献出版社和童根兴副总编辑的推荐,再版时依然把翻译的机会给了我。感谢北大光华管理学院张闫龙副教授,他是林南教授的高徒,他重新校对了译稿,更好地诠释了原稿。感谢第一次出版时的伯乐北大李康教授和渠敬东教授,他们的信任鼓励了我。感谢在翻译文稿中曾经给予帮助的我的导师张静教授,还有当时许多北大的同学和好友,现在他们已经成为北大等知名高校的老师和许多行业的佼佼者,活跃在学术界等领域,这里不一而足。

虽时光荏苒,沧海桑田,但赤子之心未变,希望译著对理解林南教授的思想能有裨益。由于能力有限,错误与疏漏之处在所难免。为此,谨请学术界同仁批评指正。

张 磊

2020年7月

图书在版编目（CIP）数据

社会资本：关于社会结构与行动的理论／（美）林南著；张磊译 . --北京：社会科学文献出版社，2020.7（2024.1 重印）
（新社会学文丛）
书名原文：Social Capital：A Theory of Social Structure and Action
ISBN 978 - 7 - 5097 - 8214 - 9

Ⅰ.①社… Ⅱ.①林… ②张… Ⅲ.①社会资本—研究 Ⅳ.①F014.39

中国版本图书馆 CIP 数据核字（2015）第 250734 号

·新社会学文丛·
社会资本
——关于社会结构与行动的理论

著　　者／〔美〕林　南
译　　者／张　磊
校　　者／张闫龙

出 版 人／冀祥德
责任编辑／孙　瑜　刘德顺
责任印制／王京美

出　　版／社会科学文献出版社·群学出版分社（010）59367002
　　　　　　地址：北京市北三环中路甲29号院华龙大厦　邮编：100029
　　　　　　网址：www.ssap.com.cn
发　　行／社会科学文献出版社（010）59367028
印　　装／三河市东方印刷有限公司

规　　格／开本：787mm × 1092mm　1/16
　　　　　　印张：19.25　字数：262千字
版　　次／2020年7月第1版　2024年1月第4次印刷
书　　号／ISBN 978 - 7 - 5097 - 8214 - 9
著作权合同
登 记 号／图字01 - 2014 - 8306号
定　　价／89.00元

读者服务电话：4008918866

版权所有 翻印必究